RHEINISCH WESTFÄLISCHE AKADEMIE DER WISSENSCHAFTEN

ABHANDLUNGEN
DER RHEINISCH-WESTFÄLISCHEN AKADEMIE DER WISSENSCHAFTEN
BAND 84/1

FRIEDRICH AUGUST WOLF
Ein Leben in Briefen
Ergänzungsband
I. Die Texte

FRIEDRICH AUGUST WOLF

EIN LEBEN IN BRIEFEN

Die Sammlung besorgt und erläutert
durch

SIEGFRIED REITER

ERGÄNZUNGSBAND
I
DIE TEXTE

Mit einer Schriftprobe

Mit Unterstützung
der Sächsischen Akademie der Wissenschaften
aus dem Nachlaß des Verfassers herausgegeben
von

Rudolf Sellheim

Photomechanischer Nachdruck

Westdeutscher Verlag

Der Band wurde von
der Klasse für Geisteswissenschaften
am 18. April 1990
in die Reihe der Abhandlungen aufgenommen.

Der vorliegende Textband ist 1956 im VEB Max Niemeyer Verlag Halle (Saale) erschienen und wird mit freundlicher Genehmigung der Rechte-Inhaber als photomechanischer Nachdruck vorgelegt.

CIP-Titelaufnahme der Deutschen Bibliothek

Wolf, Friedrich August:

[Sammlung]
Friedrich August Wolf: ein Leben in Briefen / die Sammlung besorgt und erl. durch Siegfried Reiter. [Hrsg. von der Rheinisch-Westfälischen Akademie der Wissenschaften]. – Opladen: Westdt. Verl.

(Abhandlungen der Rheinisch-Westfälischen Akademie der Wissenschaften; Bd. 84)
NE: Reiter, Siegfried [Hrsg.]; HST; Rheinisch-Westfälische Akademie der Wissenschaften <Düsseldorf>: Abhandlungen der Rheinisch-Westfälischen ...

Erg.-Bd. 1. Die Texte: mit einer Schriftprobe / aus dem Nachlaß des Verf. hrsg. von Rudolf Sellheim. –
Photomechanischer Nachdr. [der Ausg.] Halle (Saale), Niemeyer, 1956. – 1990
ISBN 3-531-05101-6
NE: Sellheim, Rudolf [Hrsg.]

Herausgegeben von der
Rheinisch-Westfälischen Akademie der Wissenschaften

Herstellung: Westdeutscher Verlag
Satz, Druck und buchbinderische Verarbeitung: Boss-Druck, Kleve
Printed in Germany
Der Westdeutsche Verlag ist ein Unternehmen
der Verlagsgruppe Bertelsmann International.

ISSN 0171-1105
ISBN 3-531-05101-6

INHALTSÜBERSICHT

VORWORT DES HERAUSGEBERS

Die Aufgabe bei der Herausgabe des vorliegenden, von Siegfried Reiter hinterlassenen Werkes, war für den Unterzeichneten eng und bestimmt umgrenzt. Da der Text der nach dem Erscheinen von Reiters Briefwerk im Jahre 1935 bekanntgewordenen neuen Wolf-Briefe von ihm für die Veröffentlichung vorbereitet und mit den nötigen Erläuterungen versehen war, lag dem Editor vor allem die Überwachung des Druckes ob und das Einsetzen der Seitenzahlen des Textbandes zu den entsprechenden Bemerkungen im Erläuterungsband einschließlich Wort- und Namenweiser. Da Reiter in diesem erklärlicherweise — er hatte ja nicht an einen Fremden, der dies tun würde, gedacht — nur kurze, manchmal sehr unbestimmte Andeutungen, z. B. nur „vgl.", in dieser Hinsicht gemacht hatte, so war diese Arbeit nicht immer einfach, oft recht zeitraubend, aber wohl niemals erfolglos. Ein Überprüfen der Brieftexte erfolgte nicht, wäre oft auch gar nicht möglich gewesen — infolge der zerstörenden Wirkung des Krieges und der völlig veränderten Verhältnisse, die er im Gefolge hatte. So sind die Briefe Wolfs, sowohl die der ersten Bände von 1935 wie auch die dieses Ergänzungsbandes, deren Originale im Besitze Reiters waren — und es war eine stattliche Anzahl —, nach Ansicht von Prof. Svoboda-Prag bei Reiters furchtbarem Schicksal der Vernichtung anheimgefallen; es hat also ihr Druck — und darin liegt die Bedeutung ihrer Veröffentlichung für die Wissenschaft — den Wert einer editio princeps, deren Handschrift nicht mehr existiert. Vielleicht trifft dieses Los auch andere Wolf-Briefe im Original. Trotzdem sind Reiters Angaben darüber beibehalten, wo sie sich bei Einsichtnahme und Abschreiben seinerzeit befanden.

Einige kleine Versehen Reiters hat der Herausgeber richtig gestellt: solche des Ergänzungsbandes in diesem selbst als Anmerkung auf der betr. Seite kenntlich gemacht durch den Zusatz: R. S., solche der Publikation vom Jahre 1935 im Anhange des Erläuterungsbandes; hier sind auch einige weitere Zusätze gemacht worden. Auf jeden Fall war es unser Bestreben, Reiters Werk, das für seinen früheren Teil allgemein höchste Anerkennung gefunden hat, auch in diesem Teil unverändert zu geben, wie es die Pietät einem Forscher und Gelehrten gegenüber gebietet.

An dieser Stelle erscheint es nicht unangebracht, einige Angaben über Reiters Leben und Werke einzufügen. Siegfried Reiter wurde am 12. Februar 1863 zu Neuraussnitz in Mähren geboren, studierte an der Universität Wien und unternahm mit Unterstützung der Wiener Akademie der Wissenschaften mehrfach Forschungsreisen in Italien und Frankreich. Seit Herbst des Jahres 1896 war er als Gymnasiallehrer in Prag tätig, zuletzt als Professor am deutschen Staatsgymnasium Prag-Weinberge. 1901 habilitierte er sich in Prag an der deutschen Universität, wurde dort 1906 Privatdozent, 1913 titulierter a. o. Professor, 1919 wirklicher a. o. Professor, 1922 schließlich ordentlicher Professor für klassische Philologie. Für das Amtsjahr 1927/8 machte ihn das Vertrauen seiner Kollegen zum Dekan der Philosophischen Fakultät; 1933 trat er siebenzigjährig in den Ruhestand, um sich dem Hauptwerk seiner jahrzehntelangen wissenschaftlichen Arbeit ganz widmen zu können, der Herausgabe der Briefe Friedrich August Wolfs. Es erschien dann im Jahre 1935, gewidmet: „Dem Andenken meiner Gattin Ida Reiter, geb. Reich (27. I. 1867 — 4. IV. 1932), der hilfreichen Förderin dieses Werkes". Mit ihr, einst Konzertpianistin, war er in kinderloser Ehe glücklich vermählt gewesen.

Von seinen Werken seien folgende aufgeführt:

1. De syllabarum in tricemam longitudinem productarum usu Aeschyleo et Sophocleo. Dr.-Dissertation der Philosoph. Fakultät in Wien (1887).
2. Drei- und vierzeitige Längen bei Euripides. Sitzungsberichte der phil.-hist. Cl. d. k. Ak. d. Wiss. i. Wien 129 (1893).
3. *Κλυταιμνήστρα* oder *Κλυταιμήστρα*. ZöG. (1895).
4. Die Abschiedsrede der Antigone. ZöG. (1898).
5. Euripides: Iphigenie auf Tauris (mit Erläuterungen für die Privatlektüre). Leipzig, Freytag (1900).
6. Zur Etymologie von elementum. Jahresber. d. deutsch. Staatsgymn. Prag-Weinberge (1900).
7. Textkritisches zu Ciceros „Orator". Ebenda (1902/3).
8. Noch einmal elementum. Ebenda (1902/3).
9. August Boeckh. Neue Jahrb. (1902).
10. Friedrich August Wolf 1759—1824. Vortrag, gehalten bei der XLVII. Versammlung deutscher Philol. u. Schulm. in Halle am 7. Oktober 1903. Neue Jahrb. (1904).
11. Friedrich August Wolf und David Ruhnkenius (nebst ungedruckten Briefen). Neue Jahrb. (1906).
12. Briefwechsel zwischen Karl Otfried Müller und Ludwig Schorn (1910).
13. Sancti Eusebii Hieronymi in Hieremiam Prophetam ll. VI. rec. Sigofredus Reiter. Corp. script. eccles. Lat. der Wiener Akad. d. Wiss. Vol. 59. Wien-Leipzig (1913). Kritische Ausgabe dieses Jeremias-Kommentars.
14. Philonis Alexandrini In Flaccum, Legatio ad Gaium. Philonis Alex. opp. vol. VI. (1915). Kritische Ausgabe, auch editio minor.
15. Sprachliche Bemerkungen zu Hieronymus. Philol. Wochenschr. (1919).
16. Der Atellanen-Dichter Aprissius. Ebenda (1925).
17. *Ἀρετή* und der Titel von Philos Legatio, in: Epitymbion H. Swoboda dargebracht. (1927).
18. Das Epitaph des Julius Faustus, in: Charisteria A. Rzach dargebracht (1930).
19. Friedrich August Wolf. Ein Leben in Briefen. 2 Bände Text, 1 Band Erläuterungen. Stuttgart (1935). Reiters Hauptwerk, von allen Kritikern wegen der Gewissenhaftigkeit und Gelehrsamkeit des Verfassers, aber auch wegen seiner Liebe zum Gegenstand aufs höchste anerkannt, ein Musterwerk der Editionstechnik von Briefen; das Meisterwerk, geschaffen und gedruckt „auf eigene Kosten des von keiner

gelehrten Institution geförderten Editors". So Joseph Körner in DLZ Jg. 70 (1949) S. 147.

20. Goethe als Autographensammler, in: Katalog Stargardt, Berlin (1937).

21. Carl Otfried Müller (1797—1840). Briefe aus einem Gelehrtenleben. Bd. I Die Texte der Briefe. Bd. II Die Erläuterungen. Prag. Im Selbstverlag des Herausgebers (1940). „Habent sua fata libelli — aber das Fatum, von dem hier zu reden ist, darf wohl als einzigartig bezeichnet werden in aller Buch- und Gelehrtengeschichte. Es handelt sich um ein Werk, das, obwohl nicht nur fertig geschrieben, sondern auch völlig ausgedruckt, niemals erschienen ist — und doch liegt es vor mir, schön gesetzt auf bestem, weißem Papier, mit allem zugehörigen Apparat versehen, der es jeder Art wissenschaftlicher Benützung zugänglich macht, — aber niemand kann es benützen, denn es ist nur noch in einem einzigen Exemplar vorhanden." Soweit Joseph Körner; das weitere wolle man bei ihm a. a. O. selbst nachlesen!

Wie erklärt sich das Schicksal dieses Buches? Mit dieser Frage kommen wir zum Ende Siegfried Reiters. Im Juli 1942 — bis April des Jahres hatte der Unterzeichnete mit ihm noch korrespondiert — wurde der im 80. Lebensjahre stehende, unglückliche Greis wegen seiner jüdischen Herkunft deportiert, zunächst nach Theresienstadt, dann noch im Herbst nach Polen, „wo er, unbekannt wann, in einer Gaskammer geendet haben dürfte". (Körner a. a. O. S. 148.) So endete das Leben eines Gelehrten, der seine ganze geistige Arbeit und seinen ganzen materiellen Gewinn der deutschen Wissenschaft gewidmet hatte. Groß und unbestreitbar sind Reiters Verdienste um Fr. A. Wolf, und es ist aufrichtig zu bedauern, daß er nicht dessen Biographie, die noch immer fehlt und für deren Abfassung er wie kaum ein anderer der Zeitgenossen berufen schien und die von vielen aus seiner Feder erwartet wurde, hat schreiben können.

Denn auch nach Erscheinen seiner Wolf-Briefe im Jahre 1935 beschäftigte sich Reiter noch weiter mit diesem Gegenstand. Hatte er damals im Vorbericht (S. XI) dem Wunsche Ausdruck gegeben, die publizierten Briefe möchten noch verborgen, unbekannt gebliebene Schriftstücke des großen Philologen ans Licht locken, so sollte er tatsächlich in Erfüllung gehen. Ja, er konnte noch einen Ergänzungsband von etwa 180 Briefen, über die man seinen folgenden Vorbericht vergleichen wolle, und einen dazugehörigen Band mit Erläuterungen im Manuskript abschließen, die dann auch glücklicherweise über die Ungunst der Zeiten gerettet werden konnten. Beide Bände legen wir hiermit vor, zunächst den Textband, dem der Erläuterungsband alsbald folgen soll.

Aufrichtigen Dank schuldet der Herausgeber der Sächsischen Akademie der Wissenschaften in Leipzig, für den Geldzuschuß, der den Druck des Werkes erst möglich machte, Prof. Otto Eissfeldt-Halle, der sich unermüdlich für die Veröffentlichung der Briefe einsetzte, und Karel Svoboda-Prag, der jederzeit bereitwillig Auskunft erteilte.

RUDOLF SELLHEIM †

* *
*

Das übernommene Werk zum glücklichen Ende zu führen, sollte meinem Vater nicht beschieden sein. Der Tod nahm ihm, dem siebenundsechzigjährigen, am 7. August 1956 für immer die Feder aus der Hand, nachdem er noch Tage zuvor die Umbruchkorrektur seines Vorwortes, des Reiter'schen Vorberichtes und des 1. Bogens gelesen hatte. Trotz Zeitnot habe ich mich bemüht, den Druck des vorliegenden Bandes so gewissenhaft wie nur möglich zu überwachen. Viele Stellen habe ich noch einmal mit der Reiter'schen Abschrift verglichen, nirgends aber — ganz im Sinne meines Vaters — den Text gegen das Manuskript geändert, auch wenn mir gelegentlich gewisse Bedenken an der Richtigkeit der Reiter'schen Lesung oder Abschrift kamen. Ich hoffe auch, trotz eigener dringender Arbeiten auf anderem Gebiete, den von meinem Vater durchgesehenen Erläuterungsband, einschließlich seiner und Reiter's Berichtigungen und Zusätze zum Druck befördern und später die seit vielen Jahren von meinem Vater vorbereitete Wolf-Biographie herausgeben zu können.

CARL GERHARDT RUDOLF SELLHEIM

VORBERICHT

Hatte ich in meiner dreibändigen Ausgabe der Briefe Wolfs (Stuttgart 1935) dem Wunsche Ausdruck gegeben, daß sie magnetisch wirken und etwa noch verborgene Stücke aus der Vergangenheit oder Gefangenschaft hervor oder an sich ziehen mögen, so hat sich, wie die erkleckliche Zahl von rund einhundertachtzig neu zu Tage getretenen hier zum ersten Male veröffentlichten Briefen zeigt, dieser Wunsch in erfreulicher Weise erfüllt. Eine wahre Überraschung für den Unterzeichneten war es, daß die bisher schmerzlich vermißten Zuschriften Wolfs an Immanuel Bekker auftauchten. Nun erst vernehmen wir in rund fünfzig schriftlichen Äußerungen die gewichtige Gegenstimme des Lehrers zu den bislang vorhandenen vierzig Briefen seines Meisterschülers. Der Herausgeber fühlt sich dem Leiter der Handschriftenabteilung der Preußischen Staatsbibliothek,[1]) Herrn Professor Dr. Christ,[2]) zu wärmstem Dank verpflichtet, daß er ihm diesen wertvollen Zuwachs zu Wolfs dort verwahrtem Nachlaß zugänglich machte. Dieser in sich geschlossene Briefaustausch darf wohl als Kernstück der vorliegenden Veröffentlichung angesprochen werden. Dazu tritt eine ganze Reihe von Niederschriften, die uns Wolf von einer bisnun nicht genügend gekannten und gewürdigten Seite, als „Geschäftsmann", nämlich nach damaligem Sprachgebrauche, vergegenwärtigen. Als Amtswalter so gut wie als einfaches Mitglied seiner Fakultät, als Professor eloquentiae der Universität, als ebenso umsichtiger wie weitsichtiger Bibliothekar, als nur allzukurze Zeit tätiger Visitator des Joachimsthaler Gymnasiums hat er kräftig gewirkt und allen hierauf bezüglichen Schriftstücken den Stempel seiner Persönlichkeit aufgedrückt. Mit wie peinlicher Strenge er den Druck seiner Ausgaben überwachte, dafür zeugt unter anderem sein Briefverkehr mit seinen Verlegern Göschen und dem Vorsteher der Hallischen Waisenhausbuchhandlung. Von den sonstigen neu hinzugekommenen Biefen verdienen wohl die an Wieland, Fritsch, Heinrich gerichteten besonders hervorgehoben zu werden.

Vom Briefwechsel Wolfs mit den drei seiner bedeutendsten Schüler, Bekker, Böckh, Heindorf, war bisher nur der mit Böckh bekannt geworden, während gegenüber den zahlreichen noch vorhandenen Briefen aus Heindorfs Frühzeit an Wolf kein einziger des letzteren sich erhalten hat. Umso freudiger ist die wohl vollständig auf uns gekommene Korrespondenz mit Bekker zu begrüßen. Mit sicherem Blick erkannte Wolf die hervorragenden Gaben seines frühreifen Lieblingsschülers, den er als „treflichen Gehülfen" (I 365, 38) schon als Neunzehnjährigen bei der Druckrevision seines Homer (1804) heranzieht. Als einen vorzüglichen Helfer, als einen der talentvollsten und un-

---

[1]) **Jetzt: Deutsche Staatsbibliothek Berlin. R. S.**

[2]) **Am 16. 12. 1943 beim Fliegerangriff umgekommen. R. S.**

verdrossensten Jünglinge rühmt er den treufleißigen Bekker (I 367, 13. 37), der unter den Seminaristen so weit hervorrage, daß man in ihm einst einen Erweiterer der Wissenschaft und zugleich nützlichen praktischen Gelehrten erwarten dürfe (I 389, 21). Unter den gegenwärtigen Gliedern des Instituts, berichtet er an den König, seien die ausgezeichnetsten Bekker und Böckh, jedoch der erstere in weit höherem Grade (I 412, 35). Noch niemals habe er einen trefflicheren Schüler gehabt, schreibt Wolf über den noch nicht Einundzwanzigjährigen an den Minister Massow am 1. März 1806, er würde ihn auf der Stelle, wenn die Gelegenheit da wäre, im Fach der alten Literatur und Sprachkunde auf jeder Universität zum ordentlichen öffentlichen Lehrer empfehlen, und schließt sein Preislied mit solchen für den Meister wie für den Jünger gleich ehrenvollen Worten: „Mancher andre in meiner Lage würde diesen B.[ekker] nicht so rühmen und neben sich wünschen, weil er baldige Verdunkelung durch ihn fürchtete; aber grade dieß gestehe ich zu einer Ehre für mich zu rechnen, daß ich einen jungen Mann mitbilden half, der mich vielleicht einmal vergessen macht" (I 407, 3. 34). Und wenige Jahre darauf rühmte ihn Wolf in seinen dem Kabinettsrat Beyme erstatteten Vorschlägen von Lehrkräften für die zu gründende Berliner Universität als „einen der größten Genien und trefflichsten jungen Gelehrten, die wir noch im Lande haben".

Als Inspektor des philologischen Seminars wirkte Bekker mit bescheidenem Gehalt seit dem Sommer 1806 und kündigt bereits für den nächsten Winter ein Interpretationskolleg über Lucian an, eine Tätigkeit, die, kaum begonnen, mit der Besetzung Halles durch die Franzosen und Schließung der Universität im Oktober wieder endigt. Wolf selbst, aus seinem erfolgreichen Wirken so plötzlich gerissen und in diesen bewegten Zeiten von schweren Sorgen für die eigene Zukunft bedrückt, entzieht auch jetzt nicht dem Schüler seine schützende Hand. Um die Mitte des Jahres 1807 beginnt der briefliche Verkehr Wolfs, der Halle zu Anfang Mai[1]) für immer den Rücken gekehrt und sich nach Berlin gewandt hatte, mit seinem Schüler, den er fortan wie einen Gleichgestellten und Zugehörigen an seine wissenschaftlichen wie persönlichen Interessen teilnehmen läßt, zuerst als dieser noch einige Monate in Halle zurückgeblieben war, darauf in der Nähe Berlins mit Unlust ein Hauslehreramt versah, schließlich während eines zweieinhalbjährigen Aufenthalts in Paris unter drückenden Verhältnissen und Entbehrungen aller Art handschriftlichen Studien oblag. Für das auszeichnende Vertrauen des Lehrers zu seinem jugendlichen Schüler spricht nichts lauter als die Tatsache, daß er in düsteren Ahnungen eines baldigen Abscheidens diesen als seinen biedern und würdigen Nachfolger zum Erben von allerlei literarischen Papieren feierlich einsetzen wollte nach Verbrennung der meisten andern, selbst der zum Druck fertigen Werke (S. 23, 25). Voll Schrecken über solche in trüben Stunden gefaßte heillose Gedanken, bittet ihn der also Geehrte, nicht ungerecht zu sein gegen sich und die Welt, nicht der raschen Laune eines Augenblicks zu opfern, was nachher vielleicht unersetzlich wäre. Jene Energie des Geistes, die durch alle Stürme dieser drangvollen Zeiten nicht sei gebrochen worden, sie werde auch über die körperliche Schwäche obsiegen (S. 24, 5).

Durch Wolfs Vermittlung bei Humboldt erhielt Bekker vor Antritt der Pariser Reise eine Stelle in Berlin als Extraordinarius der Philologie und Aufseher des einzurichtenden philologischen Seminars. Der Abschied von diesem, schreibt Wolf, werde ihn zwar herzlich schmerzen, in der wahren Bedeutung dieser Worte, doch diese Empfindung vermische sich jetzt mit der wahren Freude über einen so glücklich erfüllten Wunsch

---

[1]) **Wolf ist nach Ansicht des Herausgebers schon am 22. 4. 1807 nach Berlin abgereist. R. S.**

(S. 26, 10). Gleicher Stimmung entspringen die Worte Bekkers (S. 26, 42): „Je näher ich daran bin Sie auf längere Zeit zu verlassen, je tiefer fühle ich, wie unendlich viel ich Ihnen schuldig bin. Sie haben mein hiesiges Leben erträglich gemacht; durch Sie werde ich der Fremde froh werden, wofern ich anders ihrer froh werde". Seinem Schüler die Wege zu ebnen für den Pariser Aufenthalt, ihn in seinen dortigen Plänen zu fördern, ist Wolf unablässig bemüht. An Johannes v. Müller richtet er in einem Brief vom 9. Dezember 1807 die Anfrage (II 22, 24), ob er wohl für Bekker, „einen der hoffnungsvollsten deutschen Jünglinge, der einst unserer Litteratur ganz etwas Aehnliches von einem Lessing verspricht," bei dem Fürstprimas des Rheinbundes Dalberg die Bitte wagen dürfte, bei der Reise zu den Pariser Schätzen die Dürftigkeit des geistvollen Jünglings zu unterstützen.
In Paris, in dieser „menschenwimmelnden Einöde" (S. 28, 30) kann Bekker des Lebens nicht froh werden, sieht sich bei den kärglichen ihm zur Verfügung stehenden Mitteln von peinlichen Geldnöten bedrückt, die ihn zu beweglichen Jeremiaden und ewigen Bitten nötigen. „Mein Geld geht auf die Neige, meine Arbeit stockt, mein Muth sinkt", (S. 65, 14), mit diesem Stoßseufzer gibt er seiner Mißstimmung Ausdruck. Auch hier nach Möglichkeit zu helfen, ist Wolf mit nie versagender Geduld am Werk, niemals beharrlicher als im Brief an Schuckmann (4. Juli 1811. II 126f.), dem er Bekkers Los, das „nach seinen letzten Briefen, mit jeder Woche in Paris unglücklicher" wird, mit aller Offenheit darlegt: „Sehr selten möchte unserm Staate wieder die Gelegenheit werden, einen jungen Mann von s o viel Talent und Gelehrsamkeit auf einer gelehrten Reise s o n ü t z l i c h zu unterstützen." Komme er, schreibt Bekker an Wolf (S. 53, 32), mit gesunden Sinnen nach Berlin zurück, so werde ihm ja vergönnt sein zu betätigen, wie er im tiefsten Herzen die unermüdete Güte fühle und verehre, die sein ganzes Leben umfasse und schmücke.
An kleinen Verstimmungen fehlt es indessen nicht bei aller Verehrung des Schülers für seinen Meister und bei aller Teilnahme dieses an den Bedrängnissen des mit eisernem Fleiß für seine eigenen wie für Wolfs Zwecke Fortarbeitenden. „Sagen Sie mir statt dieses Tons," schreibt gelegentlich Wolf unwirsch und übellaunig (S. 51, 10), „etwas Offnes und Ausführliches, was Sie [an Geld] wünschen und erwarten. Dann kann ich bald sagen, was wahrscheinlich oder auch gewiß auszuführen sei, was nicht." Auf eine übrigens rein sachliche Bemerkung Bekkers (S. 69, 13) erwidert Wolf in gereizter Stimmung, diese Art Sprache sollte er sich nicht weiter erlauben, sie würde jeden andern geradehin beleidigen und er habe zuerst Freunde in der Welt nötig (S. 73, 28). Übrigens wünscht Wolf und hält es für notwendig, alles die Früchte der Pariser Reise Betreffende ausgleichend zu besprechen, „wenn nicht nach diesen und andern Vorgängen unter uns ein Verhältniß eintreten soll, das den guten Studien, die ich in Ihnen gern fördern wollte, nachtheilig werden dürfte" (S. 85, 20). Aus solchen Äußerungen, mögen sie auch der Ausfluß von Augenblicksstimmungen sein, gewinnt man den Eindruck, daß eine gewisse Entfremdung der beiden so warm für einander Fühlenden eingetreten sei.

So ist man wohl auch nach den oft überschwenglichen brieflichen Kundgebungen des sonst nicht gerade zu Überschwang neigenden Bekker erstaunt, wie kühl er sich da, wo er sich vor aller Welt zu seinem Lehrer bekennen wollte, ausdrückt. Trockener konnte dies kaum geschehen als in dem Widmungsblatt des ersten Bandes seiner Anecdota (1814) mit den Worten: „Frider. Aug. Wolfio, Praeceptori suo, d. editor." Daß Wolf es übrigens gut aufnahm, dafür zeugt sein Dank für das „Vorblatt, das ich, da ich Sie mir schon verloren fürchten mußte, als ein Zeichen Ihres Andenkens ehre" (S. 86, 3), worauf Bekker einige Monate später am 26. Nov. 1814 schreibt (S. 86, 38): „Sollten Sie unfreundlicher gesinnt sein gegen mein Buch, seitdem es auf Ihre schützende und fördernde Theilnahme wenigstens dadurch einiges Recht erlangt hat, daß es sich mit Ihrem Namen geschmückt?" Mit einigen wenigen belanglosen Zuschriften aus Berlin, dem gemeinsamen Aufenthalt der mehr neben- als miteinander Wirkenden, schließt der im J. 1807 eingeleitete Briefverkehr. Er endigt, um ein Wort Goethes an Zelter vom 27. März 1830 anzuführen, „dem Rhein gleich, sich im gemeinen Sande des Tags verlierend". Fast scheint es, daß die örtliche Nähe die beiden Männer innerlich voneinander entfernte.

SIEGFRIED REITER †

BRIEFWECHSEL WOLF-BEKKER IN ZEITLICHER FOLGE

[1]) In den Erläuterungen zu 501a ein Briefstück Bekkers vom 10. 12. 1810. R. S.

VERZEICHNIS DER BRIEFE WOLFS AN VERSCHIEDENE ADRESSATEN IN ZEITLICHER FOLGE

[1]) Wenn das von Reiter erschlossene Datum stimmt, muß es Friedrich II. heißen, der am 17. 8. d. J. starb. R. S.

[1]) Der Brief Nr. 600 (II 204), jetzt vollständig (Faksimile) soll nach Reiter unter den neu hinzugekommenen zwischen 586a und 601a seine Stelle finden (als 600a?).

VERZEICHNIS DER BRIEFEMPFÄNGER

Die Zahlen bedeuten die Nummern der Briefe

---

[1]) Friedrich II. 36a; vgl. S. XVIII. R. S.

I

BRIEFWECHSEL WOLFS MIT BEKKER

399a. Wolf an Bekker

B.[erlin], den 20 Jun. 7.

Der Strudel von Zerstreuungen, in denen ich mich bis heute — am Ende einer Woche — hier herumdrehte und gern drehen lies, hat mich noch immer abgehalten, Ihnen ein Wort zu schreiben. So seyn Sie mir denn brieflich zum erstenmahle herzlich gegrüßt, mein lieber Freund, und haben Sie Dank für Ihre neulichen Zeilchen, aber erwarten Sie bald größern für — Zeilen und ganze Seiten. Izt ein Quodlibet von allerlei Dingen, wie es dem Eilenden zur Feder fließt.

Daß auch Königsberg genommen ist, läßt sich, obgleich die Nachricht s e h r neu ist, mit z i e m l i c h e r Sicherheit glauben und nachsagen; (wenn nicht vielleicht dort andere Schlachten gehalten sind, als die wirklich seit dem 5ten d. sehr schrecklich fast Eylauisch gewesenen.) — (Meine T.[ochter], der Sie sonst alles mittheilen können aus diesem Briefe, muß doch vielleicht wegen R.[eichardt] mit dieser Nachricht behutsam umgehen.) — Mehrere eben von Danzig gekommene habe ich in Gesellschaften gesprochen und die Lobpreisung von Kalkr.[euth] gehört, sonst daß der Ort wenig an Gebäuden gelitten. — Doch weg mit dem Widrigen!

[Landhaus bei Potsdam], den 21.

Vor allem sagen Sie mir doch, wie es mit Ihren Arbeiten und Beschäftigungen gehe? wie mit dem Lex.[ikon], mit Demosth.? Können Sie nicht schon meiner Tochter Aushängebogen an mich (und wenn Sie wollen, b l o s für mich) mitgeben? Ferner: haben Sie wol n a c h dem einzigen Bogen der Batrachom., den ich hieher erhalten, n o c h eine Fortsetzung dort auch corrigirt oder revidirt? Und wie? Denn ich erwartete es nicht, und habe seitdem 2 oder 3 in Berlin a b gefertigt, mit Hülfe von Buttm.[ann] und Heind.[orf].

Wie sieht es mit den Antheilen an der J.[enaischen] A. L. Z. aus? K ö n n t e n Sie izt, so möchte ich wünschen, daß Sie einen E n t w u r f zu einer Recension aller 3 Dialogen-Bände von Heind.[orf] machten, sobald möglich, um ihn mir zuzuschicken — ohne ihm die völlige Abrundung zur Recension zu geben.

Von Ihren Freunden ist nun wol keiner mehr dort? auch Harscher wird, höre ich, erwartet. Schl[eiermache]r lieset bereits cum applausu, und predigt auch tapfer (für K.[önig] und Vaterl.[and]) in der Domkirche.

Der Span.[ier] hat unterdeß wieder ein ειδυλλιον, ολιγον παντη δωριστι ausgehen lassen, worin fast keine Art der Cäsur ist, und ein Gebrauch der Partikeln, daß ich fürchte, er fängt bald einmal einen Satz mit ῥα an. Er ist auch gar nicht zu bedeuten, und glaubt, wenn ein Vornehmer Mann Concerte geben kann, so darf er sich auch sooft er will mit seiner Pratsche in die Linien stellen. Besser ist etwas, was er spanisch geschrieben: ich wollte es Ihnen mitschicken, habe es aber hieher auf ein Landhaus (bei Potsdam) mitzunehmen vergeßen. Mit spanischen und portugiesischen Büchern aber sieht es höchst traurig hier aus: Pardo hat seine ganze Bibliothek in Paris gelassen und die Berliner hat auf 2 Lehnstühlen Raum. Versificiren thut er ohne alles Buch, oft indem er im Thierg.[arten] lustwandelt! — Wollen Sie mir bald eine Liste von Editionen der Spanischen und Portugiesischen Dichter, die Sie vorerst am meisten wünschen, schicken: ich kann sie Ihnen leicht kommen lassen, da ich auch die Herren der portugiesischen Gesandschaft oft sehe.

Das Aeußere von Berlin hat noch immer seine alte Freundlichkeit und der Thiergarten, dem ich so nah wohne, giebt mir viel Vergnügen; auch that es schon oft Charlottenburg, Schönholz, Schönhausen, Pichelsdorf und die Höhe nicht weit von da.

Für heute leben Sie auf ein 8 Tage wohl. Dann schreibe ich mehr, und mit weniger fließender Dinte.

W

Ihr Exemplar meiner letzten Odyssee bitte ich mir endlich bei itziger Geleg.[enheit] aus.

Haben Sie nun das Berliner Geld?

Am besten, meine Tochter lieset Ihren Brief in der Stadt.

1. Bekker an Wolf

Halle, 27 Juni 7.

Ihr gütiger Brief, mein verehrtester Herr GehR[at], war mir um so willkommener, je weniger ich ihn, nach drei vergeblichen Bewerbungen, hoffen durfte. Mit herzlichem Danke eile ich zu antworten, um wenigstens durch Promptheit Ihre fernere Güte zu verdienen.

Correcturbogen habe ich seit der Batrachomyomachie nicht gesehen: was mir sehr leid thut. Ich würde mich freuen, wenn es moeglich waere die etwa noch folgenden wieder zu mir zu leiten: um so mehr mich freuen, da ich die Herrn Buttmann und Heindorf, nach ihrem eigenen Plato urtheilend, kaum für bessere Correctoren halten kann als Eichstaedt, der mir neulich wieder, bei dem endlichen Abdruk meiner verlegenen Corayana, hollaendische Bildung gemacht hat aus hellenischer.

Von meinen Arbeiten ist wenig zu melden, und dies wenige nicht erfreulich. Die Aenderung der Wohnung und der Besuch von Raumer haben mir Zeit genommen: zuletzt hatte ich von dem Lexicon das α fast fertig, als Schwetschke eine Druckprobe machen liess; und fand, dass, da ich mich in den Bedeutungen kurz gefasst, bei dem bedungenen ungespaltenen Druk in gr. 8. mehr Papier weiss bliebe, als er dem Publicum bieten zu dürfen glaubte. Solchen Übelstand will er nun durch kleineres Format beseitigen, dazu aber für izt ausser Stande Papier zu schaffen, hat er mich gebeten, zuerst die Reden drukken zu lassen, und ich habe versprochen ihm in vier Wochen zu willfahren. So lese ich denn izt diese Reden, in wechselnder Stimmung, bald mit hoher Freude an der Herrlichkeit der lezten Stralen freien Hellenensinns, bald, und oefter, mit Unmuth und Verzagtheit, weil mir auf das Herz faellt, wie wenig ich, solche Herrlichkeit zu heben, vermoegen werde, und wie auch dies geringe Vermoegen mir beschraenkt und verleidet wird durch verhassten Zwang. Wann wird mir doch gewaehrt werden, frei zu arbeiten oder, was ich hoeher seze, unter Ihnen, mein theurer Lehrer, dass ich, u n t e r Ihnen arbeitend, vielleicht allmaelig lernte m i t Ihnen zu arbeiten!

An eine Recension des Heindorfischen Plato habe ich die lezte Zeit ernstlich gedacht, und dazu schon den dritten Theil ganz und im ersten den Phaedrus gelesen, zum ersten Male. Darf ich Ihnen gestehen, dass ich meine Erwartung bitter geteuscht finde, den Mann aber — wenn ich ihn entkleide von dem, was dem Glükke gehoert, funfzig Jahre spaeter und in Wolfs Zeit geboren zu sein — kaum für eine hoehere Natur erkennen kann als den seligen Fischer? Wie jener fast nur mit Fleisse begabt, scheint er nicht innerhalb der Sprache — um nicht von Alterthum zu reden — zu stehen als Wissender, sondern draussen, ein immerfort lernender, Einzelnheiten auffassend in Menge, aber a l s Einzelnheiten, die ihm sich nie einordnen in das Gefüge des Ganzen. Was ihm vorkommt, merkt er, und kommt es oefter vor, so nimmt er es für wahr, unbekümmert, w i e es denn wahr sei. Daher der auffallende Mangel an Sicherheit, Bestimmtheit, Schaerfe des Urtheils, und Inconsequenz überall. Und diese Beschraenktheit s e i n e s Wesens ist er wunderbarer Weise geneigt, in Beschraenktheit der Wissenschaft zu deuten. So klagte er mir schon vor Jahren, es sei doch ein ander und hoeher Ding eine mécanique céleste zu berechnen als den Plato herauszugeben; so klagt er im Parmenides wiederum, es werde kein Philologe, q u o t q u o t e t s u n t e t e r u n t, solches Verdienst um den Plato erwerben wie Schleiermacher, dieweil der das Heiligthum erschliesse, w i r aber an Sylben und Puncten kleben. — Geschrieben habe ich noch nichts; sobald ich es habe, unterwerfe ich es Ihrer Entscheidung.

Mein Lebuser Stipendium ist mir, so unbegreiflich daß wird, noch nicht ausgezahlt. Ich würde mich scheuen, Sie um abermalige Verwendung zu bitten, wenn ich nicht gerade izt des Geldes nur allzusehr bedürfte. Meine Odyssee und was ich von Spanischen Titeln auftreiben kann, erhalten Sie mit dem Paket, das Ihre Dem.[oiselle] Tochter den Dienstag abschikt.

Mit ganzer Seele

der Ihrige

AE Bekker.

400a. Wolf an Bekker

[Berlin, 1. Julihälfte 1807]

Sie haben sich durch die schnelle Durchsicht ein sehr großes Verdienst um mich erworben, wofür ich Ihnen nicht genug danken kann. An 3 Wochen wenigstens haben wir nun noch Zeit, beiläufig zu suchen, wo etwas des Umdrucks werthes stecke. Solcher Accent-Fehler, als Sie auch aufgezeichnet haben, giebt es noch weit mehr im Buche. Man muß ganz zufrieden sein, wenn man doch viel mehr als andre that. Auch das drückte unsere Odyssee, daß ihr noch keine kritische Ausgabe voranging; der letzte Abdruck muste völlig aliud agendo gemacht werden.

Ueber manches Einzelne müste ich aber mit Ihnen streiten. So muß Apoll. 112. ὥς ja bleiben. Od. α 278 pp sind durchaus nicht analoge Beispiele, und gegen ὥς gar nichts einzuwenden. 54. ibid. ist mir wohl ἔσσεσθ.[αι] auch eingefallen — aber da, wo zweierlei möglich und gut war, habe ich nicht leicht ohne einen Cod. etwas von der Batr. an geändert. Einzelne Aenderungen von Herm.[ann] im Texte selbst billige ich wirklich; aber ich glaubte sie nicht aufnehmen zu dürfen.

Ihr Stipendium hat mir viele Gänge und noch mehr Schreibens gemacht; aber Thatlosigkeit ist hier in omni parte reipubl. bis zur — Scheuslichkeit ordentlich organisirt. In diesen Tagen mache ich den letzten Versuch.

Wegen Nachsehens in meinen Büchern über Demosth. muß ich Sie inständig bitten bis zu meiner Ankunft zu warten, die gar nicht lange verschoben seyn darf, da ich — wenn gleich nur auf 8 Tage — in Halle so manches noch zu arrangiren habe. Hätten Sie doch, da ich Sie vor meiner Abreise fragte, einen Zettel voll Bücher notirt: nichts hätte Ihnen fehlen sollen: izt habe ichs mir zum festen Gesetz gemacht, niemand zu den Büchern zu lassen, weil so viel Bibl[iotheks]-Bücher darunter liegen. Ich muß — zumal bei den izt bevorstehenden Umständen — entscheidend und mit Wahrheit sagen können, daß keine fremde Hand dazu kommen konnte: jeder andere, der dabei gewesen, hätte selbst vielleicht Verantwortung. Das beste ist: Sie finden nichts der Rede werthes zu den 2 Reden — davon kann ich Sie ziemlich versichern.

Auch den Helmst.[edter] Codex würde ich izt nicht suchen. Widrigenfalls wenden Sie sich mit einer Bitte an den Abt Henke, als dazu veranlaßt von mir — allenfalls seiner Sicherheit wegen könnte er ihn durch seines Freundes Klügel's Hände an Sie gelangen lassen — wenn nicht die Helmstädt. Bibl. gar versiegelt ist.

Vale.

W.

400b. Wolf an Bekker

In nächster Woche hoffe ich Ihnen, mein Bester, ordentlich zu schreiben. Was ich Ihnen vor etlichen Tagen μονωτάτῳ schickte, zeigen Sie gar niemanden, bis Sie in etwa 10 T.[agen] das ganze erhalten.

Sollten Sie von Leipzig ein vollständig Ex.[emplar] der Odyssee bekommen, so bitte ich jede abfallende Stunden in etwa 3 Wochen darauf die schärfste Aufmerksamkeit zu wenden, um mir dann hieher zu schreiben, was ich etwa müste umdrucken laßen.

Was denkt man izt in Halle zu dem Gerôm'schen Reiche — und die Maul-Patrioten dort, die eben unterm 18ten d. M. anfragten, ob sie nächstens für Michael ihre preußischen Collegien ankündigen dürften?

Unveränderlich

der Ihrige

W.

Erst soeben kömmt Meiners Buch mit Ihrem Briefchen.

[Berlin], den 25 Jul. [1807]

401a. Wolf an Bekker

B.[erlin], 11 Aug. 7.

Es geht mir, mein lieber Freund, mit Ihnen, wie mit wenigen meiner genauesten Bekannten: indem ich mich fast täglich mit Ihnen in Gedanken beschäftige, wächst mir der Stoff zu Unterredungen weit über die Möglichkeit eines Briefes weg, und es wird mir schwer, Hand ans Schreiben zu legen. Besonders war dieß der Fall seit Eintritt des lange gefürchteten öffentlichen Unglücks. Und hiedurch, können Sie leicht denken, ist meine Lage auch nicht die angenehmste, wenn gleich seit 3 Monaten schon von mir dafür gesorgt ist, daß ich in irgend einen Hafen einlaufen kann. Aber in welchen? Dieß macht, da ich ungefähr 3 oder 4 Wahlen habe, beschwerliches Grübeln und neue Verlegenheit. Ist es irgend möglich, so wünschte ich, daß Sie mit mir an demselben Ort ziehen möchten, wenn Sie nicht schon etwas anderes, wol gar besseres, wißen. Schreiben Sie mir hierüber — bei meiner Tochter nächsten Briefe — ein Wort.

Ihre Einmal mit Schwetschke geknüpfte Bekanntschaft kultiviren Sie ja aufs beste. Sie kann Ihnen in mehr als Einem Betracht einst immer nützlicher werden. Wie weit sind Sie izt? — Vor allem sagen Sie ihm mit meinen besten Complimenten, er habe meinen letzten Brief ziemlich misverstanden — alles werde unter meinem Namen gehen; Ein oder ein paar andre, n o c h d a z u kommende, würden zu mercantilem Zweck noch mehr leisten; und die H ä n d e, woran die Namen hängen, Beschleunigung, ohne Nachtheil der Arbeit, bewirken. (Doch, unter uns gesagt, durch mehrere p a p i e r n e Proben bin ich gleich nach meinem Schreiben an Schw.[etschke] davon abgebracht worden, h i e r irgend einen Neben-Arbeiter zum Plato anzunehmen, wozu H[eindor]f und B[uttman]n sehr, ja nur allzu geneigt waren, sobald sie den Plan faßten.) Das könnte übrigens Schw.[etschke] wol selbst denken, daß ich unter meiner Autorität nie geben würde, was ich nicht selbst vollkommen billigte.

Alles was Sie von des guten, von Haus aus kranken, Heindorf's Platonicis schrieben, ist so wahr, daß nichts zuzusetzen oder wegzunehmen ist. Leider, ist er aber auch unheilbar, und hat, seitdem ihn B[uttman]n mit seinem hin und her fahrenden Spitz-Sinne völlig b e h e r r s c h t, erst recht verloren. Ganz vorzüglich sollten Sie sich an den neusten 3ten Band machen — und sich in dem, was Sie mir schicken wollen, auf 8—10 Hauptschwierigkeiten und Haupt-Bevüen einschränken, und wo möglich b l o s u n d a l l e i n die Sachen gegen Sachen stellen, ohne die Empfindung nur von fern zu verrathen, die einem bei dergl. freilich überläuft. Aus v i e l e n w i c h t i g e n Ursachen muß ich aber eine Recension in der ALZ. i z t ganz abrathen. Davon gelegentlich mehr.

F r ü h e r aber muß ich Sie inständig bitten, die Ihnen von Göschen geschickten Bogen der genausten Revüe zu unterwerfen, und mir alles Bemerkte h e r z u s e n d e n. Ueber 1 ganzen Bogen Cartons möchte ich nicht machen laßen; und schon fand ich zufällig beim blättern 4 derbe Druckfeler. Die Bogen selbst behalten Sie dort. Fortfahren müsten Sie aber bis zu den *λειψανα*. (Was aus der Vorrede werden soll, weiß Gott. Fast alle meine Papiere liegen in H.[alle] zerstreut, und hier ist für mich keine wahre Muße und Ruhe. Dazu kommt, daß ich seit 3 Wochen etwa 6 Bogen: Précis de la Science de l'Antiquité mit Hülfe eines guten Dollmetschers für den Druck bereite, wozu ich bedeutende Ursachen hatte.

Beiher ist auch der anliegende Plan geschrieben — von j e d e r Regierung auszuführen möglich — i z t u n d ü b e r h a u p t n u r von Ihnen zu lesen, *μονωτάτῳ*. Auch bitte ich um baldige Zurücksendung. Er ist, ohne Erklärung der tiefer liegenden Tendenzen, für gemeine Geschäftsleute geschrieben: was er zunächst wirke, erfahren Sie in 4 Wochen von mir. Unterdeßen, höre ich aber, ist der elende S[chma]lz nach Memel gegangen, um den ganzen Bettel von Hall.[ischer] Universität hieher — oder nach Potsdamm! zu versetzen. Von ordentlichen Leuten sind hier die 2 Deputirten allgemein ausgelacht worden, so sehr den Meisten izt das Weinen näher liegt. Dort macht man wol gar ein Geheimnis aus der Reise? Vermutlich ein in einem Concil beschloßenes, im vertrauten Cirkel!

Meiner Tochter bitte ich den Tresorschein zu geben, wenn sie ja schon izt wieder durchaus Geld brauchte, und wenn der 5 rthlr Schein nicht dort noch niedriger als 4 rthlr 8 gr. stände. Wäre gar letztres, so müßte sie sehen, wie sie ein 30—35 darauf von Moses oder Consorten geliehen bekäme: übrigens müßte ihr izt auf eine gute Zeit 1 gr. seyn was sonst ein rthlr. Brauchte sie übrigens ein andermal Geld, so müste sie sich vorher dort nach dem Werth der Tr[esor]scheine erkundigen, auch nach Häusern, die von hier an den und jenen dort zahlen könnten: baares Geld würde ich nicht auf die Post schicken. — Haben Sie denn das Stipendium noch nicht? Nun sind 8 Excitatoria ergangen, des Schreibens war kein Ende: auch Execution ward angedroht! So war in allem die Regierung schon lange! die erbärmlichste Schwäche.

Mit dem Briefe an M[adewei]s muß Mine höchst vorsichtig umgehen. Schnell muß er weiter, wenn die M[adewei]s sagt, daß er noch jenseit des Rheins ist. Allenfalls kann sie, die M[adewei]s, ihn lesen.

Aus allen diesen meinen Zeilen bitte ich sogleich das Wesentlichste von dem Politischen an Eberhard gelangen zu lassen, nebst einer Entschuldigung, daß ich heute ihm noch nicht antworten könnte. Den Candidaten für Hamburg könnte ich übrigens nicht empfehlen, auch hätte er mir von F. nicht darüber geschrieben.

Wie viele Lehrstunden haben Sie denn noch wöchentlich und mit wem?

2. Bekker an Wolf

Halle, 15 Aug. 7.

Ihre Aufträge, verehrter Hr G[eheim]R[at], an Ihre Dem.[oiselle] Tochter, an Eberhard und Schwetschke sind ausgerichtet. Meine Odyssee-Revision haben Sie vermuthlich schon vor einigen Tagen erhalten; es wird genug sein zu Einem Bogen Carton.

Für den Plan, den ich wieder beilege, danke Ihnen Berlin und das gesammte nur geistig zu rettende Preussen. Den Geschaeftsleuten wird er hoffentlich einleuchten als zweckmaessig und leicht, aber sie werden ihn, fürchte ich, haesslich entstellen, wenn nicht derselbe Geist die Wirklichkeit herbeiführt, der die Moeglichkeit gesehn hat. Sie, die Geschaeftsleute, werden aus Liebe zum Alten und aus toller Billigkeit, anstehend ein frisches Geschlecht von Lehrern aufzurufen, ehe das welke ganz untergegangen, das Institut zu einem Spital einrichten, worin die Blinden und Lahmen, von denen kaum den Staat das Unglük glüklich befreit hat, gepflegt werden statt zu pflegen: und die Lernenden werden sie so klug zu beschraenken und niederzuhalten wissen, dass über die Kluft zwischen Schule und Universität, die bisher zu heilsamer Erschütterung übersprungen werden musste, künftighin eine gar bequeme Brükke führt, auf der die Jugend, fast ohne sich zu merken, geschweige sich zu fühlen, so gesenkten Hauptes und

Muthes in die Auditorien ziehe, als nur immer sonst in die Classen. Das lezte dürfte um so eher geschehen, da ein betraechtlicher Theil der Frequenz auf Berlinischen Schulen gezogen sein wird, und den Schullehrern auch an der Universitaet zu lehren frei stehen soll; da ferner die Vereinzelung durch die grosse Stadt hin Berührung hoechstens den Jüngern derselben Facultaet gestatten wird. Diese Zweifel, die nur die Ausführung, nicht den Entwurf angehen, verzeihen Sie dem, den Sie selbst einmal zum Eiferer für die academische Freiheit bestellten. —

Meinen künftigen Aufenthalt, mein ganzes künftiges Schiksal vertraue ich ruhig Ihrer Bestimmung, mein innig verehrter Freund. Sie haben mich, als ich aus Gedikes Dienstbarkeit, an Leib und Seele erkrankt, schüchtern und menschenscheu zu Ihnen kam, aufgenommen mit nie gehoffter Güte: Sie haben Jahrelang meinen Trübsinn, meine Ungeschiktheit milde getragen, haben mir Achtung Vertrauen Liebe erwiesen, meinen Willen beseelt, was von Anlage in mir ist, erregt und zum Bewustsein gerufen. Was ich bin und was ich habe, verdanke ich Ihnen: moegen Sie nie sich Ihres Rechtes an mich begeben, nie Ihre leitende schirmende Hand von mir abziehen!

AE Bekker

401c. Wolf an Bekker

[Berlin, Sommer 1807]

Ihre Corrig. und poenitenda in der Odyssee erschreckten mich anfangs; nachher erhohlte ich mich. Sie haben sich die höchst dankenswerthe Mühe gegeben, der nächsten — wahrscheinlich sehr bald nöthigen — neu Auflage des Buchs in etwas vorzuarbeiten. Dergleichen Sachen sind sehr viele auch in der Ilias. Izt konnte ich blos Druckfeler in Buchstaben suchen. Möchte ich doch solcher zu 1 Bogen genug bekommen!

Izt sehen Sie, was wir uns, indem wir die Gedanken auf so manche andre Dinge hatten, übrig ließen. So etwas führt zu einer sanften Beurtheilung anderer Editoren! Welche schändliche Ungleichheiten und gar Auslaßungen von Worten sind in Hermanns Hymnen! —

Ich verbrate hier in meinem Zimmer, wo mich den ganzen Tag die Sonne incommodirt, wie einen denn seit 14 Tagen die Hitze überall nicht zur Besinnung kommen läßt. Möchte ich nur täglich 3 Stunden auf meinem Hallischen Saale sitzen können! Nicht einmal der Thiergarten und Charlottenburg können aushelfen. Humboldt erklärt die Hitze für fast-ägyptisch.

402a Wolf an Bekker

B.[erlin], 7 Sept. 7.

Den besten Dank für Ihre fortgesetzten Durchsichten. Soulagiren Sie ja doch nach Bequemlichkeit und Zweck der Sache — ich bin endlich, selbst durch eine kleine Kolik, so abgespannt und stumpf, daß ich mich nur zu neuen Dingen wenden kann, so weit mir es die paar Hülfsmittel erlauben, die ich hier habe. Viel kan aber überall nicht werden, ehe völlige Ruhe und Sicherheit hier ist. Möchten wir alle um 6 Wochen weiter und so mehr im Klaren seyn. Hat Hr. Göschen noch nichts weiter geschickt, so wäre es gut, wenn Sie drum erinnerten und zugleich das schon zu Cartons bestimmte mit einschickten, weil dergl. Setzen mit aller Nüchternheit geschehen muß. Die letzten 9 Blätter des letzten vol. brauchen Sie aber nicht zu sehen; damit unterdeß endlich alles zum Ende fertig werde.

Was Sie von feinem Gespinnst für Hallisches Verständnis sagen, ist mir nicht völlig klar, desto mehr, wenn jener erwähnte g a n z c h a r a c t e r l o s e Mensch, zwischen 2 Thüren nun gerathen, sonderbar urtheilt. Sie sagen wunderbar: aber da er Ihnen dergl. offenbarlich sagte, um es mir zukommen zu lassen, so konnten Sie auch hier wol ein wenig ausführlicher seyn. Dann wechseln wir kein Wort weiter über d i e R o t t e, deren Schreibereyen und Druckereien alle bei mir sogleich ad loca secretiss.[ima] wandern sollen.

W.

Wollen Sie über folgende und andre, vielleicht sich noch findende Fehler — zumal wenn die letzten Bogen Ihnen zukommen, allenfalls mit dem Würfel entscheiden, was am meisten den Umdruck verdient: — — — — — — — — — — — — — — — — —

Die Dimission des Massow und der andern 7 Min.[ister] weiß man izt wol dort.

Was erwarten denn die Leute für die Universität und für die Stadt dort?

407a. Wolf an Bekker

[Berlin, November 1807]

Eilen Sie, werthester, daß Sie aus diesem Neste wegkommen. Schl[eiermache]rs Vorschlag ist weit weit besser, als viele, zu denen sich wol jemand in Ihrer itzigen Lage entschließen müste; und geht es nicht nach Wunsch, so haben Sie ja doch Berlin nahe. Da können wir bis zu Ostern mit etwas Besserm uns beschäftigen, wozu ich, wenn meine körperliche Disposition wiederkömmt, schon den Plan gemacht hatte. Izt muß durchaus jeder auf sich selbst stehen, aber dann — freilich auch nicht in Lusiadas lesen, wenn er eben durch Fertigung eines gr.[iechischen] Lex.[ikons] einen Sosius zu tactmäß.[igem] bezahlen von Honorar locken und zwingen will. Nach Laune zu arbeiten ist diese Zeit durchaus nicht, noch weniger nach Paris zu reisen.

Ihren Recensionen von Bast und Boiss.[onade] sehe ich mit schöner Erwartung entgegen, wenn ich gleich hier wenig Zeitungen las: auch bringt man alles so unordentlich. — Aber behandeln Sie ja — bei der Publicität die das $\Delta\mu$ leider nun hat, (was der e r s t e Grund zu Ihrem Hall.[ischen] Verdruß bei der Justizrotte ohne allen Zweifel ist,) keinen der Pariser so, daß er Ihnen einst alle Codices verstecken hilft. — Ist es wahr, daß Bast Ihnen den Apoll.[onius] Dysc.[olus] vorweggenommen??

Schön wäre es ja, wenn Sie mir bei Gelegenheit die Bogen Ihres Demosthenes einlegen könnten — nur ein ganz gemein Ex.[emplar] zum Ansehen —

Das Packet an Göschens Buchhandlung zu addressiren bitte ich Sie, nach baldiger Rücksprache mit meiner Tochter.

Unveränderlich der Ihrige

W.

Allernächst erhalten Sie etwas von mir, das unter allen Formen und Bildungen, die es hätte erhalten können, izt diejenigen hat, die es grade haben konnte.

Eilen Sie in müßigen Momenten einen Commentar über die Andeutungen anzulegen: das wird Ihnen viel schöne Anläße geben: bald aber werden Sie dann ein ordentlicher Beitragender.

W.

Der starke Brief ohne Aufschrift ist für meine Tochter, baldmögl.

411a. Wolf an Bekker

[Berlin, 2. Hälfte Nov. 1807]

Hiebei ein Brochürchen eines acharnirten Gegners der unter den itzigen Umständen einzig nothwendigen Idee, des Pastor Sack oder O.[ber]C.[onsistorial]R.[at] — Acharnement ist aber hier nicht sichtbar; ein Pastor pflegt immer den Lamms Ton zu halten. Möchten Sie Ihre Gedanken nach Ihrer wahresten Meinung, doch ohne förmlich zu schreiben, ohne eine einzige Periode zu machen, niederwerfen, blos Späne zu Gedanken, keine vollendet behauenen, damit wenn je ein Gebrauch davon gemacht würde, kein Δμ sich — zu Nachtheil der Sache entweder oder seiner selbst, — sich verrathe. Indeßen noch sehr weit entfernt bin ich die Schrift — auch nur geschrieben oder ungedruckt — zu bestreiten; möglich blos ist es. Auf jeden Fall schicke ich Ihnen mein erstes Memoire nochmals, das auch den Minister Stein schnell von den Sackischen Ideen zurück und zu den izt einzig ausführbaren stimmte. Beides bitte ich mir baldmöglichst, spätestens in 10 Tagen, zurück.

Ihr

Da es immer möglich ist daß in diesem — PagodenWesen — auch St.[ein] eben durch die Schrift ein recidiv bekömmt, so entschließe ich mich so eben, Schl[eiermache]rn sie auch zum Lesen zu empfehlen. Sonst möchte meine Tochter sie niemand lesen laßen. Sie braucht auch Schl.[eiermachern] nicht zu sagen, daß sie schon ein paar Stunden in Ihren Händen war und wünschen Sie es, so kann Schl. sie Ihnen — doch nur Ihnen — geben.

Schreiben Sie mir bald fleißiger.

3. Bekker an Wolf

[Halle], Dienstag 23 Nov. 7.

So eben erhalte ich Ihre Sendung. Das Memoire, von dem dabei die Rede ist, ist vermuthlich zurückgeblieben; ich finde nur das Folioblatt, das ich morgèn befoerdern werde, und die Brochure des Berliner Pastoren. Diese habe ich durchlaufen, wenig erwartend und gar nichts findend. Es waere ein boeses Omen für die ungeborene Universitaet, wenn ein so dürftiges Geschreibe irgend eine Berüksichtigung, wenn es von Ihnen eine Widerlegung nothwendig machen koennte. Dass der Mann von Universitaeten wenig weiss, waere verzeihlich: aber von dem Locale seiner eigenen Stadt so wenig zu wissen, dass alle dorther genommenen Einwürfe schon in Ihrem, des Fremden, ersten Entwurfe aufgestellt und beseitigt sind, das ist arg! Und dazu der homiletische Senf, das Herumtummeln auf gemeinen Gemeinplaetzen, das bescheidene Hinundherschwanken, das fast unmerklich macht, wohin denn eigentlich das Zünglein sich neige! Ich hoffe Ihr Memoire noch nachgeschikt zu erhalten, und will dann gern wieder und wieder lesen.

So bald meine Reden ganz abgedrukt sind — ich hoffe in spaetestens 3 Wochen — eile ich nach Berlin. Es ist meines Bleibens nicht laenger in diesem Halle, dem ich so viel verdanke und das mir nun so widrig ist.

Dass mir B a s t den Apollonius vorweggenommen habe, weiss ich nicht, glaube es auch kaum, da er auch ohne diesen schon Arbeit genug sich aufgebürdet hat. Unwillkommen waere es mir nicht: Codices liest B a s t ohne Zweifel besser als ich: sonst liegen unsere Wege, so weit ich sie bis jezt übersehe, in verschiedenen Sphaeren.

Leben Sie wohl, und bleiben freundlich geneigt
Ihrem

AE Bekker.

424a. Wolf an Bekker

B.[erlin], den 3 Febr. 8.

Hier, mein Theuerster, Ihre noch bei mir zurückgebliebene Odyssee.

Sie bald in L.[anke] zu sehen, scheint des Wetters und anderer Umstände wegen wenig Hofnung; was mir sehr leid thut. Ich weiß selbst nicht, durch welchen Zufall oder welch Misverständnis die neuliche Farth an einem so heitern Tage unterblieb.

Aus eben im Fluge vor mir vorbeieilenden Leipziger Litt. ZZ. zeichne ich zu Ihrem Vortheil aus: eine kl.[eine] Schulschrift: „Orat. de Halon. Demostheni — v i n d i c a t — adspersis obss. critt. — Benj. G. Weiske zu Lübben 36. S. vermuthlich ein anderer W.[eiske] als der Ciceron.[ische] Vindex; aber er muß jenem mehr als im Blut verwandt seyn. Der arme Mann kann nicht finden, warum schon Harpocrat. Liban. und andere Alte — und Valck.[enaer] in Diatr.[ibe] ad Eurip — die Rede nicht demosthenisch fanden.

Aus der langen Recension von Herm.[ann] über Matth.[iäs] Gramm.[atik] ist für Sie izt nur dieß: Aeschin. c. Ctes. p. 532 leg.[endum] *εἰσῇτε* — Dem. p. Coron. p. 442. 9. hat Reisk.[e] richtig das Plqpf. aufgenommen; das pfect. ist offenbar falsch. Diese Recension, wenn sie von Ihnen des Cit.[ierens] werth wäre, steht Neue Lpz. Lit. Z. extr. August, 1807. —

Wegen Gaza müste noch, außer der b e s t i m m t e n Zeit, wann Sie das ganze MSt, wo m ö g l i c h a u f E i n m a l liefern könnten, noch entschieden werden, ob Sie nicht die beste der lateinischen Übersetzungen, etwa hin und w.[ieder] corrigirt, mitgeben wollten. Einige 100 Exemplare würde ein Verleger gewis mehr absetzen, wenn man diese, freilich sehr überflüßige, Verstärkung geben wollte. Weiß ich Ihren Entschluß über beides, so will ich mich wegen eines Verlegers umthun.

Vale

W.

426a. Wolf an Bekker

B.[erlin], den 15 Febr. 8.

So manches hat sich aufgesammelt, mein Theuerster, was endlich mir die Sehnsucht nach einigen Stunden Gespräches mit Ihnen in einer nun etwas geordnetern Wohnung erregt, nachdem ich über einen Monat, weit von hier, im Mecklenburgischen, nur so das bloße Leben, aber auf sehr angenehme Art, gelebt habe. Natürlich ist aber ein Brief, zumal bei Ihrer Nähe, kein Plätzchen zu dergl. Unterredungen; und so schränke ich mich nur auf die 2 Fragen ein: wie geht es, wie gefällt es Ihnen in der neuen Existenz? ist es am Ende nur auch ein Zeitgenuß, nicht eine vita vitalis in studiis? Denn fast fürchte ich, daß Ihnen doch dort zu viele Bücher abgehen. — Weiter, wann werden Sie zur Stadt kommen? und könnten Sie nicht bald ein paar Tage an den Spatzierweg setzen? So weit die enge Wohnung reicht, sollen Sie uns willkommen seyn, d. h. die wenigen Stunden der Nacht ausgenommen.

Auch litterarische Neuigkeiten werden Sie schwerlich dort viele sehen. Unter dem Wenigen, was ich so eben sah, war auch ein Anfang einer langausgesponnenen Recension meines ganzen Homer in den Leipz. Litt. Ztt., fast blos in gut gemeinten Auszügen aus der Vorrede bestehend, also eben so, daß jedem Recensenten, der nicht über ein Buch gleich ein neues schreiben will, die Sache beschwerlich wird.

Eichstädt schreibt, er wünsche Sie izt von mir recht angelegentlich zur Anzeige des Homer getrieben. Aber ich gestehe, mir selbst fehlt die Neigung hiezu, zumal da Sie nicht Anzeigen, sondern nur Beurtheilungen machen können, und da mir, so oft ich blättere, dies und jenes vorkömmt, was ich selbst lieber anders sähe.

Was sagen Sie nun zu dem auferweckten Halle? Der Griff des subalternen Mannes zum Vorsteher und Figuranten scheint mir für die ebenso subalterne Menge nicht übel berechnet, und vielleicht hat die Universität, da auch Knapp, Vater, Reil, Sprengel, Steffens dort bleiben wollen, bald wieder 2 Drittheile ihrer Frequenz. In Helmstädt hat die erste Nachricht unter den 130 Studenten eine ihre Professoren ordentlich affrontirende Bewegung verursacht, als ob sie sich alle in wenigen Tagen zum Abzuge nach H.[alle] rüsten wollten, wohin sonst die Braunschweiger nicht gut gehen durften.

Auf den Fall nun, daß man hier allzulange zögert, zögern muß, oder daß man zu sehr knickert, wie am meisten zu fürchten ist, würden Sie dann nicht Lust haben, wenigstens auf einige Jahre wieder in H.[alle] zu seyn und eine bestimmte Lehrstelle anzunehmen? Prüfen Sie einmal Herz und Sinn recht genau über diesen Punkt, und sagen mir auch darüber ein Wort; sollte es auch nur bedingungsweise seyn, wie man fast über alles izt zu reden hat.

Was Göthe hat, Ihre Recension des Bast, wie mir E.[ichstädt] schreibt, zu hart und zu bitter zu finden, verstehe ich nicht, wo nicht etwa E.[ichstädt] Bast statt Boiss.[onade] geschrieben hat.

Doch ich wollte nur das Schweigen brechen, und dazu ist mein Brief schon lang genug. Können Sie nicht zur Stadt kommen, dann geben Sie durch einen baldigen Brief mir wenigstens Anlaß zu einem längern. *Χαῖρε.*

W.

Noch Eins. Könnten Sie wol noch zur Ostermeße einen Abdruck von Gazae Gr.[ammatica] Gr.[aeca] veranstalten? und demnächst eine verbesserte Ausgabe der alten Grammaticalia, die Sie von hiesiger Bibliothek einst zu Halle benutzten und vielleicht ganz abschrieben?

4. Bekker an Wolf

Lanke, 12 Maerz 8.

Ich hoffte, Verehrtester, von Woche zu Woche Sie hier zu sehen, und wartete zugleich auf eine Gelegenheit, die Bücherkiste zurückzuschikken, die Sie die Güte gehabt mir mitzugeben: darum habe ich nicht früher geschrieben. Die Hoffnung geht leider noch immer nicht in Erfüllung; die Gelegenheit habe ich verfehlt: so darf ich nicht laenger anstehn, wenn ich Sie noch in Berlin erreichen will.

Den Anfang mach' ich mit nochmaligem herzlichen Danke für die gastliche, ich darf sagen freundschaftliche Aufnahme, die Sie mir in Berlin geschenkt haben. Von der Stelle gewiesen, wo ich mich heimisch gefühlt habe, und unter Umgebungen, die mir vielleicht immer fremd bleiben, nur allzu oft erinnert, dass ich für das Opfer der Unabhaengigkeit wenig mehr zu erwarten habe als Gemaechlichkeit des thierischen Lebens, troestet und staerkt mich nichts so kraeftig als nicht aufgegeben zu sein von dem Meister, an den mich jugendliche Neigung, ehe ich zu urtheilen wagte, gebunden hat, und den ich hoeher ehre in dem Maass als ich ihn voelliger verstehe. —

Mit der Catelschen Uebersezung ist mein Pariser wenig zufrieden. Ausser dass sie bemüht ist vieles Franzoesisch zu machen, was auf keine Weise oder doch nur durch gewaltsame Verrenkungen und gaenzliche Umschmelzungen Franzoesisch werden kann, faellt sie ihm zu oft aus dem stile soutenu in das Triviale und Platte, ist auch gar nicht frei von Incorrectheiten und Germanismen. Dürfen wir Ihren Besuch nicht laenger erwarten — wir erwarten ihn mit Sehnsucht — so kann ich Ihnen naechstens einige Blaetter mit Correctionen zustellen, die mir groestentheils einleuchten.

Dem Daenen in Paris bitte ich Sie das beiliegende Blatt ans Herz zu legen. Ich habe viel gefragt, um wenigstens einiges beantwortet zu bekommen. Wie viel offenbar Schlechtes werde ich in beiden Reden zurücklassen müssen!

Für den Homer habe ich bisher wenig thun koennen. Es ist mir durchaus nothwendig zu Einer Zeit nur Eines zu betreiben, und das wird für die Zeit bis Ostern mein Lexicon sein müssen. Was ich daran noch zu thun habe, ist zum Glück der Theil, der nicht ganz und gar mechanisch ist.

Die Bücher, die ich von Ihnen hier habe, theils mit Ihrer Erlaubnis, theils durch ein Versehen, das Sie gütigst verzeihen werden, sind: — — —

436a. Wolf an Bekker

B.[erlin], den 8 Apr. 8.

Tribus verbis, mein Theuerster, für heute.

Ich bedaure, daß ich Ihnen von den Büchern nicht über den 25sten d. M. laßen kann: Eustath. T. 3. Codex Hom. Monach.[ensis] Valken.[aer] Adoniaz.[usae] das letzt gegebne Ex.[emplar] des Hall.[ischen] Schreibens.

Wollen Sie sich etwa aus dem letztern ein paar beigeschriebne Späße oder Zusätze in das Ihrige übertragen, so können sie vielleicht einst wozu nützlich seyn.

Wie gehts Ihnen? Oft bin ich in Gedanken um Sie; aber zu etwas weitern scheints nicht kommen zu sollen.

Ihr

Wf.

5. Bekker an Wolf

Lanke, April 8.

Sie erhalten hiebei, Verehrtester, die verlangten Bücher: so wenig ich sie habe gebrauchen koennen, so verbunden bleibe ich Ihnen für die gütige Mittheilung. Die Marginalien des Hallischen Schreibens habe ich leider nicht übertragen koennen, weil mein Exemplar in Halle geblieben ist, von Ihrer Dem.[oiselle] Tochter, wenn ich mich recht erinnere, verliehn. Die drei Ausgaben des Homer, bitte ich Sie ergebenst, zur Bibliothek zu schikken, den Heusde an Hn Heindorf: und Hn Buttmann zu versichern, daß ich ihm die Verlegenheit, die ich durch langes Behalten dieser Bücher verursacht haben soll, gewis nicht verursacht haben würde, waere er so gütig gewesen, mir auf meine ausdrückliche Frage irgend eine Zeit der Zurückgabe zu bestimmen.

Meine lezten Briefe scheinen Sie nicht erreicht zu haben. Was ich sehr bedaure: ich durfte sonst von Ihrer Güte manche Belehrung hoffen, vornehmlich über den Th. Gaza, auf den ich nun so viel Zeit gewandt habe, als mir leid thun würde meinem Lex.[ikon] entzogen zu haben.

6. Bekker an Wolf

[Lanke] 10 Jun. 8

Waehrend Sie, mein verehrter Lehrer, durch Ihre Reise, was mich herzlich freut, für Ihre Gesundheit gewonnen haben, hat mir das unfreiwillige Stillsitzen an einem Orte, an den sich weder Leib noch Seele gewoehnen will, wieder jenes leidige Fieber zugezogen, das mich schon vorigen Herbst geplagt hat. Das betrübteste ist, dass ich darüber fast um alle Zeit und allen Muth gekommen bin zu gehoeriger Benutzung der Manuskripte, die mir Ihre Güte anvertraut hat. Nur davon habe ich mich überzeugt, durch so haeufiges Hin- und Herblaettern als mir moeglich gewesen, dass ich an Excerpiren kaum gehen koennte, ehe ich Ihre Excerpte gesehen in der Gestalt, in der sie gedruckt werden sollen, und dass ich, lieber noch als excerpiren, alle diese Scholien mit dem Venetus in Eins schreiben moechte. Zurückzuschikken hoffe ich sie Ihnen die naechste Woche.

Zu meiner Arbeit über Ihren Homer brauchte ich — wie auch Eichstaedt meint, der mich aufs neue gemahnt hat — vornehmlich die Recension des Zinserling, ferner die Leipziger LZ und die Heidelberger Jahrbücher. Diese haben Sie schon sonst die Güte gehabt, mir zu versprechen: dürfte ich Sie jetzt noch dazu um Hermanns Orphica, Hymni Homerici und de emendanda ratione bitten?

Die baare Ausbeute der Collation ist Eine Lesart zum Aeschines — herzlichen Dank auch dafür.

Ich schriebe Ihnen gern mehr; aber schon diese wenigen Zeilen sind mir sauer geworden. Leben Sie wohl, mein innig verehrter Freund. Wann seh ich Sie!

AEB.

7. Bekker an Wolf

Lanke, 14 Aug. 8.

Herzlichen Dank, verehrtester Hr Geh. Rath, für die Hermannsche Recension, aus der ich viel gelernt habe: wann werde ich doch so recensiren koennen! Schleiermacher über die Universitaeten laese ich gerne noch einmal: durch des Kuithan Urkomoedien kann ich noch nicht hindurch, weil der Mann erstaunlich langweilig und, wie das Verkennen ganz gemeiner grammatischer Formen verraeth, eben so ungründlich ist. Beides bringe ich Ihnen, wenn Sie gütigst erlauben, in kurzem selber. Was ich sonst von Ihren Büchern hier habe, enthaelt der einliegende Zettel. Moechte ich bald die hinzufügen koennen, die Sie mir vor 14 Tagen zu versprechen die Güte hatten, und die ich ungeduldig erwarte.

In meine hiesigen Verhaeltnisse bin ich mit dem Widerwillen zurückgekehrt, den mir ein noch so kurzer Aufenthalt in Berlin fast immer einfloesst; ich habe sogar Schritte gethan, die mich aus allen diesen Verhaeltnissen heraussezen koennen, und deren Folgen ich sehr ruhig abwarte, so wenig ich auch bis jezt weiss wo sonst hinaus.
Leben Sie wohl, Verehrtester, und bleiben Sie mir freundlich geneigt.

AEBkr.

447a. Wolf an Bekker

B.[erlin] 22 Aug. 8.

Was Sie von einer Veränderung Ihrer Lage mir andeuten, mein Theurester, hat mich ein wenig erschreckt. Möchten Sie nichts zu rasch thun, laßen Sie uns alles für und wider vorher überlegen; kaum darf ich Sie versichern, daß ich allein Ihren wahren Nutzen bei jedem Rath in den Augen haben werde. Auch kann ich Ihnen mehr als Eins an Hand geben, was dort zu Ihrem geistigen Wohlbefinden dienen kann. Kurz, ehe ein Schritt geschieht, der Sie gemeinen, jetzt höchst fatalen, neuen Sorgen aussetzt, suchen Sie mich, sei es hier oder in L.[anke], einen Tag ruhig zu überzeugen, über was Sie auch vorhaben!

1) Also an eine deutsche Schrift über Apoll.[onius] de Synt.[axi] denken Sie nun ernstlich nach dem neulich schon besprochnen Plane. In 8—10 Wochen könnte ein solcher Aufsatz schon willkommen seyn; dann wieder 10 Wochen später.

2) Eichstädten habe ich bei einer Gelegenheit angezeigt, daß Sie zu manchen der zuletzt erschienenen philologica nicht abgeneigt wären; er möchte nur bald eine größre Liste zur Wahl herschicken. Manche Bücher, sehe ich, würden Ihnen denn doch bei Ihrem itzigen Büchermangel zu recensiren kaum möglich seyn; so z. B. die Ellipsen von Schäfer, wenn von deßen Conjectt. und Bemerkungen die Rede seyn sollte. Sonach, und um Sie nicht zu überhäufig und auch mich nicht von allen neuen Lesereien nicht ganz zu entblößen, schicke ich

3) fürerst nur den Tychs.[en] Q.[uintus] Calab.[er] mit annexis. Da der Mann den homerischen Sprachgebrauch, ja selbst Grammatik, so schlecht versteht, so wäre es gut, wenn in einer A r t v o n R e c e n s i o n (aber nichts von der Form und dem Charakter einer Recension müste darin seyn) eine Parthie der garstigsten Fehler kurz — und sine ulla iracundia — recht eigentlich wie zum Behuf seiner Noten angezeigt und die, zumal nicht von selbst sich gleich darbietende, Verbesserung gegeben würde. Am meisten wäre das nöthig, wo der Ehrenmann eine n e u e L e s a r t eingeführt hat: denn die Beibehaltung schlechter Lesarten darf man ihm, wegen der erwarteten Noten, weniger rügen. Das Ganze könnte ein kurzer l a t e i n i s c h e r Aufsatz werden, so wie obiger über Ap.[ollonius] de S.[yntaxi] deutsch. Und der lateinische würde noch früher abgedruckt werden können. Laßen Sie übrigens den Böckh im Museo sich nicht zuvorkommen: dieser droht mit 2 recht interessanten Aufsätzen. Überall ist er sehr fleißig, und kommt izt mit fast e i n e m A l p h a b e t über gewisse Interpolationen in den Tragikern p Von Hermann kommt zunächst auch etwas über den Ellipsen-Unfug.

4) Hiebei erhalten Sie auch das Ende vol. I. Mus.[eum]. Die letzten Bogen musten eilig so gefüllt werden, um die Leser sich von Heraclitus, d e m D u n k e l n — ein wenig durch Varietäten erholen zu laßen, damit sie einen 2ten Band mit Lust erwarten. Wollen Sie nicht ein und anderes von den Fragstücken beantworten?

5) Was Sie von H[e]rm[anns] Recension des Matthiä sagen, müßen Sie mir deutlicher ausdrücken. Meinen Sie Hermanns Ton, so mögen Sie Recht haben; vor seinen Sachen haben Sie nicht Ursach sich zu fürchten, wenigstens dort nicht.

6) Die Quasi-Encyclop.[ädie] des Ast lege ich noch bei: Der Herr hat soeben in einem Journale durch einen Menschen seiner Klicke, R o t t m a n n genannt, dem Publicum sagen laßen, daß es außer Goethe u n d A s t (sic) im Grunde doch keine Dichter habe s. w.

An meiner herzlichen Neigung Ihnen zu jeder Ihrer Absichten förderlich zu werden, wo ich es nur vermag, zweifeln Sie nicht. Mine grüßt, indem sie diese eiligen Zeilen zum besiegeln empfängt.

Ihr

W.

P. S. Gelegentlich bitte ich um das noch dort lieg.[ende] französ. MSt.

Sollten Sie finden, der Tychsen gäbe Ihnen zu wichtigen neuen Bemerkungen Anlaß, so möchte ich rathen dann nur solche zu geben, und das Ablesen leichter Federn gewöhnlichen Recensenten zu überlaßen. Auch könnten Sie vorerst nur über die erste Hälfte der Gesänge schreiben. Es ist ohnehin schwer, lange in Eins weg in diesem Singsange zu lesen.

Könnte ich Ast, in den ich nur erst einen Blick gethan, in 4—5 Wochen zurückhaben? Accedit ad idem temporis et L. Bos.

8. Bekker an Wolf

[Lanke,] 27 7br 8.

Die Gelegenheit, mit der ich Ihnen neulich einige Bücher zurückgeschickt, kam mir so ploetzlich, dass ich das Brieffragment wieder vergessen habe, das Sie mir erlauben nun endlich nachzuliefern. Auch der Reisk.[ische] Theocritus ist zurückgeblieben, und ich behielte ihn gern noch laenger, um, was sich allmaelig findet, zu den Scholien beizuschreiben.

Das Schwalbennest, das ich an den Marmortempel Ihres Homers geklebt — φορτικῶς reden heißt hier angemessen reden — wird heute oder morgen in Eichstaedts Haenden sein. Moege es ihm und andern besser gefallen, als es mir gefaellt. Ich habe die letzten Seiten mit wahrem Widerwillen geschrieben. So sehr ich mich vorher darauf gefreut habe ein lebendiges und theures Gefühl vor aller Welt auszusprechen und zu rechtfertigen, so sehr wünschte ich jetzt geschwiegen zu haben. — Sie, Verehrtester, werden das Werklein schon darum mit einiger Nachsicht ertragen, weil Sie wissen, wie es meist im Fieber empfangen und geboren worden, und weil Sie, durch die Halbheit der Bemerkungen und die Unbeholfenheit des Ausdrucks hindurch, die ursprünglich gute Meinung nicht verkennen werden.

Haben Sie vielleicht von dem unglücklichen Marwitz weiter gehoert[?]

Mit unbeschraenkter Ergebenheit

Ihr

AE Bekker.

9. Bekker an Wolf

[Lanke] 6 Nov. 8.

Den Villoison und den Eustathius habe ich vorigen Sonntag von Ihrer gewohnten Güte erhalten: das Etym.[ologicum] M.[agnum] und die Hallische Odyssee schikke ich hiebei zurük, um Verzeihung bittend, wenn ich sie einige Tage laenger behalten habe als ich durfte. Die Berliner Odyssee in die ich Ihre Zeichen übertragen habe, werden Sie mir noch auf einige Zeit erlauben, weil der Index über den ganzen Eustathius angebunden ist.

Den Q.[uintus] Calaber habe ich mir naeher angesehn, und nicht ohne Ergetzen, wie es denn kaum ein laecherlicheres Haupt geben mag. Was ich aber darüber leisten kann, wird schwerlich etwas anders sein als eine foermliche Recension, die ich Eichstaedt anbieten moechte, wenn er bis zur Erscheinung des Commentars warten wollte.

Ich empfehle mich Ihrer Gewogenheit

AE Bekker.

451a. Wolf an Bekker

B.[erlin]

Hier, mein Theurer! eine Lectür auf 8. T.[age] zu Ihrem Ergötzen, da Sie sich gern jeder Treflichkeit freuen. Auch möcht' ich Sie gern damit in Ihrer zeitreichen Einsamkeit ein wenig anspornen. S c h r e i b e n konnten Sie längst besser als B.[öckh] der es leider nie lernen wird, aber daß Sie sich diesen novellus Valckenaerius mit dergl. Schreiben überhaupt zuvorkommen lassen, verdrüßt mich schier. Seit ehgestern lese ich auch eine bald abzudruckende Abh.[andlung] von ihm über Pindars Metra, ganz comme il faut und besser als Hermann. —

Von der Vorlesung kann ich Ihnen auch das Ex.[emplar] nicht lassen, weil ich nur dieß habe.

Aber warum wollten Sie mir denn nicht z u e r s t Ihre Sachen über das lepidum Caput Calabri geben, damit man s e h e, ob sie fürs Mus.[eum] sich quoquo modo zurichten laßen??

Endlich, w a n n, wann sieht man Sie wieder? Schon lange bin ich einsam hier in meiner Clause und sehe selten Menschen.

Ihr

den 24 Nov. [1808] W.

459a. Wolf an Bekker

Ich kann Ihnen, mein werthester Freund, auf den Fall, daß Sie Ihre jetzige Lage zu verändern wünschen, ein wenigstens zum Tausch ganz annähmliches Plänchen machen. Es läßt sich jezt am Joachimsth.[ale] eine Stelle errichten, die mit höchstens 16 wöchentlichen Lehrstunden in obern und untern Klassen, zugleich das Bibliothecariat des Gymn.[asiums] vereinigte und außer freier Wohnung im Gebäude des G.[ymnasiums] etwan 450 rthlr jährlich eintrüge.

Dieser Gehalt ist freilich kleiner, als ich früher dachte: aber unter den jetzigen Umständen kann ich nicht mehr auftreiben; dazu ist auch jene Arbeit der Lehrstunden beinah Alles, was erfordert wird.

Möchten Sie mir baldmöglichst und recht bestimmt über diesen Vorschlag Ihre Gedanken und Entscheidungen sagen; und ob Sie dann den 1sten April schon antreten könnten.

Vielleicht können Sie Ihrer Antwort einiges Versprochene beilegen.

Leben Sie wohl, und wählen vorsichtig das Beste.

Ihr

W.

B.[erlin], den 2ten Merz 1809.

Für Sie sollte auch der Name Professor nicht fehlen.

Nächstens kömmt ein neues kleines MSt-Subsidium zur Ilias bei mir an, und dann liesse sich an allerlei schon ehmals besprochnes Scholien Wesen gehen. —

Da ich eben Einmal schreibe, kann ich Ihnen noch eine Alternative geben: würden Sie lieber mit mehr Gehalt in ultima Thule Professor Gr.[aecae] Ling.[uae] seyn? ich meine, in Königsberg an Süvern's Stelle??

Bei erster Geleg.[enheit] die Inlage zurück.

10. Bekker an Wolf

[Lanke] 8. Maerz 9.

Ich danke Ihnen, Verehrtester, herzlich für die beiden Vorschlaege, von denen ich zwar, um mich, wie Sie verlangen, entscheidend zu erklaeren, keinen annehme, die mir aber theuer bleiben als Beweise Ihrer gütigen Vorsorge, und die auch dazu geholfen haben, dass mir Wülknitz die Reise nach Paris bestimmter als je vorher zugesichert und, auf den unwahrscheinlichen Fall, dass er sie in Jahresfrist noch nicht gemacht haette, Entschaedigung versprochen hat. Zu dieser Reise zieht mich eine dira cupido. Und eine verzeihliche, hoff' ich. Wenn Wyttenbach (ich habe eben seine Vorrede gelesen, mehr mit Verwunderung als mit Erbauung) sich goettlich-berufen glauben durfte ein ganzes Leben dem hoechst ungründlichen und unerquicklichen Plutarchus hinzuopfern, so darf ich ja wohl wünschen ein Jahr in der unseligen capitale du monde auszustehn dem Plato und dem Demosthenes zu Liebe. Das kann ich aber kaum, wenn ich nicht blindlings die Gelegenheit ergreife, die sich zu bieten scheint. Blindlings freilich: denn mit offenen Augen liessen sich leicht so viele Nachtheile auf der Einen Seite voraussehn als Vortheile auf der andern. Es ist gewiss widrig, in wildfremdem Lande mit einer Familie zu leben, an die von irgend einer Seite mich anzuschliessen ich fast verzweifle: aber viel widriger ist Deutschland mit Frankreich zu vertauschen, Ihren Umgang mit den klaeglichen Leuten, die der Brönstedische Brief schildert wie ich sie ahne.

Für diesen Brief, der hiebei zurückkommt, und für die Hoffnung, die er mir giebt, meinen besonderen Dank. So koennte ja die Unterbrechung meiner Arbeit heilsamer werden, als ihr wohl die emsigste Fortführung geworden waere. Von Schwetschke höre ich noch immer nichts, wie er nichts von mir. Koennten doch seine Ansprüche verjaehren!

Die république des Elysiens, ein wahres Narren-Paradies, haben Sie vermuthlich schon zurück, da ich sie noch vorigen Monat auf die Post gegeben habe. Ein Auszug daraus geht morgen nach Jena.

Über die Homerischen Scholien erwarte ich Ihren Wink. Was wird aus den Theokritischen? Mir ist jede Arbeit, die sich mit meinen wenigen Hülfsmitteln bestreiten laesst, willkommen, schon als Palliativ meiner Abhaengigkeit und Anregung des Fleisses.

Leben Sie wohl, und haben die Güte mich bald wissen zu lassen, ob ich Ihnen gethan zu haben scheine, was Sie mir empfohlen, vorsichtig das beste zu waehlen.

AEB.

Darf ich um die 2 Bogen des Museums (12 und 13) nochmals bitten?

462b Wolf an Bekker

B.[erlin] den 3 Apr. 9.

Eben im Begriff, eine Reise nach Leipzig und weiter, vielleicht bis Cassel, zu machen, fiel es mir ein, Ihnen, Lieber, während meiner Abwesenheit einen Theil des homerischen Apparats zu leihen. Benutzen und betrachten Sie doch alles (ohne zunächst einen öffentlichen Gebrauch davon zu machen) so, daß Sie nach 3 Wochen mir bestimmt sagen können, ob und wieviel Antheil Sie an einer neuen (recht zweckmäßig zu excerpirenden) Scholien Sammlung, blos Graece, zur Ilias nehmen wollen und können. Mit den 3 ersten Büchern war ich längst ganz fertig; aber izt dünkt mich, ich werde alles verkürzen und viel läppisches, blos Gelehrtes! wegwerfen. Geben auch Sie Ihr Votum darüber, am besten durch ein ordentliches Excerptum über das 4te Buch. —

Weiterhin weiß ich zwar nicht, da ich doch etwas nothgedrungen hier (sintemal mein Bleiben vom König unlängst entschieden ist) in Geschäfte untertauchen muß, wie viel Antheil ich an Allem dem nehmen kann; aber es ist mir auch ganz einerlei, durch wen Gutes geschehe; und was durch Sie geschehen kann, soll mir mit am liebsten seyn. Zunächst will ich nur, da die Sosii immer furchtsamer werden, Allerlei mit meiner etwanigen Autorität einleiten; am liebsten hätte ich in Berlin eine Societas typographica litteraria, worin man doch allerlei schöne Zwecke, auch für unsre Schulen, bewirken könnte. Machen Sie doch auch ein paar Plane zu solchen Schulbüchern, über was Sie wollen. Im Joachimsth.[al] laße ich so eben Prosodie und Metrik ertönen.

Gut wäre, wenn Sie sorglich dazu auf einen Monat den Eustath. T. 1 und 2 und Villois[ons] Schol., dann die Schol. minora ex ed.[itione] Barnes. u. dergl. Bücher von der Bibliothek hier erborgten; wenn Sie solche nicht etwa schon haben. Den Eustath. selbst aber schließen wir von dem Plane aus, außer sofern er mit den Scholl. zusammenstimmt.

Gegen Mitte May bin ich gewis wieder hier, und sehe Sie, mein lieber Freund, dann bald mit allen diesen Büchern, die Sie durch Hrn v. Wülkn.[itz] gestern erhielten. Ich sage allen, weil Ballast zur Füllung zugelegt wurde, 6 Stück, hör' ich.

Hier blieb zufällig ein lächerliches Product des faden Morgenstern; noch heute solls aber zu Hrn v. Wülkn.[itz] kommen, wenn Sie sich für Eichstädt (er liebt nemlich so was) den Spaß machen, und ganz kurz, in einer zarten Ironie, die Fadaisen rügen und recensieren wollen. In dem über Joh. Müller begeht er einen rechten Judas-streich, bei aller moralischen Eleganz! Er erfuhr hier, daß der Joh. als ungedruckter Mann ein großer δειλος sei und Schwach in jeder Rücksicht; und sieh da, nun winkt er dem Publicum zu, er kenne seinen Heros nur per scripta!

Der litterarische und spirituelle Aufbau wird von dem treflichen H[umbol]dt mit grossem Eifer betrieben: Gebe der Himmel sicher terrain und Gedeihen jeder Art! Ob Sie neulich das Beste wählten, wer weiß das? Aber vermuthen thue ich es, zumal es diese Folge hatte.

Unwandelbar

Ihr herzl. Fr.[eund]

Wolf.

463a. Wolf an Bekker

B.[erlin] den 6. Jun. 9.

Später als ich vorhatte zurückgekehrt, erbitte ich mir die Ihnen anvertrauten cimelia, falls Sie nicht noch mitten in einer Ihnen intressanten Arbeit sind. Dann behalten Sie sie noch ein paar Wochen, mein Bester, aber schreiben mir desto balder; und was mir noch mehr werth seyn soll, besuchen mich in kurzem auf ein paar Tage. Für recht sichres Einpacken der Bücher werden Sie ja sorgen.

Noch erhalten Sie gegen alles Vermuthen die gewünschten Varianten aus Paris. Neugierig bin ich sehr — wie viele taube Nüsse sich darin finden werden; aber das von einem Postsekr.[etär] in meiner Abwesenheit ausgelegte Porto 5 rthlr 8 gr. 9 Pf. deutet allerdings auf große Schätze. Und doch bin ich gewis, daß, von einem Lohnarbeiter besorgt, dieser Luster noch 3 mal höher wäre gebüßt worden; denn eher vergleicht man einen hübschen Codex durchweg als dergl. bezeichnete, oft mühsam zu suchende, Stellen.

Ich bin viel hin und her gezogen, bis Rinteln, und habe, außer manchen Familien Arrangemens, auch für meine Gesundheit etwas gewonnen, das mir höchst nöthig war. Leben Sie wohl, mein Theuerster, und geben mir bald ein Zeichen Ihrer Liebe.

Wolf.

472a. Wolf an Bekker

[Berlin] den 3 Aug. [1809]

Ihre Briefkürze nachzuahmen wird mir heute schwer werden, mein Bester, so sehr ich auch gedrängt bin.

Zuerst kömmt hiebei noch etwas zur Ilias zum Ankosten. Für Deutschland aber, wo Porsons Edit.[ion] so gut als unbekannt geblieben ist, wäre es sehr interessant, wenn Sie bei dem Anlaß die durch die vielen Striche bezeichneten Stellen benutzten zu zeigen, cuius generis das celeberr.[imum] opus.

Mit umgehender Post erhalte ich von Leipzig Nachricht, daß der „so unbekannte" Autor keinen Reiz habe. Was nun zu thun? Ich behaupte, Sie haben sich den willigsten und einen der besten Verleger selbst ver — ver, setzen Sie das Wort aus folgendem zu, was ich gestern von Schwetschke Ihretwegen zur Antwort erhielt. „Hr. B.[ekker] bestand mitten im Druck der Corona darauf, diese zurückzusetzen und das Lexicon anzufangen: ich konnte dies nicht eingehen aus dem sehr natürlichen Grunde der Furcht n i c h t s b e e n d i g t zu sehn, seinem Eigensinne nachzugeben fand ich nicht für gut und dieser muß mich bestimmen, auch jetzo noch darauf zu bestehn. Auf keinen Fall, auch wenn Ew — sich interponirten, würde ich nun anders mich einlaßen, a l s w e n n i c h d e n g a n z e n R e s t d e s M S t s a u f E i n m a l e r h i e l t e."

Was nun zu thun? Mein Rath ist, meine angetragene Vermittelung bestens zu benutzen, das Lexicon (was immer den Schulen ersehnter wird) zu machen, die Oratt. zu vollenden; daneben auch zur Vollendung des Apoll. Dysc. das Mögliche thun; ich bin gewiß, Ihnen den auch noch dem wirklich guten Schwetschke nicht allzu unvortheilhaft aufzuhalsen. Und wie wär's: da Sie doch mit Ihrem Gelde nicht à la Alphius schalten, wenn Sie vom nächsten Michaelis an einen Vertrag mit Schw.[etschke] machten, Ihnen erst um d i e u n d d i e Zeit (nach Paris mein' ich) Terminweise das Abverdiente zu zahlen; ich denke, dann thut er noch mehr, und Sie hätten sich eine Art stehender Einnahme voraus gesichert. Auf keine Weise rathe ich hingegen izt Schw.[etschke], nach der gegenwärtigen Veranlaßung, fahren zu lassen; sonst erhalten Sie vor der gelehrten Celebrität schon auf den Meßen einen so schwarzen Namen, daß die Sosii Sie zu jener nicht kommen laßen, außer durch Selbst-Verlag.

Das übrigens sonst geforderte g a n z Vollenden ist für jedes Buch gewis am erwünschtesten; bei einem Lex.[ikon] geht es vollends gar nicht anders, wie ich Ihnen schon früh sagte. Und eine Hauptsache: Sie haben Gelegenheit sich an etwas Neues Kräfte Uebendes zu gewöhnen. — Arbeit sollten Sie denn von jezt an genug finden: für das lat. Museum muß ich auch etliche Wochen Ihrer Hülfe wünschen für künftig wohl zu zahlendes Honorar; mir werden die Vorarbeiten zu dem izt fest versprochnen Orion zu lästig wegen andrer Umstände. Aber kann ich nicht Ihren lat. Aufsatz über Apollonius nun wenigstens sehen?

Über Alles werden Sie mich nun durch umständliche und alles Künftige auf Einmal berücksichtigende oder behinsicht — baldige Antwort in Ruhe oder vielmehr in den Stand setzen, für Sie weiter thätig zu Ihrem Hauptzweck seyn zu können. Vale.

W.

11. Bekker an Wolf

[Lanke], 9 Aug. 9

Ich weiss Ihnen kaum auszudrücken, mein theurer Freund und Lehrer, wie Ihr letzter Brief mich zugleich beschaemt hat und aufgerichtet, wie ich die Geduld bewundere, die Güte verehre, mit der Sie die widrige Verwirrung loesen wollen, in die mich unerfahrne Sorglosigkeit verwikkelt hat. Was bleibt mir übrig als mich unbedingt in Ihre Haende zu geben, und meine nach Kraeften zu rühren. Nur muss ich viel mehr jenen vertrauen als diesen. Meine Gesundheit ist noch zu wenig fest, meine Muthlosigkeit so gross, dass ich kaum hoffen darf zu dem anhaltenden und freudigen Arbeiten zu gelangen, bei dem allein Seegen ist. Und dann werden Sie mir zugeben, dass es unangenehm ist ein Verhaeltniss anzuknüpfen, ja dieses Wiederanknüpfen fast als eine Wohlthat nachzusuchen, mit dem Manne, der eben dies Verhaeltnis zuerst verletzt hat. Haette er vierteljaehrlich die Summe gezahlt die er mir, zwar ausser dem Contracte, aber doch schriftlich und also wohl überlegter Weise versprochen hatte, so würde ich o h n e a l l e n Z w e i f e l meine Verpflichtung laengst erfüllt haben. Gott weiss wie, aber ich würde sie erfüllt haben. ἀλλὰ τὰ μὲν προτετύχθαι ἐάσομεν. Jetzt will ich dazu thun, dass er die Noten zur c o r o n a spaetestens Weihnachten, das Lexikon Ostern erhalte. Bis Michaelis wird mich fast Ihr Homer und mein Aufsatz über den Apollonius beschaeftigen. Was er mir dann aber Ostern schuldig waere würde ich, da mein Viaticum auch mit dieser Verstaerkung noch immer kaerglich genug ausfallen wird, Ostern zu haben wünschen: gegen terminweise Zahlungen hat er mir ein Mistrauen eingefloesst, das er wohl selbst nicht unbillig finden wird, und dem es gemaess waere, wenn ich auch das Honorar für das Lexikon, das er mir, dem Contracte nach, erst nach geendigtem Druck schuldig ist, schon bei der Ablieferung des MS zu erhalten suchte. Den Apollonius würde ich dann wohl erst in Paris vollenden koennen: will er ihn übernehmen, um so besser.

Der Porson und sein Rec.[ensent] sind mir sehr willkommen gewesen, so confus mir auch dieser noch vorkommt. Vielleicht kaeme er mir weniger so vor, wenn ich die Rec.[ension] der Ilias (series the 2, vol. 37 &38) vergleichen koennte. Haetten Sie die vielleicht zur Hand? Zugleich würde ich Sie (Ihre Güte ist ja unermüdlich) um die Hermannischen Hymnen bitten und, wo moeglich, noch um irgend eine Deutsche Recension Ihres Homers, als Vorwurf der Elenktik, wozu vielleicht die Heidelberger am bequemsten waere.

Zu Ihrem Orion Ihnen irgendwie nützlich zu sein würde mich sehr glücklich machen. Aber so fromm der Wunsch ist, so eitel ist er wohl in diesem Pferch. Wie ganz anders koennte ich leben und arbeiten unter Ihren Augen.

Mit herzlicher Anhaenglichkeit

Ihr

AEB.

477a. Wolf an Bekker

Berlin d. 6ten October 1809.

Nach und nach, mein theuerster Freund, dürfen Sie mich unglücklich nennen, wie man dergleichen Ausdrücke so gewöhnlich braucht. Ich werde noch immer meine durch schändliches fieberhaftes Wesen gewürzte Kränklichkeit und Schwäche, trotz aller Gegenmittel, nicht los; um so erfreulicher war mir Ihr nächstes Briefchen. Auch gestehe ich Ihnen aufrichtig, daß mich die Nachricht von der Vollendung Ihrer Arbeit für Jena erfreut hat. Ich weiß im voraus, auch wenn ich Sie nach Jahren oder, wie mich mancher Tag mahnt, gar nicht lesen sollte, daß Sie nie etwas Ihrer oder meiner unwerthes schreiben können.

Hiebei das versprochene Buch nebst einem brauchbaren aber sehr in Kürze zu ziehenden, Entwurf einer Recension des philosophischen Geschwätzes, welches ich mir in natura zurückbitten muß. Höchlich zweifle ich aber, daß man in Jena Ihre Recension gerne oder überhaupt annehmen wird. Daher möchte ich eher rathen, nur einen in guter Laune empfangenen Aufsatz von Materialien niederzuschreiben, und diesen meiner Disposition und Verabredung mit Jena oder Hei[de]lberg gänzlich zu überlaßen. Auf solche Art würde es Ihnen auch desto bälder möglich seyn.

Der neulich übersandten Bücher sind vierzehn gewesen. Ich wünsche recht bald mehr, besonders durch mich erhaltene Bücher der hiesigen Bibliothek. Dann sollen Sie auch bald manches Neue zu lesen haben. Von Ihrem Fieber sind Sie doch nun befreit?

Mit den besten Wünschen

der Ihrige

W.

P. S. In trüben Stunden des vorigen Monats machte ich oft Anstalt, Sie als biedern und würdigen Nachfolger von mir zum Erben von allerlei vielleicht Ihnen noch nützlichen litterarischen Papieren feierlich einzusetzen — nach Verbrennung der meisten andern, selbst der fertigen, zum Druck fertigen Werke. — Wer weiß, ob mich nicht die nächste Zeit noch hiezu zwingt. — So sind Sie voraus benachrichtigt.
Hier ist ja vor J.[ahr] und Tag schon ein klein griech. etym.[ologisches] Lex.[ikon] von Niz erschienen.

12. Bekker an Wolf

[Lanke] 11 Oct. 9.

Wohl müssen es trübe Stunden sein, mein verehrter Freund, in denen Sie so heillosen Gedanken Raum geben. Fertige Werke wollen Sie verbrennen! Und wer soll drucken lassen? — Ich komme eben von Wyttenbachs Bibliothek: man kann kaum alberner sein und haemischer. Gutmüthiger ist Coray, aber übereilt und durch Gallomanie nach allen Seiten hin beschraenkt. Porson hat ausgeschrieben. Und Sie, nun allein übrig von dem Eichstaedtischen Quatuorvirate, Sie, des Stoffes in einem Umfang, der Form in einer Classicitaet maechtig wie vielleicht kein andrer Philologe, Sie denken an schnoede Selbstvernichtung! O dass meine Fürbitte etwas über Sie vermoechte!

Dass ich Sie bewegen koennte nicht ungerecht zu sein gegen sich und die Welt, nicht der raschen Laune eines Augenblickes zu opfern, was nachher vielleicht unersetzlich waere. Die Bitte ist zudringlich und kommt von unmündigen Lippen, aber sie ist nicht selbstisch: sie gründet sich auf den innigen Wunsch, auf die feste Hoffnung, dass jene Energie des Geistes, die Ihnen durch alle Stürme dieser drangvollen Zeiten nicht ist gebrochen worden, auch über die koerperliche Schwaeche obsiegen wird; dass Sie alle Ihre Sammlungen selbst verarbeiten, Ihre Werke herausgeben werden.

Der Aufsatz über W.[yttenbach], den ich wieder beilege, hat mir viel Vergnügen gemacht, aber auch fast alles vorweggenommen, was ich über dieses Heft, das sonst nur Nachtraege und kurze Anzeigen enthaelt, haette sagen koennen. Sobald ich das ganze Werk zusammen habe, koennte ich vielleicht den Charakter desselben, die absichtliche und von Heft zu Heft zunehmende Einseitigkeit, darzustellen versuchen.

Die Bücher von der Berliner Bibliothek schicke ich mit der naechsten Gelegenheit. Leben Sie wohl, und seien Sie meiner aufrichtigen Theilnahme versichert.

AEB.

478c. Wolf an Bekker

B.[erlin] den 23 Nov. 9

Mit meiner Gesundheit, mein Theuerster, geht es izt etwas leidlicher, wie Sie auch vielleicht nun schon gehört haben. Doch muß ich noch immer alle anstrengende oder afficirende Arbeiten aussetzen.

Hiebei der eben gestern vom Buchbinder gekommene Bast. Sollen Sie ihn aber noch recensiren, so ermahne ich Sie sehr es ja so zu machen, daß Sie sich nicht damit einen wichtigen Theil Ihrer Lebens-Carriere verderben. Auch erbitte ich mir das Buch baldmöglichst zum Blättern zurück, wozu ich jezt nicht Bücher genug erhalten kann. Auch bin ich Viertelstunden-weise endlich beim Ordnen meiner Bücher, wozu ich mir auch was sonst noch irgend entbehrliches bei Ihnen ist, zurückwünschen muß.

Der Ihrige

Wolf.

479. Wolf an Bekker

B.[erlin] den 16 Dec. 9.

Die 11 Bände habe ich heute richtig erhalten.

Zu Ihrem Trost wegen Humboldts neulicher Antwort eile ich Ihnen zu sagen, daß ich die Sache bei seiner eben geschehenen eiligen Durchreise dahin besprochen habe, daß Sie vor Antritt der Expedition 1) eine Anstellung als hiesiger extr. Profess. der Philol. und Aufseher des einzurichtenden philol. Seminars w a h r s c h e i n l i c h erhalten werden 2) so daß Sie gleich während der Reise einen Gehalt von etwa jährl. 300 rthlr.

oder, wo möglich, drüber angewiesen erhalten, um dann sich deßen auf 1 oder 1½ Jahr auswärtig zur Hülfe zu bedienen. — Endlich habe ich Ihre große mühsame Recension des Homer gelesen. So wie sie ist, hätte ich sie zu geben Ihnen kaum rathen können, wenn auch die Ausgabe nicht von mir gewesen wäre. Vieles wird Ihnen, wenn Sie in der Art fort beobachten und sammeln, gar zweifelhaft werden: anders läßt man in solchen Dingen gern beim Alten, wenn man auch die Unhaltbarkeit deutlich wahrgenommen hat. Wenn man hier ändert, stößt man wieder dort an, wo man nicht ändern darf oder mag. Und der Homer muß die Spuren seiner allmähligen Werdung auch in den Kleinigkeiten behalten. Manches andre, was zur bloßen Grammatik gehört, mag denn auch seinen Platz in der Grammatik einnehmen, sei es als Behauptung oder als bescheidene Anfrage. Ob die Recension dem Absatz des Buchs mehr Nachtheil oder Vortheil bringe, ist mir noch nicht deutlich.

Auch so macht es mir ein wahres Vergnügen, Ihnen die obigen Nachrichten izt geben zu können. Sie schreiben aber kein Wort dabei, über die mancherlei Verabredungen. Schwetschke scheint immer ungeduldiger zu werden. Auch hatten Sie etwas — Lateinisches oder Deutsches? — für das Museum versprochen. Wie und wann daraus etwas werde, hätte ich gern bereits erfahren.

Ganz der Ihrige

Wf.

483a. Wolf an Bekker

B.[erlin] den 17. M[är]z. 10.

Ihre Arbeit am Codex Il.[iadis] wird ganz meinen Wünschen gemäs sein, wenn Sie, die Veneta Scholia in den Augen, den Zweck d u r c h a u s erreichen, daß man sich nach diesem Codex nicht sehnt, nie sehnt, wenn man ihn nicht mehr haben kann. Ob Sie dabei für mich etwas vorbereiten, oder zugleich für sich, oder für sich allein, θεῶν ἐν γουν.[ασι] κεῖται. Aber Sie sehn, Pflicht ist, es zu thun, und schwerlich kann ich mehr als einen kleinen oder grössern Rest, den Sie lassen müßen, übernehmen, wenn ich die guten Leute in München bald begnügen will.

Die Beilage enthält, wie Sie sehen, mehr als ich versprach, und ich hoffe Ihnen so einen Beweis meiner aufrichtigsten Theilnahme an Beförderung Ihrer Wünsche gegeben zu haben. Nöthig wird denn nur sein, an die Unterschriebnen bald Ihren Dank und Ihre Versprechen für die Zukunft in optima forma zu versichern. Humboldt haben Sie besonders zu danken; dafür bedarf ich eines geschriebnen Danks nicht. Früher war nichts möglich, da alles drgl. vor den König muß und dort sich zuweilen länger aufhält. Ehe Sie reisen, oder bei erster Gelegenheit sollten Sie denn Eichstädten eine Notiz davon geben mit ein paar Hauptworten aus dem, was Sie öffentlich erhalten. Ob Sie ganz von Kosten bei einem solchen titulus in Absicht hiesiger Kanzlei befreit werden können, zweifle ich; doch darüber hilft ja der Himmel auch wol.

Unwandelbar der Ihrige

Wf.

487a. Wolf an Bekker

Berlin den 10ten April 1810.

Indem sich die Zeit Ihrer Abreise wahrscheinlich jezt mehr nähert, bin ich mit meinen Gedanken sehr oft bei Ihnen, besonders seit acht Tagen, seit der Graf Schweinitz aus Paris wieder zurückkam. Da er mir sagt, daß ihn eine Anzahl Empfehlungskarten, die ich ihm an Gelehrte mitgegeben hatte, die den Preußischen Courier nicht hoch genug achten, auf mancherlei Art nützlich gewesen, so macht mir das etwas mehr Lust, Ihnen besonders ausführliche Briefe an Verschiedene nach Paris mitzugeben. Dazu wünsche ich etwas genauer die Zeit zu erfahren, wo Sie hier Abschied von uns nehmen wollen. Dieser wird mich zwar herzlich schmerzen, in der wahren Bedeutung dieser Worte; denn immer war es mir seither ein angenehmer Gedanke, Sie wenigstens in der Nähe von hier zu wissen. Doch diese Empfindung vermischt sich jezt mit der wahren Freude über einen Ihnen so glücklich erfüllten Wunsch. Auch wegen der Briefe, die Ihnen Humboldt mitgeben wird, ist es mir lieb den Zeitpunkt möglichst bestimmt zu sehen: dadurch erhalten Sie sicher einen oder ein Paar Briefe mehr, als wenn die Sache auf den lezten Augenblick verspart wird. Ausser den schon bekannten Parisischen Leuten, hoffe ich Ihnen vermuthlich eine angenehme Bekanntschaft mit Clavier zu machen, mit dem mich der spanische Gesandte bekannt gemacht hat, und der mir eben durch Schweinitz eine älteste Geschichte von Griechenland zugeschickt hat. Seinen Apollodor haben Sie wahrscheinlich noch in Halle gesehen.

Wie geht es mit Ihrer kleinen Arbeit über den Thucydides? Dürfte ich nur nicht fürchten, daß daraus eine große würde, schon des guten Gail wegen. Mit meiner Homerischen Handschrift beschäftigen Sie sich ja nicht mehr oder tiefer, als es jezt zu Ihrem Zwecke gut ist. Was Sie mir neulich von einem gewissen jungen Menschen sagten, hat mir den Wunsch immer mehr erregt, ihn für den linkischen Gesellen, der durchaus zu nichts brauchbar ist, zu haben. Es giebt ja leicht mehrere Mittel, wie sich so etwas ohne alles Zuthun von meiner Seite anstellen ließe. Haben Sie doch die Güte dazu die Gelegenheit vorzubereiten, wenn es binnen ein Paar Monathen sollte geschehen können. Denn um die Zeit möchte ich auf eine Reihe Wochen in ein Bad reisen, wo mir denn seine Begleitung auch gar sehr lieb wäre. Überall verspreche ich mir von einem solchen gewandten Helfer in allerlei mechanischen Dingen recht viele Vortheile, und für ihn selbst ließe sich auf die Zukunft eine ihm recht angemessene Lage ausmitteln. Sie sehen wie intressant mir jezt die Sache ist, um es gewiß so anzulegen, daß ohne Mitwirkung von uns beiden, worüber zu klagen man sehr scheinbare Ursache haben könnte, das Ding zu Stande kömmt.

Leben Sie recht wohl und eilen Sie ja nicht allzu eilig.

Wolf.

Etliche Tage, hoffe ich doch, bleiben Sie hier und ganz bei mir? Richten Sie sich ja so ein.

13. Bekker an Wolf

[Lanke] Sonnabend, 14 April 10.

Von ganzem Herzen danke ich Ihnen, Verehrtester, für Ihren freundlichen Brief. Je näher ich daran bin Sie auf längere Zeit zu verlassen, je tiefer fühle ich, wie unendlich viel ich Ihnen schuldig bin. Sie haben mein hiesiges Leben erträglich gemacht; durch Sie werde ich der Fremde froh werden, wofern ich anders ihrer froh werde.

Dem jungen Menschen wird schwer beizukommen sein, allein darum, weil er von der Reise, die er mitmacht, vielleicht erst gegen die Mitte des künftigen Monats zurückkommt. Und besprochen kann die Sache doch nur werden. Ich sehe also kaum etwas übrig als auf irgend einen Zufall zu hoffen, der ihn früher herführe oder einen Weg zu ihm eröffne.

An den Scholien habe ich fast täglich drei bis vier Stunden gearbeitet, und bin doch erst im 16 Buche. Die mittlern Bücher sind gar zu lang. Hätte ich den Codex einen Monat früher haben können, so wäre ich fertig geworden.

Über den Gail habe ich die nöthigsten Materialien gesammelt, und kann an die Ausarbeitung gehn, so bald mir Eichstädt antwortet; was er von Post zu Post thun muß. Ich glaube, es ist in den ganzen zwölf Bänden nicht ein einziger zugleich gesunder und eigener Gedanke; doch will ich mit dem lieben Mann nach Möglichkeit säuberlich verfahren.

Von Herrn v. Humboldt habe ich nicht meine Bestallung vorgefunden, die ich noch erwarte, sondern nur, in einem Privatbriefe, glaube ich, die Nachricht, daß er auf meine Ernennung angetragen und der König sie bewilligt habe; und die Anfrage, ob ich annehmen wolle. An die Section zu schreiben, habe ich mich also nicht veranlaßt gefunden.

Abgehn werde ich von hier den 26, und dann noch, auch um mich mit Pass und Wechsel zu versehn, eine Woche in Berlin zubringen, herzlich gern bei Ihnen, wofern ich hoffen darf auf keine Weise lästig zu sein. Zu reisen denke ich über Leipzig und Heidelberg; hätten Sie vielleicht auch dahin zu schreiben?

Mit der völligsten Ergebenheit

Ihr

AEB.

14. Bekker an Wolf

Paris 3 Juli [181]0.

Ich hätte Ihnen früher schreiben sollen, mein väterlicher Freund, und habe Ihnen doch auch jetzt noch wenig zu schreiben. Eine unerfreuliche Reise hat mich schon den 20 Mai hergeführt. Durch die Narrheit meines Gefährten genöthigt mich von Leipzig an der gemeinen Post Preis zu geben und über Mainz zu gehn statt über Straßburg, habe ich in Deutschland den einzigen Hermann gesprochen, der mir für das Museum alle Bereitwilligkeit zugesichert. Dr. Hufnagel, zu dem ich zweimal gegangen bin, ließ mir das erste Mal sagen, er sei unpass, das andere Mal, er thät heut sein Studium studiren und morgen thät er predigen.

Freundlicher hat man mich hier aufgenommen. Hr. Gail verspricht den fehlenden Theil des Thucydides, sobald sich eine Gelegenheit zum Überschicken findet; von seinem Xenophon soll der Druck eben jetzt erst anfangen, und zwar mit langen historischen Memoires eigenen Gemächtes: nebenher giebt er eine Odyssee, ohne zu wissen, daß die Ihrige in der Welt ist, und einen Sophokles, ohne das mindeste zu verstehn von Metrik. Coray hat mir seinen Plutarch geschenkt. Clavier erbietet sich zu Beiträgen zum Museum, will sich auch verwenden, daß man mir erlaube Handschriften auf meine Stube zu nehmen. Denn der alte Dutheil, obgleich sehr gerührt und erfreut, daß Hr v Humboldt sich seiner erinnert, hat mir doch diese Erlaubnis rund abgeschlagen, allerdings in sehr höflichen Redensarten. Dagegen scheint man auf der Bibliothek selbst ehrlich zu geben, was man hat; Hr. Hase ist von einer preiswürdigen Gefälligkeit, die nach allen Seiten hin zu benutzen ich nur recht viele und bestimmte Aufträge von Ihnen erbitten muß, um so mehr als meine eigenen Streifzüge in die codices de corona hinein bis jetzt wenig mehr eingetragen haben als die Brönstedtischen Proben erwarten ließen. Den Venetus A hat gerade Hr. Bast in Händen, so wie die Inedita des Apollonius Dyskolus ein Hr. Thurot; für jenen hoffte ich einen Brief von Hrn v Humboldt, und habe ihn daher noch nicht angesprochen. Hr Alex v Humboldt hat mich zu Visconti geführt; er selbst lebt so isolirt und répandu zugleich, daß es verlorene Mühe ist zu ihm zu gehn. Bei Herrn Millin kann ich auf seiner Bibliothek arbeiten: was ich wenig benutze, weil [ich von] 2 bis 4 — länger kann man da nicht bleiben — lieber auf das Museum gehe, und überhaupt nicht [verle]gen bin um gedruckte Bücher, die man mir auf der großen Bibliothek und, durch Hrn. Burkhards Ver[mittlung] auf der des Instituts nach Hause giebt. Auch versehn mich Clavier und Séguier, der letztere, bei dem ich 8 Tage in Beauvais zugebracht habe, erbaut von dem Eifer mit dem er das Griechische studirt, wird mir, oder, wenn Sie wollen, Ihnen das Etymologicum M.[agnum] von Sylburg verschaffen oder schenken. — Hrn. Heiberg habe ich noch nicht aufgefunden, Chardon de la Rochette einige Male verfehlt. — Zum Hesiodus finde ich nichts neues aus Vatican und St. Marcus.

Was mir einiges Bedenken macht, sind meine ökonomischen Verhältnisse. Ich kam hierher des festen Glaubens, daß man nirgends besser und wohlfeiler lebe, und ich finde leider, daß man mit vielem Gelde allerdings sehr gut lebt, mit wenigem aber auch gleich unleidlich schlecht; die Unsauberkeit des Volks läßt keine anständige Mitte. Doch lösen sich diese Schwierigkeiten vielleicht zum Theil bei längerem Aufenthalt.

Ich bitte Sie mich Hrn. v Humboldt zu empfehlen. Nach einem Briefe von Ihnen verlangt mich unbeschreiblich in dieser menschenwimmelnden Einöde, wo alle Mittheilung ausgeht.

AE Bekker
rue de Ménars no. 16.

Sind meine Corayana endlich gedruckt?

15. Bekker an Wolf

Paris 8 Nov. 1810.

— — — Von den Fourmontschen Inschriften habe ich die gedruckten noch nicht sehn können . . . Geschrieben nehmen sie 6 Cartons ein, deren jeder leicht einige Hunderte [Inschriften] enthält . . . erlauben Sie mir einige Proben, und zwar für jetzt nur metrische, Gott gebe ungedruckte.

Gail, in offener Fehde mit dem Institut begriffen, weil es nicht seinen Thucydides, sondern Corays Hippokrates den prix décennal zuerkannt hat, sagt mir, daß sein Xenophon in diesen Tagen fertig werde. Von der Übersetzung des Strabo, von der sich Coray im Aerger losgesagt hat, wird am 3 Band gedruckt: darin das 9 Buch des Textes in der lacunosen Gestalt des Codex, dessen von den Mäusen zerfressene Ränder die Herausgeber seit Casaubon ex coniectura ergänzt hatten. Von Courriers Longus wird Ihnen Clavier geschrieben haben.

Über die Codices des Orpheus und des Hesiodus könnte ich Ihnen wohl am besten genügen, wenn Sie die Güte hätten mir Stellen zu bezeichnen. Sehr willkommen würde mir auch sein zu wissen, was Sie von Platonicis collationirt haben.

Die Venet. Ilias hat noch immer Bast: ich werde sie fodern, sobald ich mit meinem Apollonius fertig bin, den ich endlich gestern erhalten habe. Herr Thurot hat seine siebenmonatliche Abschrift geendigt, und zu Coray gebracht, damit er sie nun auch verstehen lerne: dann will er sie schleunigst drucken lassen. Ich sehe nur ein Mittel ihm zuvorzukommen: wenn Sie einem der ungedruckten Bücher einen Platz in Ihrem Museum gönnten — das doch hoffentlich noch lebt? — und in einigen Zeilen, den ersten deren Sie mich öffentlich würdigten, mich als Bearbeiter des ganzen ankündigten und einführten. Darum bitte ich Sie angelegentlich. Ich möchte das Buch *περὶ ἀντωνυμίας* wählen, das so ziemlich ein Heft füllen würde, und, so weit ich es bis jetzt kenne, sehr lesbar ist. Eine Abschrift davon hätte ich in wenig Tagen fertig und fände dann wohl Gelegenheit sie Ihnen zu schicken. Mit Bast ist keine Collision zu fürchten, weil er, wie mir Hase versichert, nur Excerpte hat, durchaus nichts Ganzes. Meine Collationen über Demosthenes und Aeschines fangen an ergiebiger zu werden; die Hauptcodices werde ich in Kurzem absolvirt haben.

Von der Berliner Universität verlangt mich zu hören. Ich erfahre, daß Boeckh berufen ist: was mir erwünscht kommt, wiewohl es mir auch wohl, unter Umständen, sehr niederschlagend werden kann. *τεοῖς ἐπὶ γούνασι κεῖται,* getröste ich mich.

Herzlicher aber verlangt mich von Ihnen selbst zu hören. Nach sechs Monaten beunruhigenden Stillschweigens bin ich wohl berechtigt zu fragen, wie es Ihnen gegangen und geht. Mich trifft ja, was Sie trifft.

Mit völliger Ergebenheit

Ihr

AE Bekker

(rue de Ménars No. 16)

Noch muß ich Sie bitten, mir mein fälliges Gehalt zu schicken — ich dürfte sonst gar bald in häßlicher Verlegenheit sein — und die Bücherkiste, die ich genötigt gewesen von Frankfurt aus an Sie zu addreßiren, und die Ihnen nur im Weg sein kann, an Hrn Dubendorf, Mittelstraße No. 7, abgeben zu lassen.

501a. Wolf an Bekker

Berlin, den 25 Nov. 1810.

Nach einem halben Jahre den ersten Brief von Ihnen zu erhalten, mein Theuerster, konnte ich allerdings nicht erwarten. So muste ich auch glauben, daß Uhden mein noch vor meiner Abreise schnell geschriebnes Billet an Sie abzusenden vergeßen hätte. Dies war, wie ich nun sehe, nicht so; und von jetzt an, wo Sie mich zurückgekehrt wißen, können Sie das Versäumte einbringen.

Für das eben Empfangene danke ich Ihnen. Finden Sie, bei näherm Zugange zu den Fourmontschen Repertis, und nach Kenntniß deßen, was schon ins Publicum gekommen ist, daß dergl. Mittheilungen von Ineditis einem Journal interessant und zu drucken erlaubt sind, so dächte ich, führen Sie damit fort. Was ich aber vermuthete, war, es würden sich bald offenbare Fraudes entdecken; was jedoch hier der Fall nicht scheint, außer sofern ein und andres solches Gedicht schon vorher gedruckt war. Doch dies und alles hierher Gehörige muß ja blos gelegentliche Nebenarbeit für Sie seyn. Der Acad. der Wiß. hier könnte ein Aufsatz darüber von Ihnen paßend seyn. Hat man Ihnen sonst von der Acad. schon etwas anderes aufgetragen?

Mir selbst können Sie jezt, aber freilich recht bald, einen Gefallen erweisen, wenn Sie mir die Varianten im Cod. Venetus Iliad. nur zu α und β ausziehen und grade mit der wohlfeilsten Art von Posten (vielleicht sous bande) zuschicken wollen. Dazu wird sich ja der Codex auf so kurze Zeit erhalten laßen. Hasen bitte ich meine besten Empfehlungen zu bestellen, so auch andern, die sich meiner erinnern, wie Clavier, von dem ich keinen Brief seit Ihrem Abschied gehabt habe.

Wollen Sie weiterhin mir so wie Hermannen, von Codd., die Ihnen sehr vorzüglich dünken, etwas schicken, so sind Collationen von 5, 6 Seiten zur Vorkost genug, 2 vornherein, ebenso in der Mitte und hinten; bei Aristophanes hätte ich so etwas am frühsten gewünscht, und nur von den Wolken; natürlich von Codd. die seit Brunk etwa dorthin gekommen sind; ebenso beim Hesiodus nur von solchen, die erst aus Italien gebracht sind. Was Sie von etwas vollständigen und lesbaren Sachen des Apollon[ius] Dysc.[olus] gleich zum Druck fertig an mich senden, soll auch sogleich nach Ihrem Wunsche dazu befördert werden. Auch überlaße ich Ihnen den modus edendi, ob Sie es an mich richten wollen, oder ich quasi wieder an Sie und an das Publicum. — Leben thut zwar das Museum, so lange ich will (und eben kömmt ein neues deutsches Heft heraus) gleichwol kann ich doch nicht wißen, ob Ihre Inedita darin Platz finden, besonders ob Reimer auf der Stelle etwas zahlen kann. Ich hätte Lust, unter einem Titel wie Miscellan. litterar., crit. pp eher etwas neues und ganz lateinisch anzufangen. Was denken Sie dazu?

Ich bin seit 14 Tagen in den schrecklichsten Horreurs des Umziehens für den Winter, in die Behrenstr. in das erstere Logis vom Humboldt. Dahin ist auch schon Ihre Kiste sicher befördert worden, und wenn Sie noch zu Dubendorf soll, müßen Sie mir nochmals davon schreiben. An Raum, wie Sicherheit, fehlts nicht. Aber glücklich sind Sie, daß sie noch gesund angekommen ist; wenigstens die Contenta, Lex.[ikon] Schneid.[er] Plato, Demosth. und noch etliches Andre. Denn die Kiste ist durch fremde Leute schadhaft und auf dem Packhofe durchschaut in meine Wohnung gebracht worden; daher ich denn natürlich die sacra operta durchsehen und Ihren Fleiß bewundert habe. Daß nichts davon Ihnen auf irgend eine Art entwendet werde, dafür werde ich auf jeden Fall sorgen. Beßer aber war es doch, die Bücher über Mainz nach Paris gehn zu laßen, wo es gewis geschehen konnte, als sie hieher zu senden, ohne zu wißen, ob ich noch hier wäre.

Ihr gesammeltes Geld hat zwar seit Juni, wie aller Gehalt, kleine Abzüge gelitten (und man sagt von größern in Zukunft) dafür aber kleine Zinsen getragen. Sie verlangen es izt geschickt. Aber unmöglich doch durch die Post? Den dort erst mit einem kundigen und redlichen Manne verabredeten Weg müßen Sie mir gleich zunächst anzeigen: auf dergl. Versendung verstehe ich mich am schlechtesten, und habe auf meiner Reise nach Wien und München den habsüchtigen reichen Unterhändlern unendlich viel abgeben müßen. Sie müßens also ja so einrichten, daß Sie so wenig als möglich Verlust, und ich keine Art von Risico habe. Hierum bitte ich ausdrücklich, zugleich wo es vom Neujahre an sich sammeln soll. Denn der seitherige Sammler ist mir wegen seiner Umstände suspect gemacht worden, und ich brauche ihn selbst nicht weiter. Ueberhaupt muß ich, da eben wieder eine meiner Töchter heurathet und die dringendsten Ausgaben mir schwer fallen, darauf denken, fremde Leute nicht noch an mir auf gut Jüdisch profitiren zu laßen. —

Erhalte ich von Chardon nichts zum Museum? Auch nichts von Andern? Sahen Sie Larcher? Wen von andern dieser Herren? Geht die freundliche Mittheilung der Handschriften gut von Statten? Die hiesige Universität hat bereits, wie heute in Zeitungen steht, über 200 Studenen; die meisten sollen Mediciner seyn: Theologen, Philologen u. dergl. etwa 30. Daß Heindorf während meiner Abwesenheit das Gymnasium verlaßen und Prof. Gr.[aecae] L.[inguae] geworden, Böckh Eloq.[uentiae] et poes.[eos], daß Buttmann über die Ilias liest, u. mehr, wißen Sie ohnezweifel schon. Ich lese auch 2 publica über Acharn. Aristoph. und Thucyd. zu privatis waren mir allzu wenige. Was Ihnen vorbehalten, habe ich noch nicht erfahren; aber Sie wißen es vielleicht von Humboldt oder nun von Schleiermacher, der sich in Section und Deputation nach mir etablirt hat.

Doch ich muß für heute aufhören. Meine herzlichsten Wünsche zu jeder Ihrer Unternehmungen dort wie in Deutschland

Ihr

W.

503a. Wolf an Bekker

B.[erlin] elf. Dec. 10.

Hier ist nach Ihrem Verlangen alles gesammelte Geld, nebst den seitherigen Zinsen zu 6 p. C. und dem Januar. Die Berechnung des Unterhändlers, die ich, dieß schreibend, noch erwarte, soll hoffentlich nicht zu Ihrem Nachtheil ausfallen. Wie lieb sollte es mir seyn, wenn ich Ihnen von dergl. Gemeinen noch mehr verschaffen könnte, da auch das Ungemeine doch jenes nicht wohl entbehren kann. Aber von jezt an muß ich wünschen, daß Sie auf die weitere Zeit Ihrer ganzen Reise einen festen neuen Plan machen.

Wie ich schon früher glaubte, denke ich auch noch jezt: die Bekanntschaft mit einem Verleger, wie zb. Schwetschke war, würde Ihnen immer für bedenkliche Fälle eine gute Hülfsquelle gewesen seyn. Hier wird es schwer solche zu finden. Reimer wird indeß um ein billiges Honorar (ich hoffe Ihnen doch 2 Louisd. p. Bogen zuzuwenden) dergl. Inedita von Apollonius ins Museum Latinum nehmen. Noch habe ich ihm aber nur ein Wort im Allgemeinen gesagt, und gefragt, ob er auch à prima vista der Handschrift Geld zahlen könne, wie man vielleicht erwarte. Er meinte, wenn ich ihm den Absatz v e r s i c h e r t e, wäre er nicht abgeneigt. Allein ist es nicht einer Betrachtung werth, ob Sie dergl. noch vor Ihrer Rückkehr so ins Publ.[ikum] zu bringen nützlich für Ihre sonstigen Plane finden, da ja — wie ich sehe — Bast deutlich hat bekannt machen laßen, daß er das Ineditum de pronom.[ine] nebst 2 andern — incessamment — ediren werde, und so schon a͞o 1808! — Ferner würden Sie gleich Noten dazu geben?

Nach genauer Ueberlegung von dem Allen sagen Sie mir wol bald ein bestimmtes Wort, und beantworten mir auch andre meiner letzten Anfragen.

Leben Sie wohl, recht wohl.

Wf.

Zur Hersendung von Collationen u. dergl. hoffe ich Ihnen Gelegenheit anzeigen zu können.

Möchten Sie doch vom Plato mir recht bald 1) die sämmtlichen Codd. Symposii specificiren, bloß dieß: 2) rasch vergleichen den Cratyl., in allen Codd., höchst.[ens] ausgenommen ganz extra-schlechter. — Kann ich Ihnen unterdeßen dann mehr für den Plato aufbürden? Auf jeden Fall thun Sie es theils nicht umsonst — oder Sie thun es ganz für sich, wie ich schon ehemals sagte. Heute muß ich eilen, Ihrethalber.

Horchen Sie doch vorläufig etwa zu, auf welche Bedingungen Clavier uns seine Collazz zu Paus.[anias] oder gar eigne Noten geben möchte, wenn sie als mit seinem Namen (wie billig) binnen Jahr und Tag in Deutschland gedrückt werden sollen und können?? Beim Buchh.[ändler] Schöll könnten Sie vielleicht in etlichen Tagen eine Geleg.[enheit] hieher erhalten.

Alle sonst Ihnen nöthige Papiere von dem seitherigen Sammeln des Geldes sind bei mir für Sie aufgehoben. W.

16. Bekker an Wolf

Paris 22 Dec. 1810.

Ich freue mich, Verehrtester, Ihnen schon jetzt zu schicken, was ich so bald nicht versprechen konnte. Nach einer fast wochenlangen Unterhandlung, und in Ihrem Namen gebeten, hat mir Hr. Bast den Codex abgetreten. Aber nur auf 14 Tage. Was in so kurzer Zeit, bei so trübem Wetter geschehen kann, das, sind Sie sicher, geschieht. Sie erhalten die Fortsetzung, so bald ich weiß daß Sie diesen Anfang erhalten haben. Davon mich unverzüglich zu benachrichtigen bitte ich um so mehr, als ich, um Zeit zu ersparen, keine Abschrift genommen habe. Die Ausbeute scheint leider gering: sogar Manches besser im Gedruckten als im Geschriebenen.

Larcher scheint ein merkwürdiger alter Mann. Im 85 Jahre, und cicadenhaft eingeschrumpft, spricht er Stundenlang mit einer Lebendigkeit, die mich verwundert hat. Er erkundigte sich angelegentlich nach Ihren Homerischen Arbeiten — deren Nicht-Vollendung man hier überhaupt unbegreiflich findet — und nach seinem Orion. Ich habe ihm gesagt, daß der bald erscheinen würde: habe ich Recht? Von seinem Herodot hat er einem jungen Gelehrten, der ihm einen Gruß von Ihnen gebracht, er glaubt einem Dänen, ein Exemplar für Sie gegeben: ob Sie das erhalten haben? Sie würden ihm gewiss große Freude machen, wenn Sie ihn ein Paar Zeilen schrieben; er kann nicht wohl schreiben. Chardon habe ich noch nicht aufgefunden. Clavier ist durch seine Geschäfte als Richter abgehalten gewesen an Sie zu schreiben: er wollte Ihnen, wenn ich recht verstehe, die Verbreitung des Longus von Courrier anempfehlen, von dessen 52 Exemplaren die Frau von Humboldt eines nach Deutschland gebracht hat. Sollten Sie ihn nicht haben, so könnte ich leicht das 6 Seiten lange Fragment und was sonst wichtig scheine ausziehn. Seinen Pausanias kann er noch immer nicht unterbringen, wiewohl er bereit ist seine Collationen und übrigen Papiere einem Lateinisch schreibenden Herausgeber zu beliebigem Gebrauch zu überlassen. Könnten Sie ihm nicht aus der Noth helfen, wenigstens Hoffnung geben? Wenn ich einen Namen hätte, so würde ich mich ihm selber anbieten.

Zu dem Hesiodus und Aristophanes ist aus Italien, und auch sonsther, nichts gekommen. Von jenem hat ein hiesiger Neugrieche 30 Codices für einen Holländer Van Lennep verglichen; derselbe vergleicht jetzt die Scholien zum Aristophanes für Beck in Leipzig. Ich denke mit meiner Excursion in das sämmtliche Scholienwesen meine hiesigen Arbeiten zu schließen. Jetzt beschäftigen mich die Sangerman. Lexika. Mit dem Apollonius bin ich fertig, d. h. mit der Abschrift und deren Revision. Das Buch vom Pronomen kann ich, für ein Ineditum, ganz lesbar geben, ein Dutzend Stellen ausgenommen, meist Fragmente, die ich Ihrem und Hermanns Scharfsinn anheim stellen müste. So auch den modus edendi, zumal da ich hier nicht unternehme Eine Zeile Lateinisch zu schreiben. Angenehm und vielleicht nützlich würde es mir sein, noch hier Exemplare vertheilen zu können.

Hr. Hase empfiehlt sich Ihnen. Ich habe dem Manne große Verpflichtungen, und wünschte ihm gegengefällig zu werden. Auch dazu bedürfte ich Ihrer Hülfe. Ein Diplom als Doctor, als auswärtiges Mitglied der Universität (wie Gail von Göttingen), als Correspondent der Akademie würde ihm wahrscheinlich willkommen sein, und er hat vielfache Gelegenheit sich erkenntlich zu zeigen.

Könnten Sie mir noch nicht sagen, wozu man mich in Berlin bestimmt? oder ob man mich überall zu etwas bestimmt? Ich gestehe, daß sich meine Aussichten getrübt haben, seitdem Heindorf geworden ist was er wohl selbst niemals gehofft hat.

Sie haben vermuthlich das Blatt erhalten, das ich vor 8 Tagen an Spalding eingelegt, und worin ich Sie bitte mir à tout prix einen Wechsel zu schicken. Ich wiederhole die Bitte, wenn sie nicht schon erfüllt ist, wie ich hoffen darf und wünschen muss. Mit den 50 Franken, die mir noch gerade übrig sind, werde ich Noth haben Ihre Antwort abzuwarten, zumal da ich Ursache habe, für meine Gesundheit besorgt zu sein.

Leben Sie wohl, und erhalten mir Ihre Gewogenheit.

AE Bekker.

17. Bekker an Wolf

Paris 30. Dec. 1810.

Sie haben mich sonst gescholten daß ich zu selten schriebe; Sie werden mich jetzt schelten, daß ich zu oft schreibe. Drei Briefe in drei Wochen erwarteten Sie nicht von meiner Schweigsamkeit. Entschuldigen mag mich die Einlage, die Sie, muste ich glauben, lieber früher haben als später: entschuldigen das Bedürfniss, Ihnen nochmals meine Geldnoth an das Herz zu legen, weil sie nun auf den Gipfel des Komischen gediehen, anfängt in das Tragische überzugehn.

Zu Chardon bin ich wieder gewesen; er ist verreist, sagte man mir. Gehört habe ich vieles von ihm. Larcher, der bitter klagte über manche Mitbrüder im Institute, qui ne savent ni A ni B. rühmt ihn als excellent garçon, qui sait parfaitement le Grec; Hase bewundert seine bibliographischen Kenntnisse. Ich habe meine Addresse da gelassen, und muss erwarten daß er zu mir komme.

Daß Sie meine Bücherkiste bei sich dulden wollen, nehme ich mit Dank an; nur die Furcht Ihnen lästig zu fallen konnte mir die entgegengesetzte Bitte eingeben. Wo mein Geld sich künftig sammeln solle? Da mir nie eingefallen ist daß es Zinsen tragen könnte, so scheint keine andere Mühwaltung übrig zu bleiben, als es in Empfang zu nehmen und, bis ich darum bitte, liegen zu lassen. Die übernimmt vielleicht Ihre Haushälterin.

Ich hoffe mit Sehnsucht auf Nachricht von Ihnen und von der Berliner Universität. Sie sagen mir nichts von Ihren, vielleicht nicht sehr angenehmen, Verhältnissen mit den vielen, die da dociren.

Um der Zeit gemäß zu schließen: mögen Sie mir im neuen Jahre die vorsorgende Freundschaft bewahren, in der ich nun seit länger als sieben Jahren mein Glück und meinen Stolz finde. Sie können nichts für mich thun, was mich fester an Sie knüpfte; aber Sie können mir vielleicht einen Wirkungskreis öffnen, in dem ich der Welt und — was Gott wolle — Ihnen nützlicher sein kann, als in der beschränkten ängstlichen Sphäre des Privatdocenten, in die ich mich auch nie hineindenke, ohne daß mich ein Schauer überläuft.

Unwandelbar

Ihr AE Bekker (rue de Ménars No. 16)

503b. Wolf an Bekker

B.[erlin] den 8 Jan. 11.

Heute, mein Bester, ganz eigentlich in 3 Minuten, um Ihnen nur mit Dank zu sagen, daß Ihre Varianten vom 22 Dec. zu Villois.[ons] Schol.[ia] auf 2 quartbl.[ättern] angekommen, g e s t e r n erst angekommen sind, daß ich Ihnen v o r 8 Tagen Ihr sämmtliches gesammeltes Geld mit Zinsen, in Papieren, übersandt, und innerhalb 8 T.[agen] ausführlich wegen der gewiß vor allem wichtigsten Platonischen Collationen schreiben werde — indeß bitte ich Sie am H o m e r und C r a t y l u s nach Möglichkeit fortzufahren. Bald aber hoffe ich enden Sie Ihre Kurzlautheit, und schreiben mir genau über all Ihr dortig Thun und Treiben und b i s w i e l a n g e Sie dort seyn können. Letztres ist ja eine Hauptsache. Obgleich ich mich hier ziemlich von allen Verhältnißen losgemacht habe, so hoffe ich dennoch, daß ich Ihnen am Ende, wo Ihnen niemand helfen will, wenigstens Rath zu siegreicher Hülfe geben kann. — Solte der Geld-Brief verloren gegangen seyn, so haben Sie bald zu einem eignen neuen Gelegenheit. — Nur noch dieß: würden Sie nicht dem Nicolov.[ius], der izt Director der Section heißt, schreiben wollen?

Ihr

W.

18. Bekker an Wolf

Paris 13 Jan. 1811.

Ich habe den vorigen Monat dreimal an Sie geschrieben, einmal durch Einlage an Hrn. Spalding, die beiden andern Male unmittelbar an Sie: leider weiß ich Ihre Hausnummer nicht. So schwer es zu glauben ist, so muss ich doch glauben, daß Sie keinen von allen drei Briefen erhalten haben: Sie ließen mich sonst gewiß nicht in der peinlichen Lage, in der ich mich nun schon Wochenlang quäle. Oder ist Ihre Antwort verloren gegangen? Auf keinen Fall darf ich anstehn, Ihnen nochmals zu Gemüthe zu führen, daß ich in der äußersten Verlegenheit bin, und so lange sein werde, bis ich den, zu jedem Preise willkommenen Wechsel erhalte, um den ich Sie angelegentlich gebeten habe und bitte.

Sie sehen aus der Einlage, daß ich die Vergleichung der Venediger Scholien fortgesetzt habe. Daß es nicht mehr geworden, darf ich kaum mir zur Last legen. In einer ungeheizten Stube, wo mir Hände und Füße erfrieren, umringt von Ungemach aller Art, verliere ich unwillkührlich die Lust und Ausdauer wie fast zu jeder Arbeit, so zu dieser mehr mühseligen als belohnenden.

Ein Herr Itzig aus Berlin, zu erfragen bei seinem Onkel dem Buchhändler Hitzig, ist heute zurückgereist, und hat meinen Apollonius für Sie mitgenommen. Die Eile, in der ich die Abschrift machen müssen, hat mir nicht einmal erlaubt, alle Stellen des Homerus, Callimachus, Theocritus nachzuschlagen: ich rechne auf Ihre gütige Nachhülfe bei der Correctur. Den Druck wünschte ich nach Möglichkeit beschleunigt: es ist Gefahr in der Säumnis.

Möchten Sie mir doch recht bald ein Helfer aus Noth erscheinen!

AEB.

19. Bekker an Wolf

Paris 19 Jan. 1811.

Ihren Wechsel, Verehrtester, habe ich erst den 14 erhalten, so daß er volle 14 Tage gegangen ist. Indem ich Ihnen herzlich dafür danke, bitte ich um Verzeihung für die Ungeduld, mit der ich ihn sollicitirt. Aber ich war wirklich in betrübten Umständen, und ohne die Hülfe eines wackern Freundes weiß ich nicht wie ich durchgekommen wäre.

Die Collation der Villoison.[schen] Scholien kann ich fürs erste nicht fortsetzen, weil Bast den Codex zurückgenommen hat. Sie haben jetzt vermuthlich auch die beiden letzten Lieferungen in Händen. Daß ich 8 Bücher auf 5 Quartblätter ökonomisirt, darf Ihnen nicht meine Genauigkeit verdächtig machen: auf Brönstedts Weise hätte ich eben so wohl 5 Bogen anfüllen können.

— — — Der Cratylus steht in mehrern [Pariser Codices], scheint es. Aber mit dem habe ich mich noch nicht beschäftigen können. Theils hat mir die Abschrift meines Apollonius Zeit genommen — Sie erhalten dieselbe, denke ich, in diesen Tagen durch einen Neveu des Herrn Hitzig — theils brauche ich fast noch einen ganzen Monat für die StGerman. Lexika, die ich mir nothwendig ganz zueignen muß, und die man doch zurückverlangen würde, wenn ich heterogene Codices foderte. Überhaupt wird mir bange zu sehn, wie viel ich angefangen habe und wie wenig fertig. So daß ich Ihnen fast vorschlagen möchte, die Platonische Collation überhaupt noch einige Zeit anstehen zu lassen. Ich bin im Mai abgereist, auf anderthalb Jahr, wie geschrieben steht. Demnach dürfte ich vor Anfang des Novembers nicht an Zurückkunft denken. Von diesen neun Monaten lassen Sie mir 4 oder höchstens 5 für die Redner und Grammatiker. Die übrigen widme ich mit Freuden Ihrem Plato oder Homerus. Auch wohl mit Nutzen: während bei getheilter Arbeit wenig Segen ist. Sollten Sie indess eines oder das andere zu unmittelbarem Gebrauch nöthig haben, so versteht sich, daß alle diese Rücksichten unbeachtet bleiben. Nur wünsche ich darüber Ihre ausdrückliche Erklärung.

Zu dem Apollonius schicke ich Ihnen nächstens einige Blätter Noten. Ich hatte manches auf dem Herzen: aber verlassen von meinen Papieren werde ich nur das allernothdürftigste geben können. Dazu kommt, daß ich meiner Latinität so gar wenig traue. Ich möchte Prof. Latinarum literarum sein, daß ich lehrend lernte.

Clavier scheint sich nicht recht bestimmt erklären zu wollen, ehe Sie ihm nicht bestimmtere Anträge machen. Ein Brief von Ihnen würde die Sache unendlich geschwinder und sicherer auf das Reine bringen als all mein mündliches, nicht recht bevollmächtigstes Unterhandeln.

An den Director der Section soll ich schreiben. Aber was? Allenfalls gegen den Herbst, daß er mich noch den Winter hier oder in München und Wien ließe.

Bast hat wohl bösen Willen genug: das zeigt die Absichtlichkeit, mit der er wichtige Codices in seinen Händen zu behalten sucht: ist aber doch keinesweges zu fürchten, so lange ich Hasen zum Freunde habe. Auf seine Ankündigungen scheint gar nichts zu geben: sie sollen wohl bloß andere abschrecken.

Ich muß in diesen Tagen an Eichstädt schreiben. Würden Sie mir erlauben, was er mir noch seit Jahren schuldig ist, an Sie auszahlen zu lassen?

Dem ausführlichen Briefe, den Sie mir versprechen, sehe ich mit Verlangen entgegen.

503c. Wolf an Bekker

B.[erlin] den 26 Jan. 11.

Ihr eben heute erhaltener Brief v. 13ten d. macht mir großen Verdruß. Der erste Wechsel ging g l e i c h nach der Bestellung, etwa 3 Tage drauf, von hier ab. Sollte er sich wirklich verloren haben, so ist hier eine Seconde, wie es die Leute nennen. Für die künftige Zeit rathe ich, alles früher anzuordnen und zu bedenken. Nur Sie sind jezt an Ihrem Leiden schuld, und, wenn ja die Première verloren seyn sollte, ein Zufall, auf den aber auch voraus zu rechnen war. Mehr Noth machte es, das Geld von dem Sammler desselben zu erhalten, der sich zu meinem Schrecken drei Tage verläugnen ließ; daher ich es denn nun lieber bei mir aufheben laßen will. Haben Sie n u n auch alle meine Briefe von dem vorigen Monate, so schreiben Sie mir wol ausführlich, und auch wegen der Bedingungen, die Sie bei der Schrift des Apollonius machen.

Vale

Wolf.

Im schrecklichsten Kopfweh geschrieben.

Sie bestellten auch den Januar mit zum Wechsel; ich schoß diesen vor, da ich schon vor Empfang dieses Monats schreiben wollte.

503d. Wolf an Bekker

B.[erlin] 5. Febr. 11.

Der Inhalt dieses Briefes, mein Lieber, nöthigt mich zu dieser schnellen kürzern Antwort, zumal da (wie man vom Anfange sah) ein Brief auf so langem Wege sich zuweilen um 4—6 Tage leicht verspätet.

Die Abschrift von Apollonius ist seit 8 Tagen bei mir. Den Druck betreib ich gleich nach der Ankunft; aber theils wegen des elenden Reimers, der nie Geld hat, theils wegen Nähe der Ostermeße sehe ich weder, wie früh ich Ihnen ein möglichst gutes Honorar verschaffen, noch ob in der Meße der Abdruck geendet seyn könne. Ist aber, wie Sie meinen, Gefahr beim Verzuge, und keine für Ihre weitern dortigen Plane, so werde ich um so mehr alles thun, was möglich ist, selbst aus eignem Wunsch. Das präfamen, das Sie mir dennoch auflegen, wird kurz genug werden. Ohne Uebereiltes zu bringen oder φορτικὰ (in persönlicher Rücksicht) ist die Materie schmal. — Jezt rund und bestimmt ein Wort über die Platon. Codd. Während meines Zögerns hat sich der muckerische Prof. Graec. litt. mit dem Leipziger Schleicher Weigel, Bast's Freunde, zusammengesellt, um in allen Bibll. Europens sich Materialien zu einem vollständigen Plato zu schaffen und ihn in deßen Verlag zu ediren. Höre ich recht (freilich nur surdos rumores) so hat er auch Böckh mit daran gezogen; ihn selbst sehe ich seit seiner profession nicht; er scheint sich zu schämen. Etwas von allem dem sahe ich wirklich schon in Mitte des letzten Sommers herannahn und betrieb den mit Schwetschke gemachten Plan, obgleich ich Ihnen, dem ich an der Ausführung den größten Antheil zudachte, in Ihren ersten dortigen Arbeiten nicht stören wollte und deshalb von Pl.[ato] eine gute Zeit schwieg. Unterdeß verlor Schwetschke allen Muth zu jeder Unternehmung von Bedeutung. Doch ein hiesiger trat mit gleich guten Bedingungen an seinen Platz. Aber nun möchte dieser alle Ursach finden, bald auch abzutreten, wenn nicht ein öffentlicher Schritt in der Sache bald geschieht. Wie steht es nun mit Ihnen, wenn Sie kurz und gut durchprüfen, was Ihnen in P.[aris] zu thun am meisten nutz und noth und leicht ist? So viel sehen Sie wohl, daß vor Ediren der Redner, wozu Sie innerhalb 10 Jahren schwerlich einen Verleger erhalten, Plat. Opp. eine herrliche Beschäftigung wären. Bei der Anlage, die ich machte, ist nach dem kritisch revidirten Texte — in besondern Bänden zu allen φροντισι σοφωτεραις Muße und Gelegenheit: das ganze Unternehmen aber in mehrerlei Hinsicht belohnend. Ganz ausschließlich möchte ich nur ein Dutzend Diall. bearbeiten, die auch längst über die Hälfte fertig liegen. Hiezu hätte ich recht bald nöthig die Collazz. aller Codd. dort von Apolog. Socr., Meno, Cratylus, Gorg., Protag., Republ., Menexenus — und die bestrichenen zuerst. — Bis zu Ihrer Antwort, wonach ich mich dann vollends über alles, zu Ihrer sehr wahrscheinlichen Zufriedenheit, erklären werde — suche ich alle meine Collazz. durch, um Ihnen zu sagen, was Sie nicht zu thun brauchen. Möchte es nur möglich seyn, die paar genannten zuerst zu haben. — Wird nicht geeilt, so muß ich fürchten, daß Bast Ihnen auch die Platone wegnimmt, wie den Villois.[onschen] Hom. Für die letzte mühsame Vergleichung bringe ich Ihnen meinen Dank, bis ich mehr geben kann. — Was Sie thaten, war mehr ja, als ich wünschte; aber müßen wir nun, im Innern schon so weit, stecken bleiben? — Wie dem Haase eine Distinction von hier zu schaffen sein, seh ich doch nicht, da er so gar nichts geschrieben hat. Sagen Sie selbst! Besonders die Universität (mit der ich übrigens keine nähere Verbindung habe eingehen wollen) hat nicht, wie die Rußischen, auswärtige Ehren Mitglieder. Es bliebe also nur die Acad. d. W. übrig.

— Von dem ganzen weitern Ausbleiben von Ihnen hoffe ich bald genauere Nachricht; auch wie Sie es mit dem nöthigen Gelde einrichten mögen. Alles fein früh besprochen, bitt' ich zu Ihrem Vortheil. — Nach Wien, vollends nach München zu gehn, wollte ich Ihnen für izt sehr verdenken. Eher länger dort geblieben, wenn Sie nicht auch die Florentiner Platone dem Tuckmäuser vorwegnehmen können.

Mit herzl. Freundschaft

der Ihrige

Wf.

20. Bekker an Wolf

Paris 10 Februar 11.

Sie haben Recht auf mich böse zu sein; ich bin es selber. Aber doch erlauben Sie mir auch, den eigentlichen Grund der ganzen Irrung außer uns beiden zu finden, darin nämlich, daß der Wechsel mir nicht mit der Post zugekommen ist, sondern mit ich weiß nicht welcher andern Gelegenheit, die fast doppelt so theuer und langsam gewesen.

Was ich Ihnen und durch Sie, hoffe ich, der philologischen Welt zu meinem Apollonius (Sie haben ihn doch endlich?) zu sagen habe, ist etwa folgendes. Daß er die Ausgabe verdient, darf ich als zugestanden voraussetzen. Daß i c h ihn herausgebe, muß die Ausgabe selbst rechtfertigen, oder — die Schuld fällt auf Sie, ohne den ich vielleicht niemals an diesen Grammatiker gekommen wäre. Daß ich ihn jetzt und hier gebe, wiewohl ich ihn später und in Berlin unstreitig besser geben könnte, das macht theils der Wunsch so kurze Zeit als möglich allein zu besitzen, was vielen erfreulich und nützlich sein kann, theils die Nothwendigkeit förmlichen Besitz zu nehmen von einem Gebiete, das ich seit Jahren gewohnt bin als mir gehörig zu betrachten und das jetzt mit Eingriffen bedroht wird, die, so weit ich urtheilen kann, wenig Gutes versprechen. Die vielfachen Mängel meiner Arbeit verkenne ich nicht im mindesten: indess wäre schon eine bloße, einigermaßen verständige Abschrift der schwer zu entziffernden Handschrift verdienstlich, und ich hoffe einiges mehr geleistet zu haben. Die Anmerkungen, die ich hinzufüge, nur um nicht geradezu nichts hinzuzufügen, wären unverzeihlich, wenn sie anderswo als hier gegeben würden, wo ich gedruckter Bücher fast gänzlich beraubt, und auf die wenigen Papiere beschränkt bin, die ich zufälliger Weise mithergebracht habe. Daß die Conjecturen zu andern Autoren fast durchgängig ungeschickt oder auch gar nicht angeknüpft sind, fühle ich zu meinem Leidwesen nur allzugut, und tröste mich wenig damit, daß sie, wenn richtig, überall willkommen sein müssen, wenn schief, nirgends eine Stelle verdienen. Vielmehr lege ich sie mit völliger Verzichtung in Ihre Hände: finden Sie zu wenig Gehalt, als daß die seltsame Weise der Mittheilung vergütet würde, so tilgen Sie getrost alles bis auf die Parallelstellen und die meist aus Handschriften geschöpfte Berichtigung der Bücher de Syntaxi: Meine Latinität empfehle ich der Nachhülfe, die ihr noch bei der Correktur angedeihen kann: auf so völlig unklassischem Boden würde vielleicht auch dem Geübteren wenig gelingen.

In einigen Tagen erhalten Sie die übrigen Blätter. Ich bitte Sie mir den Empfang baldmöglichst anzuzeigen, und den Druck so anzuordnen, daß ich dem Mr. Thurot, der den Codex wieder an sich genommen hat, wenn es irgend angeht noch vor Ostern ein Exemplar insinuiren könne.

Über den Plato erwarte ich die nähere Bestimmung, die Sie mich in Ihrem vorletzten Briefe hoffen ließen.

Mit unwandelbarer Ergebenheit der Ihrige

AEB.

21. Bekker an Wolf

Paris 12 Februar 1811.

Hier, Verehrtester, das Übrige von dem, was ich für dies Mal zu meinem Apollonius thun kann. Welche Bedingungen ich mache? Die einzige, die Sie schon gewissermaßen eingegangen sind, daß Sie sich des Werkleins freundlich und schleunig annehmen. Finden Sie zu loben daran oder an meinem sonstigen Treiben und Wollen, das ja seit Jahren offen vor Ihnen liegt — gaudeo, pater, laudari a laudato viro. Wollen Sie mich belehren, zurechtweisen, anleiten: willkommen ist mir alles, was von Ihnen kommt.

Es wird eine genaue Correktur nöthig sein: wenn Ihnen doch möglich wäre, selbst daran Theil zu nehmen. Wie gern wollte ich dagegen, so bald ich zurück bin, alles corrigiren, was Sie drucken ließen. Und Gott weiß, daß ich aufrichtig wünsche, es möge dessen viel sein.

Auch die Homerischen Stellen habe ich nicht alle nachtragen können. Es ist hier fast unmöglich gedruckte Bücher nachzuschlagen. Will ich den Conservateur oder Hasen nicht unaufhörlich überlaufen, so bin ich den Employés Preis gegeben, die entsetzlich dumm sind, und so lange immer das Unrechte bringen, bis alle Geduld und Zeit verloren geht.

Ich habe Eichstädt gebeten, mein seit langer Zeit rückständiges Honorar an Sie auszuzahlen. Sollte er es noch nicht gethan haben, so bitte ich Sie ihn gelegentlich zu erinnern.

Was Sie von Reimer für mich erhalten können, wird erwünscht sein. Man braucht an diesem abscheulichen Ort des Geldes gar zu viel: schon darum, weil, während Umgang fast ganz wegfällt und die Arbeit selbst mehr ermüdet als erfreut, leibliche Befriedigungen fast die einzigen sind, die übrig bleiben.

Ihres ausführlichen Briefes über die Platonischen Arbeiten gewarte ich je länger je sehnlicher. Ich werde eine kindische Freude haben, wenn Sie schreiben: der Druck ist angefangen.

AEB.

Eine Ankündigung meiner Ausgabe der Redner könnte vielleicht helfen einen Verleger finden, oder doch dem ähnlichen Unternehmen des Hrn. Wunderlich entgegentreten, der es ohnehin etwas wunderlich angreift, wie ich daraus schließe, daß er hier vermeinten Collationen von Auger nachtrachtet. Meine übrigen Grammatiker bleiben besser unerwähnt: ich habe noch nicht genug zusammen, als daß ich Hrn. B.[ast] aus den Lethargien wecken möchte, in die ihn seine paläographischen Studien sehr gelegener Weise einwiegen.

Fürchtete ich nicht Sie ganz und gar zu ermüden, so bäte ich noch um ein — Compliment für die hiesigen Conservateurs.

Leben Sie wohl und schreiben bald.

22. Bekker an Wolf

[Paris] 22 Febr. 1811.

Auf Ihren Brief vom 5 Febr., den ich in diesem Augenblick erhalte, habe ich nichts zu antworten, als daß ich Sie bitte, worum ich Sie schon sonst gebeten habe, mich so bald als möglich wissen zu lassen, was Sie von Platonischen Collationen besitzen. Meiner unbedingten Bereitwilligkeit waren Sie versichert, ehe Sie mir schrieben: bei der Gefälligkeit der Bibliothekare darf ich hoffen, daß so guter Wille nicht ohne Frucht bleiben wird. Meine Redner kann ich nicht ganz liegen lassen, aber ich habe es längst aufgegeben alle Codices durchzunehmen, und die bedeutenden werden mir Zeit genug lassen zu Ihrem, wenn Sie denn wollen, unserm Plato. Geldzuschuss, von einem Verleger, würde gar förderlich sein: ich bin hier fast in beständigem Gedränge, während ich in Berlin an dem, was ich habe, vollkommen genug hätte. Nach Florenz ginge ich mit Freuden: aber auch dahin müste der Verleger den Weg bahnen.

Von dem Villois.[onschen] Homer denke ich die übrigen 2 Drittel gelegentlich nachzuholen. Meinen Apollonius muss ich noch immer bald gedruckt wünschen.

Sobald ich Ihre Antwort habe, gehe ich an die Arbeit. Und dann wird sich bald überschlagen lassen, wie viel Zeit nöthig ist. Nicht an mir soll es liegen, wenn der öffentliche Schritt nicht bald geschieht, den Sie endlich, Gott sei Dank, selber nöthig finden.

Mit herzlicher Ergebenheit

Ihr

AEB.

B.[ast] hat fast beständig Platon.[ische] Codices zu Hause, und müste mehr als denkbar faul sein, wenn er nicht bedeutende Collationen besäße. Schon darum wird die höchste Eile wünschenswerth. Wüste ich nur was Sie haben!

504a. Wolf an Bekker

B.[erlin] den 25 Febr. 11.

Alle Ihre Apolloniana, mein lieber Fr.[eund], sind angelangt, das letzte heute früh; so kann auch sonst nichts an mich verloren seyn. Mein Name ist auch für die Post fast genug, da Wenige sich so theurer Briefe versehen. Aber wir müßen schon fortfahren, einander diese hohen Kosten zu machen. Der Plato bringt, scheint es, alles wieder ein; ja ich faße izt die Hofnung, Ihnen sogar einen Zuschuß von einem Verleger für die, aber blos auf Florenz gehende, Reise auszumitteln, wenn Sie mir einige Sicherheit darüber anweisen. Doch — wie gesagt — dies ist für izt blos eine behagliche Hofnung. Und dagegen sehe ich anderes für Sie hier im Finstern zubereiten, was andre Ihrer Erwartungen sehr teuschen möchte. Besonders muß der Ehrenmann mit dem abendlichen Rindfleisch und den millibus locis (die Ihnen vielleicht theuer werden) für sich und den guten prof. Eloq.[uentiae] (der noch immer von demo sein Perfect demi erhält) hier alles, was ich aus Wahl und Voraussicht leer ließ, mit Hülfe von ein paar Leuten der Section, in Beschlag genommen haben, auch durch seinen Schl[eiermache]r, der den Bißen, den ich wegwarf, begierig aufgriff und während meiner Reise, fast unbemerkt, in die Section (so eben wieder Departement genannt) einschlüpfte. Am meisten scheint der Wunsch gefaßt, Sie von mir zu trennen, d. h. an einen andern Ort zu senden. Deshalb bitte ich Sie um alle wesentlichen Worte Ihrer seitherigen Amts Bestimmung. Dann überlaßen Sie mir ruhig — und tiefschweigend über dies Vertraute — die Leitung der Sachen; auch auf den schlimmsten Fall solls Ihnen an sicherm Rath und Auswegen nicht fehlen. Beßer wäre freilich gewesen, Sie hätten vom Staat nichts anzunehmen nötig gehabt. — Hienächst bitte ich nun bald alle Ihre Paris. Arbeiten noch zu überrechnen, um den Punct Ihrer Abreise von da zu bestimmen. Frühe Anstalt muß zu allem gemacht werden, was gut gehen soll. — Von den neulich erwähnten 2 deutschen Orten könnte allein Wien für den Plato und auch sonst wünschenswerth seyn; doch nur, wenn Florenz nicht zu bereisen wäre. — Schon seit 6 Tagen lies ich am Apollonius drucken. Da aber das Nachgeschickte in die erstgesandten Varianten oft gehört, so muß nun eine andre Einrichtung des beinah fertigen ersten Bogens schnell gemacht werden, und das wird sich schon alles zu Ihrer Beruhigung ordnen laßen. Aber von den Correctionen, die hinter den Text nun kommen müßen, wünschte ich einige heraus. Mehrere erscheinen allzu gelegentlich, andere werden Sie gereuen, wie gleich die erste zum Thucyd. I, 11. Auch das ἐπὴν πρωτον in Odyss., das ich an einem Rande vorlange von mir beigeschrieben finde, hat einen großen Zweifel in dem ον̄ so vor dem Vocal p. Hier überall werden Sie mir also bald sagen, was Ihnen über die Anmerkungen lieb ist. Mir schien das beste, daß sie nebst dem ganz zur Sache Gehörenden blos bedeutendere, gewiße und nicht zu aufgedrungene Bemerkungen enthielten; und so ließen sie sich ja noch einrichten, ohne daß Ihnen die kleineren Sachen verloren gehen. Als Honorar haben Sie für den Bogen (und es können nah an 10, bei ziemlich großen Drucke, werden) 10 rthlr Gold zu erwarten, da ich Buttm.[ann] leicht bewogen, neben mir noch eine Revision, in publica commoda, ohne die gewöhnliche Gebühr zu übernehmen. Nur als ein besonderes lat. Stück des Musei lies es sich geben, und Reimer sich so hoch treiben. Gezahlt soll — auf jeden Fall der Druckvollendung — dies Geld den 1sten May werden. Hierauf rechnen Sie also. Dagegen habe ich das neue hiesige Jahrgeld (wovon die Abzüge immer toller werden) seit Jan. liegen laßen, da sie in vorigem J.[ahr] eine nicht ganz unbedeutende Hockerei machten. Ueberdies wird das Geld, höre ich, jezt etwas wohlfeiler, und rückt von 9—10 Pro C.[ent] auf 7. herab. Doch so weit von diesen Sächelchen.

Das Wichtigste ist jezt der möglichst vollständige Besitz der dortigen Platonica, wozu aber durchaus eine Ueberrechnung der Zeit gehört, und dies bald und für dortige Augen unmerklich. — Sollte ich nicht schon von Apol. Socr., Menexen. und Phaedrus neulich gesagt haben, so bitte ich, wenigstens (auf jeden Fall) diese zuerst in allen Codd. zu vergleichen. Auch zu diesen liegen in dem häßlichsten meiner Sommer gemachte lat. Uebersetzungen da; und so möchte ich schnell den Anfang in jener Ordnung neben dem Sympos. machen. — Der Plan selbst kann auf vielfache Art modificirt werden. zEx. 1) wollen Sie gleich, als Editor, neben mir auf dem Titel stehn, (wenn wir gut finden, sogleich Opera anzukündigen) wobei sich dann doch jeder bei dem Dialog nennt, den er für sich übernimmt — ? oder 2) treten wir anfänglich schweigend über den Plan des Ganzen nur mit einzelnen Dialogen auf, die aber verrathen, daß wir den vollständigen Apparat haben? 3) übernähmen Sie wol am Ende, bei Ruhe und Muße, ein Lex.[icon] Graecitat.[is] Platonicae, worein Sie denn, nebst beßerm, die vielen bisherigen Phrasen-Jagden beizubringen Pflichtgedrungen wären — eine nicht üble Arbeit neben einer ähnlichen, die Sie doch bei den Rednern machen müßen. Über dies und Anderes müßen Sie sich frank und bald und sicher erklären. Hieneben ist, wenn Sie in meiner Nähe bleiben können, eine Societas litterar. schon so gut als organisirt, um manches nützliche Buch zu drucken — und habe ich die Sache nur erst eingeleitet, so überlaße ich sie Ihnen gern weiterhin ganz, und hoffe schon auch den Verleger dazu zu bewegen.

Sie sehen, mein Bester, man ist hier (bei einer sonst meist widrigen Umgebung) nicht unthätig — indem man von naher Thätigkeit träumt. Auch laße ich wirklich selbst seit einiger Zeit drucken, und nicht blos andere Leute. Davon ein andermal etwa. Izt noch anderes Dringenderes. — Was Sie in ein kurzes praefamen zum Apollonius wünschen, stand ungefähr grade so schon in meinem Sinn, auch das Compliment an die liberalen Bibliothekare, wenngleich namentlicher Dank zudringlich wäre. Anderes außer Ihr Lob wird mir etwas schwer werden, da ich solche Bevorredung von jeher aversirte. Izt wünschte sie außer Ihnen auch der Sosius. — Könnten Sie Larcher nicht bald sagen, daß ich ihm vor einem halben Jahre zum 2ten male schriftlich für den empfangnen Herod.[ot] gedankt? und daß ich ein paar seiner Abhandlungen in den letzten Voll. der Mémoires de l'Ac.[adémie] d.[es] Inscriptions mit Vergnügen über das viele Schöne und die unverwüstliche Jugendkraft eben gelesen. — Wie stehts denn aber eigentlich mit Clavier Pausan? Was mag er denn fertig haben? und wie viele Codd. hat er verglichen? — Für den kritischen Apparat mit seinen Bemerkungen über den Text ihm sogleich ein paar 100 rthlr zu schaffen und den baldigen Anfang eines Drucks solch eines neuen Textes, sollte mir nicht schwer werden. Aber eine lat. Version darf durchaus auch da nicht fehlen. Haben Sie einen gewißen Fuß dort kennen lernen, der sich mein Zuhörer nennen soll? Wie ists mit ihm? und mit einem gewißen Koreff, Uebers.[etzer] des Tibull. Für diesen möchte ich ihm meinen freundlichsten Gruß wol gesagt wünschen. Nur hätte er auch Voß' gute kritische Ansicht der ganzen Sammlung vorher wißen sollen. — Daß Hase selbst etwas vergleiche, wie früher, daran ist izt wol nicht zu denken? — Wie macht izt Seguier? sehen Sie ihn noch zuweilen? und Coray? Von diesem erhalte ich unlängst seinen (seltsamen) Aesopus, und so immer jedes seiner schnellen Bücher, für 3 gr. an einen Bothen hier. Wie mag der Mann dergl. senden? Möchten Sie ihn doch, mit meinen besten Dank, wegen künft.[iger] größerer Sendungen, darum fragen? und liessen sich wol bedeutende Papiere sicher in solche Bücher stecken? — Sehen Sie Gail, Levesque? Der letztre ist mir nebst Chard.[on] de la Roch.[ette] besonders wichtig. Sehn Sie Bast noch nicht? und Boisson.[ade]? Was meinen Sie, wenn ich Bast einmal wieder schriebe, freilich nur ὡς ἐν παρόδῳ? Nun noch: kann man über Paris izt gut und oft nach England correspondiren und erhält man dort engl. Bücher? — Dies, mein Lieber, heißt endlich viel schreiben, wenigstens viel fragen; und noch habe ich 10 mal so viel für andermal.

Leben Sie wohl, recht wohl.

W.

Auf einem kleinen Blättchen Buttmann ein Wort des Dankes zu sagen, wird nicht schaden.

23. Bekker an Wolf

[Paris] 8 März 1811.

— — — Die Anordnung der Ausgabe überlasse ich natürlich Ihnen. Doch gestehe ich, daß es mir sowohl Ihrer würdiger als zur Unterdrückung feindlicher Wagnisse förderlicher scheint, mit Ankündigung der sämmtlichen Werke einzuschreiten. Meinen Namen dem Ihrigen beizugesellen wäre mir freilich zwiefach willkommen unter den Umständen, auf die Sie ein so düsteres Licht werfen: aber auch diesen Wunsch sehe ich ohne Murren unerfüllt, wenn Sie es schicklich erachten. Mit gleicher Resignation befehle ich meine Apolloniana in Ihre Hände, um so mehr als die fremdartigen Hariolationen hinter dem Texte noch viel seltsamer figuriren würden als unter demselben. Zum Lex.[icon] Platon.[icum] wage ich mich noch nicht anheischig zu machen; aber wäre es möglich in Berlin eine anständige Stelle zu erhalten, d. h. eine ordentliche Professur, so fände sich auch wohl dazu Muße und, in Ihrer Nähe, Lust.

Was mir über meine Anstellung zugefertigt worden, will ich in Berlin suchen lassen und Ihnen, wofern es gefunden wird, ins Haus schicken. Eine gehörige Bestallung habe ich nicht. Überhaupt ist meine Berliner Existenz, die ich doch mit keiner andern vertauschen möchte, so schlecht begründet und so vielfach bedroht, daß ich Sie nicht ohne große Besorgniss ausgeschieden sehe aus der Verwaltung der Universität. Doch werden Sie auch privatus Ihren letzten Schüler zu beschützen wissen.

Für die Florentiner Reise weiß ich keine Sicherheit zu geben als das ehrlich gemeinte Versprechen abzureisen, sobald ich Geld und Urlaub erhalte, was zu Anfang Septembers geschehn müste, und dort zu arbeiten, so viel die Zugänglichkeit oder Unzugänglichkeit der Bibliothek erlauben wird. Des Geldes aber dürfte nicht allzu wenig sein: ich kann mich leicht daheim einschränken, aber in der Fremde schwerlich mehr als ich schon hier gethan, wo mein Leben, im Durchschnitt, nichts weniger als genußreich ist.

Herrn Buttmann mit Worten zu danken bitte ich Sie: mit der That könnte ich es, wenn er mir Stellen in seinem Aratus auszeichnete, wie ich ihn schon durch Spalding gebeten habe. — Hase steht sich zu gut und lebt außer den Bibliothekstunden zu zerstreut, als daß er sich selbst mit Collationen befassen sollte. — Séguier ist ein vollkommen guter Mensch: wohnte er in Paris, so wäre ich des grösten Theils meiner Sorgen entbunden. Ich habe die sechs Wochen Bibliotheksferien bei ihm zugebracht, und muss vielleicht bald wieder zu ihm flüchten. — An Eichstädt habe ich eine Anzeige der Schrift von Hase geschickt, die ich zu Anfang meines A.[pollonius] citire: hat er noch immer nicht gezahlt? Die Rückstände sind zum Theil drei Jahr alt, und ich hoffe nahe an hundert Thaler, da ich aus den — ganz und gar vergessenen — millibus locis sehe, daß meine Corayana erschienen sind. — Auf Ihre übrigen Fragen, sobald ich kann. Fuß hofmeistert auf dem Lande.

Leben Sie wohl, mein theurer und verehrter Freund, und wirken Sie für mich, wie ich Ihnen mit treuer Anhänglichkeit ergeben bleibe.

506a. Wolf an Bekker

B.[erlin] den 29 Mz, 11.

Außer der Beruhigung, daß sicher alle Ihre Sendungen seither an mich gelangt sind und daß die Apolloniana im b e s t e n (was hier so heißt) Abdruck fortschreiten, hoffe ich Ihnen endlich heute noch alles, was Sie sonst erwarten, zuzufertigen. Daß ichs nicht früher gethan, muß Sie nicht wundern; Sie haben gewis gemerkt, daß ich Sie in der ganzen ersten Zeit gänzlich Ihren eignen Planen überlaßen wollte, und es hat mich verdroßen, daß Ihnen andere mit diesem und jenem, sogar mit Winkelmannischen MSS., die Zeit haben beengen wollen. Sie müßen hieraus sehen, daß nur das, was Ihnen nützlich wäre, mir zunächst am Herzen lag — und so ists auch jezt noch. Nur so fern Sie am Plato Antheil nehmen sollen und müßen, muthe ich Ihnen auch diese Vergleichung erst jezt zu. Doch vorher von Anderm.

Was Sie eine verschleierte Zukunft nennen, besteht hierin. Als ich zuletzt Humboldts Nachfolger, Schuckmann, sehr vertraulich sprach, und er mir von dem Plane sagte, Frankfurt a/O bald nach Breslau zu verlegen, that er auch schon als ob es sich dann wol von selbst verstände, daß Sie auf diese neue Universität geschickt würden. Ich merkte wohl, aus welchen Sümpfen ihm dieser Gedanke angeweht war (der mir damals äußerst widrig erschien), aber um so weniger lies ich mir sogleich Misfallen merken. Jezt weiß ich aber vollends nicht, was ich dabei empfinden soll. Zwar fand ich Sch[uckman]n bei einem ganz neuerlichen Gespräche bereit zu allem, was ich Ihretwegen und wegen B[öck]h und H[eindor]f in Zukunft wünschen würde — da durchaus einer oder ein paar von hier aus nach Br.[eslau] wandern müßen — und ich fand, es möchte mir nicht schwer werden, Sie mir näher zu erhalten: allein dagegen kommen jezt (seit kurzem) mir ganz andre Betrachtungen. Noch dieß laufende Jahr scheint mir schwanger an großen Dingen und ich zweifle, ob man bald hier oder in Br.[eslau] lieber und sicherer seyn möchte. Ohnehin sind doch in Br.[eslau] gar mehr Bücher und selbst Handschriften als hier. Fürs erste also, beruhigen Sie sich nur und wünschen mit mir, daß nicht Umstände eintreten, die Sie gegen den Herbst von dort zurückzugehen nöthigen mögen. Bleibt alles in jetziger Ordnung, so gebe ich Ihnen mein Wort, daß ich die Reise noch um 1/2 J.[ahr] werde verlängern können.

Zunächst Ihre Geldsachen betreffend, bitte ich Sie nochmals mir frühzeitig zu sagen, was Sie von dem Einlaufenden brauchen und wann? Noch hat Eichst.[ädt] nichts geschickt; aber nochmals werd ich es ihm als dringend schildern, so ungern ich ihm schreibe. Auch müsten Sie zuerst einen Plan in Absicht der Kosten einer Reise nach Flor.[enz] (eventualiter) machen, worüber Sie in P.[aris] eher als ich hier Nachrichten über das Nothwendige einziehen können. Zu mehr als etwa 800 rthlr bringe ich schwerlich einen der Buchhändler und auch nur, wenn Sie ihm für Ihre Redner und anders zugleich bestimmte Anträge, auf einen besondern Blatte, thun. Sie werden aber unter den itzigen Umständen nicht über 8 rthlr in Gold p.[ro] Bogen fordern dürfen: wären Sie dann mit diesem Einen Plane in Ordnung, so wäre auch sonst hier wegen Abwehrung fremder Concurrenz früher etwas zu thun. Doch dies ist nicht genug, da wir auf andre menschliche Fälle Rücksicht nehmen müßen: Gegen jene Summe müsten Sie auf einen Todesfall diese und jene dort gesammelte Sachen dem Anleiher verschreiben; und könnte nicht darunter auch Apollonius de Synt.[axi] seyn? Ja, könnten Sie ihm nicht diese Edition zugleich mit den Rednern und auf gleiche Bedingung anbieten? — Wundern Sie sich übrigens nicht über meine Furchtsamkeit; diese ist das Resultat der ersten neulich mit Nauck Ihretwegen gepflogenen Unterhandlungen.

Izt hören Sie nun vom Plato. Hinten am neuen Gregor.[ius] de Dial.[ectis] hat der Buchkrämer Weigel in Leipzig publice die Opera Platonis vor etlichen Wochen angekündigt, als von ihm den viris idoneis, Heind[orf] et Böckh, übertragen, ganz nach dem Plane, wie ich ihn zuweilen ao 7. und 8 hier laut vor H[eindor]f, als von mir immer noch vorgesetzt, ausgesprochen hatte. „Ostern XII. solle der erste Band für den Spottpreis eines Laubrthlr kommen.“ Da ich, wie Sie wohl wißen, in der Welt mehr zu thun gehabt, so würde ich auch dieß ruhig ansehn; nur verdrießt mich die Art, nicht sowohl auf den B.[öckh] als H[eindor]f. Dieser arme Teufel weiß indeß nicht, wodurch er inclaresciren soll, und so muß es ihm auch verziehen seyn. Nun kommt dazu noch meine seit Ihrer Abreise fast wankendere Gesundheit, die durch große Familien Leiden ganz zerrüttet wird. (Sie sind, mein Lieber, beinah der einzige, an deßen Thun und Treiben ich jezt Freude habe. Diese laßen Sie mir ja auch in der Folge zu gut kommen.) Was ist nun zu thun? gesetzt daß alle Platonica von jezt an dort zu Ihrem Gebrauch ungestört liegen und nicht, wie ich fast gewiß bin, von B[a]st und Boisson.[ade] schon für W[eige]l verglichen wird. Fürs erste keine Ankündigung, sondern ein Überfallen von etlichen fertigen Stücken, die meist schon lange bei mir lagen — und mit den, Sie können es denken, gar nicht leichten lateinischen Uebersetzungen. Können binnen 1 Jahre von heut nur 5, 6 solche Dial. gedruckt seyn, so möchte ein andrer Plan schwerlich ausführbar seyn; wären Sie izt schon hier, und mit allem Vorrath, dann gewiß gar nicht. Jenes hoffe ich jedoch allein leisten zu können, wenn ich nicht in größere anhaltende Krankheit sinke, und der Unmuth über das elende Treiben in dieser zerfallenen Welt mich noch thätig seyn läßt. Bei dieser Unbestimmtheit bitte ich Sie jezt blos, ein 6 Wochen an das erste deßen, was auf dem kleinen Zettelchen steht, rüstig zu gehen — habe ich zu 6—8 Stücken allen Vorrath, dann sieht man, was sich weiter thun läßt, und hört dies und jenes vermuthlich, was den Verfolg leitet. Unterdeß sagen Sie mir, welche Diall. am liebsten Sie gleich nach der Rückkehr übernehmen möchten. De Republ. und Legg. wünsche ich von meiner Seite ganz in Ihre Hände. Auch soll früh genug, (sobald man sieht, daß es nicht in den Wind geschieht,) Ihr Name als Socius genannt werden. Jezt habe ich mit Nauk, der zum Verlag bereit ist, alle Verabredungen auf tiefes Schweigen gemacht. Nun denken Sie aber: kaum weiß ich noch, wie der Druck, der im Juni angehn sollte, zu machen und wo? Die schändlichen Lettern der besten hiesigen Officinen kennen Sie, zumal die kleinern. Nun habe ich zwar bei den Behörden neulich ausgemacht, daß fremde Typen endlich ins Preuß.[ische] kommen dürfen; allein schwerlich werden die bereits wirklich bestellten so früh zum Gebrauch da seyn. Dies und anderes mit Verlag pp ist hier sehr lästig, und wie setzen die Menschen! Um Ihren Apollonius jezt ganz fehlerfrei zu geben, lerne ich an 3maligem Corrigiren jedes Bogens, was Corr.[igiren] ist, zuerst; auch eine Zwischen-Corr.[ektur] von B[utt]mann läßt immer viel übrig; und der tolle Mensch möchte gern oft, zB. in Trennungen das Rechte verderben: denn vermuthlich wird er noch ἀντ-ωνυμ. theilen und σκλήφρ' — s. w. Daß die Varianten und Noten hinter den Text müßen, war gar nicht zu ändern; soll ich aber meine Meinung offen sagen, lieber hätte ich gewünscht, Sie hätten in diesem Fascic.[ulus] nur den Text gegeben, Ihren Text, und dann nach nochmaliger schneller Uebersicht der Notulae im nächsten diese und vielleicht etwas vollständiger. — Mit Hülfe der preuß. Gesandschaft können Sie ja leicht dergl. herschicken, da Krusemark sehr gefällig ist. — Schon der Text aus dem so vitiösen und unlesbarem Codex so gegeben, soll Ihnen Ehre machen; dafür würde ich sorgen und da Sie so lange gezögert haben, mit Ihrem Namen hervorzugehn, warum nicht noch etwas länger? Ueberlegen Sie kurz und gut: in 3 Wochen bedarf ich Gewisheit; wiewohl in 7 oder 8 kaum erst das Ganze fertig wird, das sich in so großen Lettern sperrt und 6—7malige Correcturen leiden muß, weil nur der dümmste Setzer übrig war. Sind indeß beim Plato jene Druckschwierigkeiten besiegt, so möchte ich zuerst geben: Euth.[yphro] Apol. Crit. Phaedo, Sympos. Phaedr. Cratylus, Menexen. auf jeden Fall zunächst jenen 7: Dies und in dieser Folge bitte ich Sie nach dem Zettel noch als Final-Entschluß anzusehen, und wo möglich hiezu mich mit allem zu versehen. — Wegen Florenz noch ein Wort.

Vergeßen Sie ja nicht, daß Sie (sobald die Sache angehn kann) von dort — etwa durch einen Freund — anfragen laßen über Zugangbarkeit jener Codd. Dieß ist j a nöthig. — Dem guten Seguier empfehlen Sie mein Andenken bestens. Was hab' ich einmal hier — wie auf der Strasse — von einem Bücherkaufe, den er für mich gemacht, gehört! Von einem Etymol.[ogicum] M.[agnum]?

So eben seh ich eine Recension von Hase erschienen: es ist doch die, die mit den von Ruhnken gebrauchten D r a c o n anfängt? Flüchtig überblickend aber las ich nichts von Apollonius *π.[ερὶ] αντωνυμ.[ίας]*.

Noch Eins: Sie thun mir einen Gefallen, wenn Sie mir s o g l e i c h das (ich meyne) 42ste Vol. der Memoires de l' Ac. d e s I n s c r i p t t. in 4to baar kaufen und mit dem gewöhnlichen, aber raschen, Buchhändler-Wege zuschicken, d e n j e n i g e n n u r, wo Ste Croix über den Scylax steht. Es kann auch der 43ste B.[and] seyn; kaum ist Zeit übrig, darüber Papiere nachzusehen.

Endlich muß ich meinen wilden Brief endigen, der mir sauer geworden ist, da ich an Kopfschmerzen sehr leide.

Humboldt geht ja wol von dort bald nach Wien? Laßen Sie diese Bekanntschaft für sich nicht unfruchtbar seyn, und da ich dem andern gar nicht schreibe, so suchen Sie selbst noch durch jenen auf diesen zu wirken.

Iezt, Lieber, herzl. Lieber, leben Sie wohl.

W.

Die beiden Sachen hat der Schwager gebracht. Sie sind so bestimmt und gut, als damals und auch jezt irgend ein Angestellter sie bekommen.

24. Bekker an Wolf

Paris 26 April 1811.

— — — Ihre Vorsorge für meine Zukunft erkenne ich mit herzlichem Danke. Solange Berlin Preußisch bleibt und Sie in Berlin, mag ich freilich nirgendanders leben: sonst lieber in Br.[eslau] als in Königsberg. Aber das wünschenswertheste scheint sich auf Ein oder, wo möglich, einige Jahre Unabhängigkeit zu sichern. Und in dieser Rücksicht wären die Anträge Ihres Verlegers höchst willkommen. Was ich geben kann (Demosthenes, Aeschines, Apollonius, einen ziemlichen Quartband Anecdota, vornehmlich aus dem berühmten Codex Sangermanensis) gebe ich mit Freuden, selbst auf die mäßigen Bedingungen, die Sie vorschlagen; wofern er nur unverzüglich druckt und zahlt. Ja ich möchte Sie bitten, wenn das angeht, für mich abzuschließen, oder doch ihn zu veranlassen, daß er mir ohne weiters den Contrakt zur Unterschrift herschickte: nachdem Sie ihn natürlich annehmbar gefunden hätten.

Die Reise nach Fl.[orenz] möchte ich mit 800 rthlr Zuschuss dreist unternehmen. Aber da nun doch schon zwei Monate für den Plato halb verloren sind, so erlauben Sie mir erst nach weitern Erfahrungen zu entscheiden, ob nützlicher sei, die Verlängerung des Urlaubs, die Sie versprechen, hier zu benutzen, wo ich nach und nach einheimisch werde, oder dort, wo ich kaum aufhören könnte fremd zu sein. Ein anderes wäre es, wenn ich statt über 6 Monate über ein Jahr zu disponiren hätte. Daß mir die Reise so angenehm wäre wie ein zweiter Winter in Paris widrig und fürchterlich, das kommt nicht in Anschlag.

Die Anmerkungen zum Apollonius sehe ich weit lieber ungedruckt als in ihrer jetzigen Gestalt gedruckt. Nur kann ich ihnen jetzt auch keine andere geben, sondern nur wünschen, daß alles, was die Textesconstitution unmittelbar angeht, hinten angehängt werde.

— — — Clavier hat mir auf eine schriftliche Anfrage um seinen Pausanias nicht geantwortet. Larcher fragt aufs neue nach dem Orion; er wünsche ihn gedruckt, bevor er stürbe, und hat nicht Zeit zu warten. Séguier empfiehlt sich Ihnen; nicht verkaufen will er das Etym.[ologicum] M.[agnum], sondern so bald ich ihm sagte, daß Sie nur ein geborgtes Exemplar hätten, fand er billig Ihnen eines von seinen zwei abzutreten. Es ist ein gar lieber Mann; vielleicht bringe ich ihn mit nach Deutschland. Eichstädt verspricht in der Ostermesse zu zahlen; hält er Wort, und Reimer desgleichen, so bitte ich Sie, mir gegen Ende Mais 300 rthlr zu schicken. So viel, denke ich, wird dann zusammen sein, und so viel brauche ich gut und gerne.

Leben Sie wohl, mein verehrter und geliebter Freund, und trachten Sie gesund zu bleiben und heiter. Ich selbst bin eben krank, aber das wird hoffentlich überstanden sein, wenn ich Ihre Antwort erhalte. Möchten Sie mir den Anfang des Druckes anzuzeigen haben, wenn auch nur als nah und unabänderlich.

Ihr

AEB.

510a. Wolf an Bekker

B.[erlin] 22 May 11.

Hier, mein Lieber, was Sie zunächst wünschten. Des Geldes soll b a l d etwas mehr werden. Reimer hat zahlen m ü ß e n , da er eben zur Meße entlaufen wollte, und Eichstädt hat s o g e n a n n t e 81 rthlr gestern geschickt: es waren aber beim billigsten Banquier nur 79, da mancherlei sehr unbekanntes Metall, doch von gelber Farbe, unterlief. Das soll ein homo sordidiss.[imus] seyn. Begleite der Himmel die Anweisungen rasch, damit Ihr Juni beßer sei als jener Wintermonat. — Der Druck des Plato soll i n 6 Wochen angehn. Wir wollen sehen, wie lange man neben ein paar Stunden Lesen, was ich thue, mit den Kräften so allein ausreicht. Verlaßen Sie sich übrigens hierauf, wie ich mich auf Ihr Versprechen. — Clavier ist nicht bei Trost; er meint, ich könne ihm für s.[einen] Pausanias über ein paar 1000 rthlr in Deutschland schaffen. Sagen Sie ihm doch vorläufig, wir Hiesigen bekämen izt nicht das D r i t t e i l seiner Forderung. Er beklagt sich über Ihre seltenen Besuche. — Wie könnt' ich jezt an den armsel.[igen] Orion denken? Das sehen Sie selbst. Von Ihren Planen für Nauk wünsche ich b a l d zu erfahren, was Sie ihm z u e r s t geben könnten. Doch nicht schon von der Reise?? Dies müste etwas g a n z F e r t i g e s seyn, fertig von Alters her. — Nach Italien wünsche ich Sie noch sehr wegen des Plato, und ich gedenke alles so einzurichten, daß Sie g r a d e zu Michael erst ([18]12.) zurückkehren können, Ihnen auch neues Geld vom König zu verschaffen neben der längern Permißion. — (Heindorf m u ß zu Michael jezt nach Breslau gehn mit dem alten Schneider.) Hierauf gründen Sie mir doch nun einen festen Plan, u n d b a l d; ziehn ja auch alle möglichen Erkundigungen wegen Florenz ein. Auch vergeßen Sie nicht, mir noch auf allerlei Fragen von neulich zu antworten. — Zunächst noch die verlangten Nummern m e i n e r Plat. Codd. Bei der Bestimmung der zuerst und nachher zu vergleichenden muß es bleiben, b l o s darum bitte ich j e z t, mir bald M e n e x e n u s s e zu schicken, besonders die Ihnen eben in andern Codd. vorkommen. Unweit des Anfangs sehe ich in Ihrem Exemplar, daß zu Steph.[anus] p. 238. C. gezeichnet ist, *καὶ νῦν αϱιστ.[οκϱατία]* solle fehlen. Dies ist eine glückl. wahre Bemerkung, die ich so eben mit Ihrem Lobe öffentlich gerühmt habe. Aber wie ists? Im Apollon. n o v. bei I h n e n pag. 29, wo steht *πϱώτον γὰϱ καθεστὸς* auf *ϱ̔ῆμα*. Hat dort der Cod. und sahen Sie anderswo dies *ϛὸ* im Neutro für *ως*? Oder soll ich einen Zusatz in den notulis einfügen? Leider hat während der Meße der Drucker quiescirt, da er doch nicht fertig Werdens sah. — Entstehn Ihnen ähnliche Bemerkungen zum Plato oder Conjekturen, wie oben, so zeichnen Sie mir diese ja noch mit auf, auch für Diall., die Ihnen nicht ganz verbleiben. An den Phädo komme ich kaum in 12 Wochen. Die Apologie soll Menexenus apart begleiten. Der mercantilen Bequemlichkeit wegen muß ich manchen Seitensprung machen. Horchen Sie dabei doch, ob nicht gar Weigel schon die Varianten l ä n g s t hat: von einem Theile möcht' ichs glauben.

Die Hitze ist hier, wie im heißen Julius, unerträglich. — Wo bleibt das bestellte Buch? und wie könnten Sie eines dagegen von Leipzig ziehen? Durch welche Gelegenheit?

Ganz der Ihrige

Könnten Sie dem quartanten nicht Gail's livr.[aison] 1. Thucyd. beischließen? Sonst bleibt mir ja das Wesen defect.

25. Bekker an Wolf

Paris 4 Juni 1811.

Ich danke Ihnen, Verehrtester, für Ihre gütige Bemühung. Leider kann ich die z w e i - hundert Thl erst in drei Wochen haben, wo dann die Eine Hälfte nicht mehr mein sein wird, und die andre, durch einige größere Ausgaben auf das Viertel geschmelzt, kaum einen Monat zur täglichen Nothdurft hinreichen. So sehe ich, fast noch in Verlegenheit, schon neue Verlegenheit voraus, und keinen Ausweg als, zu großem Nachtheil meiner Arbeit, auf längere Zeit nach Beauvais zu ziehn. Den wünschenswerthern und erwünschtern, in H[eindorf]'s Stelle und Gehalt, darf ich kaum hoffen, da Sie mir des Mannes Abtritt so schlechtweg melden, ohne die Anwendung auf mich, die mir, ich gestehe es, nicht ganz unnatürlich schien.

Meine Collation rückt langsamer vorwärts, als ich in erster Freudigkeit erwartete. — — — Auch habe ich Zeit verloren über der Ungewißheit, in der Sie mich anfangs ließen. — — — Doch würde sich alles geben und finden, hätte ich nur einiges Geld mehr und einige Sicherheit für die Zukunft: auf bloße Hoffnung läßt sich ja nicht einmal ein Plan bauen.

Nach Italien gehe ich herzlich gern, wenn Urlaub bis Michaelis 1812 zu erlangen ist. Sonst wäre wohl gerathener, den Winter hier zuzubringen: an Arbeit, selbst Platonischer, würde es nicht fehlen. — — — Muß ich um den Urlaub selbst schreiben? und wohin? und wie? Oder darf ich auch den von Ihrer Vermittlung erwarten? Wäre es nur möglich bald Entscheidung zu haben. — Von dem Plan Ihrer Ausgabe verstehe ich noch so viel als gar nichts. Was Sie zuerst geben, erscheint das als erster Band? — Daß Sie auf meine Randschriften einen Blick werfen, ist unverdiente Ehre. Entstanden bei der allerersten Lesung sind sie mir längst aus dem Gedächtniss. — *καϑεστὸς* im Neutrum ist in den ältesten Manuskripten durchaus die gewöhnliche Form, gerade wie *τύπτει, ἑωϱάκη, βασιλῆς,* und auch eben so gewöhnlich von zweiter Hand geändert in *κυϑεστὼς.* Also auch wol im Apollonius nicht Schreibfehler, wiewol ich nicht nachsehn mag. — Die letzten Bände der verlangten Memoiren sind schwer zu haben, und gerade jetzt selbst in der Verlagshandlung nicht vorräthig. Könnte Ihnen mit einem Auszug gedient sein, so verspricht mir Séguier ein Exemplar zu schaffen. — Clavier habe ich noch nicht sprechen können; ich komme dem Mann fast immer zu unrechter Zeit. — N a u k zu geben habe ich nichts von hier aus; in Berlin könnte ich sehr bald den Apollonius zurichten, zu dem ich meinen Apparat als vollständig ansehn darf. Lassen Sie sich den eben erscheinenden nochmals empfohlen sein. Und so mich selber.

AEB.

512a. Wolf an Bekker

B.[erlin] den 21 Jun. 11.

Hiebei auch das Uebrige hier gesammelte, vielleicht etwas mehr: denn ich kann heute nicht rechnen. Ueberhaupt ladet Ihre letzte Antwort nur zu dem Nothwendigsten ein. — Wenn ich H[eindor]fs Weggehn s o s c h l e c h t w e g meldete, so war es doch nicht mit schlechter Mühe von meiner Seite erreicht worden: denn niemand als Sie sollte dorthin, und b e s t i m m t um die Zeit, wo der Urlaub ausgeht. Jenes war blos geheime Gefälligkeit Schuckmann's gegen mich, dem ich von unserm Verhältniß offen sagte. Was Ihnen aber nun sogleich n i c h t u n n a t ü r l i c h erscheint, ohne daß Sie sonst jemand als mich sorgen laßen, scheint wol Manchen hier das Gegentheil. Unter diesen, fürchte ich sogar, sind mehre, die ich sonst für Ihre Freunde hielt. Aber Sie sehn ja wol ein, was außer Anderm lange Entfernung und Unterbrechung aller Verhältniße vermag; überdas hat das neue B.[erlin] viele recht sehr schlechte Menschen. Einer der schlechtesten ist H[eindor]f, der wenigstens durch seinen S[chleiermache]r und den ehmaligen Schulcollegen S[üv]ern und noch andre wirkt, was möglich ist. Dabei verstand sich indeß wol, ohne mein Sagen, daß ich eben das schon damals und weiterhin eifrig betrieb, was Ihnen natürlich schien. Indeß hat H[eindor]f selbst durch Hardenberg, gegen Sch[uckman]n's Willen, hier zu bleiben gestrebt, und noch ist nichts ganz entschieden. Auf jeden Fall aber müßen freilich Sie s o g l e i c h an Schuckmann, Geh. Staats R.[at] und Chef des h.[ohen] Departements des Cultus und öffentlichen Unt.[errichts], oder lieber z u g l e i c h an das Depart. (weiland, Section) schreiben und um H[eindor]fs seitherigen Gehalt und um ganze ord.[entliche] Lehrstelle bitten — doch zugleich mit noch 1 Jahre Aufschub der Heimkehr. Letztres, ohne Italien zu nennen — desto mehr von den wichtigen Motiven des längern Bleibens und von den großen Verlegenheiten, in die Sie eine zu kleine (den Berlinern für Nichtsthun, wie sie meinen, sehr große) Unterstützung setzt. Ein Gedanke würde dabei nicht übel seyn, wenn Sie an H[eindor]f, außer andern (an sein Urtheil, mein ich), verwiesen wegen der Würdigkeit sein Nachfolger zu werden. Diesen ganzen Brief so zweckmäßig als möglich einzurichten, wird nothwendig seyn; er wird auch dem H[ardenber]g vorgelegt, und unterstützt soll er kräftig von dem werden, der seither allein Ihre Vortheile stets in den Augen hatte — oder wißen Sie noch jemand? Ich wünschte es.

Noch ist zu bemerken, daß anfangs Schneider auch nach Br.[eslau] gehn sollte, da H[eindor]f keine öffentlichen Schriften übernehmen wollte; jetzt aber, da vor 14 Tagen Spalding plötzlich gestorben ist (ganz schlechtweg, in 1 Minute gesund und todt) gehn gewiße Leute damit um, ihn bei der Acad. d.[es] Sciences zum Secr.[étaire] perpetuel zu machen. Noch seh ich ihn indeß nicht hier, und also auch H[eindor]f wahrscheinlich zu Michael in Br.[eslau]; um so mehr, wenn Schn.[eider] gar in Frankfurt bleiben sollte, was auch noch möglich ist. Der Zustand des Schwankens erstreckt sich hier auf Alles.

In 3 Wochen spätestens wird doch noch der Apollonius fertig; und die Noten werden in der Gestalt, wie ich Sie zu Ihrer Zufriedenheit eben mit eigener Hand zusammen tragen muß, auch für Andere recht gut aussehn. Die nämlichen großen Lettern müßen nur gebraucht werden, da die kleinen jezt völlig elend sind. Aber eine Hauptsache: wollen Sie im Nominativ -kerus oder, latein. genug, -ker heißen? Darüber ja gleich mit umgehender Post. — Zugleich sagen Sie mir, ob die letzten 200 rtlr ebenso hoch auf Frcs berechnet sind als die jetzigen? und wie denn Sie 3 Wochen warten sollten? Letztres versteh ich gar nicht.

Nach Beauvais zu gehn, ohne Codd., wäre ja schrecklicher Zeitverlust. Eben so gut könnten Sie ja lieber bälder hieher gehn. — Wie Sie durch mein anfängliches Schweigen Zeit verloren haben können, begreife ich auch nicht. In den vor mir liegenden Briefen sagten Sie ja deutlich, noch ein paar Monate brauchten Sie erst durchaus zu Ihren Grammatt. Ueberdem durften Sie ja nur inzwischen den besten Cod. der Republ. nehmen; daß ich keinen solchen hatte, wusten Sie, und der hätte eine Zeit vorgehalten. Auf Ihre itzigen Fragen das Nöthige: wenn Sie den Plan der von mir mit Zutritt von Ihnen zu übernehmenden Ausgabe des Plato aus den Briefen nicht genug ersehen, so müßen Sie 3 oder 6 Fragen bestimmt an mich thun, die ich dann sogleich beantworte. Die Antwort auf die letzte ist diese: Die 4 oder 5 Diall., die ich zuerst geben will, von vorn Euth . . . Phaedo und noch Einer — sollen wirklich als 1ster B.[and] erscheinen. Dagegen muß ich fragen: Werden Sie, wenn ich höchstens 10—12 Diall. fertig habe, eintreten wollen, und auch allein als lateinischer Uebersetzer? Darauf muß ich ja zugleich Antwort erhalten. Wie könnte ich, theils Kranker, theils in seiner Muße schrecklich durch wunderl. geheime Arbeiten (wovon mündlich) beengter Mann, der zB. eben 1½ ganze Monate verlor — eine öffentliche Ankündigung anders als mit Vol. 1. selbst machen, zumal da mir es ebenso, wie Schwetschke, mit Ihnen gehen könnte. Was ich also rathe für die 4 nächsten Monate ist dies: Da Ihnen die Academie hier gar keine Aufträge nach Humboldts Absicht zu geben geneigt scheint, so beschäftigen Sie sich immerhin noch bis zu meiner nächsten Bestimmung mit den Platon. Codd. In der ZwischenZeit schreiben Sie aber auch Nauk und thun ihm auf den Fall Ihres längeren Ausbleibens Anträge. So wünscht er es, und freilich natürlich. Mit Büchern aber, wie die Redner, scheint er in dieser heillosen Zeit und nach der scheußlichsten Meße — nichts sobald zu thun haben zu wollen: Griech. Grammatt. werden ihn auch nicht reitzen; aber dagegen manches Andre, was Sie einst bald machen können und wozu Sie sich unbestimmt erbieten dürfen. Für so etwas, zumal Schulautoren, giebt er auch gern mehr, als er neulich mit Mühe bot. Ueberall scheinen Sie keine Idee von der itzigen hiesigen und überhaupt Deutschen Erbärmlichkeit zu haben. Von Pariser Collationen habe ich n i c h t s als was der neuliche Zettel enthielt. Ist da noch etwas Dunkles, so fragen Sie doch, und vergleichen lieber i n d e ß die C r a t y l o s und Menexx.

Sie sagen: auf bloße Hofnung von Geld läßt sich nicht einmal ein Plan bauen. Ich aber hatte gefordert, Sie sollten bestimmt angeben, wie viel Sie g e w i ß brauchen — O b das geschafft werden kann, erfahren Sie ja dann in 3 Wochen, und konnten es also längst schon wißen. Und was haben Sie denn vor etlichen Monaten bei Ihrem längern Aufenthalt im Ausland mehr versprechen können? Sagen Sie mir, statt dieses Tons, etwas Offnes und Ausführliches, was Sie wünschen und erwarten. Dann kann ich bald sagen, was wahrscheinlich oder auch gewiß auszuführen sei, was nicht.

Ihr

herzl. ergeb.

Wf.

Jener gewünschte Band der Mémoires ist nicht so wol selten, als durch einen Proceß in den meisten Exemplaren in Beschlag genommen. Können Sie mir ihn gewiß nicht verschaffen, so bitte ich mir es rund zu sagen: dann mag es ein Buchhändler versuchen.

512b. Wolf an Bekker

[Berlin, 1. Hälfte 1811]

Monatelang vergaß ich dies rothe Büchlein. Wollen Sie es etwa dem von mir geben, der an Deutscher Litteratur den meisten Antheil nimmt.

Ein französisches Wort über so was wäre auch mir lieb.

Versteht Leveque gut Deutsch? Sehn Sie ihn zuweilen? Wie denkt er über Homerica? Ganz über diesen schwiegen Sie seither, auch über den Koreff, deßen Tibull doch zu viel Amphibrachen hegt.

Der Ihrige

Wf.

26. Bekker an Wolf

Paris 29 Jun. 1811.

— — — Das Elend, aus dem ich soeben aufathme, kann ich mir nicht von neuem zumuthen. Ich darf mich wohl einiger Liebe zur Arbeit rühmen, selbst zu dieser insipidesten unter allen erdenklichen, wenigstens unter allen philologischen; auch habe ich in ziemlichem Maße, was man in Berlin nennt Sitzefleisch. Aber wenn ich nur von des Morgens früh bis gegen den Abend hin collationirt habe, dass mir die Augen wehe thun, dann noch sinnen zu müssen, wie ich die einzige Mahlzeit, auf die ich mich beschränke, am armseligsten einrichten könne, und wie in dem stoischen *τρίβων* am unbemerktesten über die Straße huschen, ohne Freund, ohne Bücher, halb krank —, es möchte kein Hund so länger lében, sagt Faust. Mich auf solche Bedingnis nun gar nach Italien zu wagen, wo vermuthlich nicht einmal möglich wäre, was es doch vielleicht hier ist, im Augenblick da die Geduld ganz risse noch die Kosten zur schleunigsten Rückreise aufzubringen, dazu gehört mehr als Muth.

— — — Seit einigen Wochen hat Bast wieder Platonische Codices bei sich. Daher wohl höchst wünschenswerth ist, daß Sie unve[r]züglich geben, was Sie schon jetzt geben können. Und warum nicht als ersten Band? Des regelmäßigen und ununterbrochenen Fortgangs meiner Collation können Sie sich ja leicht versichern: an meinem Willen zweifeln Sie nicht, und die materialen Bedingungen wirken Sie vom Verleger aus, der sich doch wohl nicht weigern kann zu zahlen, wenn der Druck einmal angefangen hat. Auf der andern Seite *(τἀληθῆ μετὰ παρ᾽ῥησίας ἐρῶ)*, wenn man Sie, nothgedrungen, für den Einen erkennt, qui nobis restituit rem, so fürchtet man sich auch so allgemein vor dem cunctando, daß schwerlich gehofft wird, was Sie nicht einmal ankündigen mögen. Diesen Furchtsamen wäre vielleicht sogar ein Mitarbeiter willkommen, den, wer ihn überall kennt, jung weiß und rüstig hofft, und der auch allerdings den Anfoderungen an die Quantität leichtlich Genüge thun könnte, während er, in der Qualität, durch den Mitbesitz des Apparates wenigstens über die früheren Herausgeber hinaufgerückt wäre. Den Apparat aber, den hiesigen nämlich, erlangte ich, wenn ich noch den Winter hier zubrächte, höchst wahrscheinlich vollständig, allenfalls verzichtend auf so nichtswürdige Dinger, wie C und H, statt deren vielleicht zweckmäßig wäre die ungedruckten Commentare des Proclus, Hermias, Olympiodorus auszuziehn. Von Italien her ist um so mehr zu hoffen, weil alle hiesigen Codices, den genannten 1807 allein ausgenommen, unschwer zu übertreffen sind.

Ich gewarte von Tage zu Tage einer Antwort auf meinen Brief vom 4. Haben Sie noch nicht geschrieben, so schreiben Sie doch ja, ich bitte, bald. Es sind so mancherlei Gegenstände, über die ich Auskunft bedarf. Mein Apollonius (von dem ich, wenn sich irgend Gelegenheit fände, wenigstens 6 Exemplare herwünschte), mein Urlaub, die Veränderung durch H[eindorf]'s Austritt, Ihre Theilnahme an der Universität, der Gang Ihrer Arbeiten, die Anstalten des Verlegers. Sie lesen, lassen drucken: was? Geht das Museum fort? Würden Sie, wenn sich meine Abwesenheit verlängerte, noch andere Inedita aufnehmen, die ich nach Möglichkeit interessant wählen würde, aber freilich nicht anders ausrüsten könnte als den Apollonius. Sehen Sie Boeckh? —

Leben Sie wohl, mein verehrter Freund, und sein Sie überzeugt, dass ich nichts sehnlicher wünsche, als mit Ihnen zusammen zu arbeiten auf einen bedeutenden Zweck, ja dass ich zufrieden bin Werkzeug in Ihren Händen zu sein, erkennend wie viel mehr Gedeihen der Wissenschaft erwächst, wenn der Schüler die Werke des Meisters nach Kräften fördert als wenn er, in vorwitzigem Trachten nach Selbständigkeit, eigene übereilt. Aber eben darum hoffe ich zuversichtlich, dass Sie thun werden, was thulich ist, damit nicht äußeres Ungemach mich abziehe von einem nicht anziehenden Geschäft, damit nicht ein ohnehin freudeloses Leben mehr und mehr verbittert werde.

AEB.

513a. Wolf an Bekker

Luckau. [Anfang Juli 1811]

Beim Ausfahren aus der Stadt erfuhr ich, daß Hard[enber]g höchstens auf mein Betreiben an eine Erhöhung Ihres jetzigen Reisegelds zu bringen ist, aber nicht an die H[ein]d[or]fischen 1000 rthlr. Hingegen meint man, wären Sie nur erst hier, so würde sich alles schon zu Ihrer Zufriedenheit machen laßen. So meint man. Ich meine aber, es sei am besten, daß Sie den guten Sch[uckman]n nur erst durch einen ausführlichen Brief zu gewinnen suchen. Die Hauptsache ist: da man einen prof. loquentiae nun Einmal schnell brauchte, als Sie nicht da waren, und dadurch die Philologie noch mehr Geld gekostet, auch Heindorf sich nebst B[öck]h eigentlich für den einzigen, von mir vorgeschlagenen Hermann sich eindrängte — kurz darum findet selbst Sch[uckman]n, oder vielmehr dieser Cameralist ganz natürlich, auf dies Fach von dem Liebhaber Humboldt zu viel gewandt.

(Daß Hermann damals gegen 1200 rthlr in Leipzig hier über 2000 ausschlug, hören Sie vielleicht hier auch zuerst.)

Hätten Sie doch beiläufig wenigstens dem jüngern Raumer sich entdeckt, von Paris aus: sein Bruder gilt ja jezt alles bei Hardenberg, und ich habe deshalb — da ichs für mich eben nicht gethan hätte — gern ihn Ihrethalber schon neulich ge- und besprochen. Der jüngere geht eben als pr.[ofessor] oryctognos.[iae] nach Breslau und holt sich das Reich.[ardtsche] Mädchen dazu; wohin auch Steffens geht.

Thun Sie nun bald — auch nach diesen Winken — während meiner Reise, was Sie können.

Wf.

Länger als Ostern möchte Sch.[uckmann] auch nicht gern Ihren Urlaub verlängern.

27. Bekker an Wolf

Paris 8 Jul. 1811.

Ich habe Ihnen den 29 Jun. einen Brief geschrieben, der durch Ihren 2 Tage darauf erhaltenen so unnütz und albern geworden ist, daß alle Beredsamkeit des Menexenus nicht hinreichen wird ihn zu entschuldigen. Urtheilen Sie, Verehrtester, wie unleidlich die Lage sein muss, die zu solchen Ergüssen stimmt.

Eben so wenig mag ich jetzt unternehmen Ihnen zu danken für alles, was Sie zu meinem Besten wirken und vorbereiten. Komme ich mit gesunden Sinnen nach Berlin zurück, so wird mir ja vergönnt sein zu bethätigen, wie ich im tiefsten Herzen fühle und verehre die unermüdete Güte, die mein ganzes Leben umfaßt und schmückt.

An das Departement und dessen Chef schreibe ich in diesen Tagen. Daß der Brief zweckmäßig gerathe, gebe Gott: sauer wird er mir genug, theils aus Unkunde der Personen sowohl als der Formen, theils weil ich bis jetzt keinen sagbaren Grund auffinde, warum man den nirgend erprobten Neuling dem gewiegten Schulmann und Schriftsteller vorziehn solle. Ich gedachte den Brief an Sie einzuschließen, damit nichts übergeben würde als was Sie gebilligt hätten; aber ich fürchtete, das könnte unschicklich sein.

Meinem Namen wünsche ich das u s um so mehr als ich Sie bitte den ersten Vornamen der zu gewöhnlich und wenig bezeichnend scheint wegzulassen: Emanu e l — e r klingt mir doch gar zu unrömisch. — — — Um meine Conjectur zum Menexenus, die Sie so milde beurtheilen, hat mich große Besorgniss angewandelt, so oft ich die Stelle jetzt angesehen habe.

HE.[rr] Delmar ist um 4 Franken billiger als HE. Levy. — — — Zeit habe ich verloren über den Wechsel der Arbeit und die anfängliche Richtung auf das entweder ganz unnöthige oder nicht zunächst nöthige. Was Sie collationirt besäßen oder nicht besäßen, wußt' ich nicht: habe ich doch drei Vierteljahr in Ihrem Hause gewohnt, ohne den gedruckten Theil Ihrer Bibliothek zu sehen. Von den 6 Fragen, die Sie erlauben, wenigstens 3: Erscheint der erste Band noch zu Michaelis? Stellen Sie die Übersetzung unter, neben, den Text, oder, wie Brunck, besonders? Geben Sie in den Noten nur den kritischen Bedarf, mit Vertröstung auf — wie benannte? — secundas curas? Eintreten will ich getrosten Muthes, sobald ich durch Ihre Nähe vor geistiger, durch eine ordentliche Stelle vor leiblicher Aporie gesichert bin. Auch als Lateinischer Übersetzer, da ich doch unumgänglich einmal Lat. schreiben lernen muß und will, warum nicht am Plato? Daß ich leiste was Sie, wird kein Billiger begehren: den Ficinus aber oder Serranus oder Cornarus auf wörtliche Treue zurückzuführen dürfte kein zu kühnes Unterfangen sein. Mein Verhältniß zu Ihnen mit dem zu Schwetschke zusammenstellen, das konnten Sie nur in Aufwallung des Unwillens, den ich leider verschuldet habe. Und außerdem kann ich mich noch immer nicht überreden, daß Schw.[etschke] nicht eher und mehr Unrecht gegen mich habe als ich gegen ihn. Meines Fortarbeitens an den Platonischen Codices sind Sie versichert; nur, wenn ich zu Michaelis zurückmüßte, brauchte ich wenigstens einen Monat für die Redner, von denen ich keinen fertig habe, außer dem Aeschines. Hrn Nauck möchte ich von Schulbüchern, ein Gr.[iechisches] Etymolog[icum] antragen, ungefähr wie das für Schw.[etschke] angefangene, nur Deutsch, weil mich das Latein auf manche Weise geniren möchte: recht gern auch ein Lateinisches, an dem ich viel lernen könnte. — — — Des Geldes endlich wünschte ich vom Verleger, für Paris, wenigstens vierteljährlich 100 rthlr, in festen Terminen zahlbar: für Italien müste er eine beträchtlichere Summe auf einmal vorstrecken, am liebsten in Creditbriefen. Den Memoiren weiß ich gerade jetzt um so weniger beizukommen, als ich eine Zeitlang die Stube hüten muss.

Hiermit hätte ich denn Ihren Brief Punkt für Punkt beantwortet, bis auf die letzte Frage, die ich nicht verstehe, die aber nur figurirt zu sein scheint, und einen Vorwurf zu enthalten, der, auch unverstanden, seine Wirkung nicht verfehlen soll. Es bleibt mir nichts übrig als mich Ihnen ergebenst zu empfehlen.

EBekker.

Ein Professor von der hiesigen Universität, der eine Fortsetzung der von Barbau besorgten Suite von Classikern (worin zB. der Cicero von Lallemand und der Tacitus von Brotier erschienen) mit einer Art Abdruck von Spaldings Quintilian angefangen hat, drängt mich zu erfragen, was aus Sp[alding]'s Papieren werde. Da der Mann ungemein höflich und gefällig ist, auch gar nicht ungelehrt, so würden Sie mich erfreuen, wenn Sie ein Wort darüber mittheilen.

513b. Wolf an Bekker

Endlich, mein Werthester, fange ich an, auf bequemern Wege, durch den Graf Marsan, Ihnen zu schreiben. Mögen Sie nun durch einen Besuch bei Krusemark, dem Sie dies sagen, ausmitteln, daß er Ihre Sendungen ebenso an mich mit übernimmt. So etwas kostet ja wenig Worte. (Meine Wohnung ist Behrenstr. No. 60, jene, wo Sie sonst Humboldt fanden.)

Hiebei ein praegustus des Apollonius; den Rest bald nachher, oder, wann ich, von izt in 6 Wochen, aus dem mir höchst nöthigen Bade zurück bin. Was Sie aber i n d e ß an mich zu schicken haben, bitte ich an Buchhändler Nauck (versiegelt und besonders) einzuschließen, welcher gute Mann auch von mir gebeten ist Ihre sonstigen Aufträge, vielleicht an Schuckmann, für mich zu besorgen.

Wie die Noten sind, so musten Sie nach mancher Ueberlegung jezt seyn. Ihre sonstigen Bemerkungen wird Ihnen schwerlich sogleich jemand wegnehmen, und ich will den Lesern schon sagen, daß ich selbst daran Schuld bin, wenn die Anmerkungen blos auf das Nothwendige für izt eingeschränkt erscheinen.

Da ich dieses Drucks wegen, den hiesige Armseligkeit, Mangel an Papier grade in der Mitte pp so verzögert hat, die besten Wochen zur Kur versäumt habe, so halte ich wol auch nun noch aus, wenn ich sehe, daß man in 14 Tagen das Ende möglich macht. Wie schön wäre es gewesen, wenn Sie hätten nach Empfang des Textes erst alle Noten schreiben können: doch jezt ist nun nichts zu ändern, und ich werde schon in der Vorrede alles zum Besten kehren. Sicher werden alle Collationen nun an mich gehn, und wohlfeil, auf o b i g e m Wege. — Was Sie aber etwa zunächst an Buchhändler Nauk addressiren, müste freilich leider mit der Post gehn.

Der Ihrige, Wf.

B.[erlin] den 8. Jul. 11.

Haben Sie jezt Bastii viele Citate aus Apollonius de pronom. in dem Leipz.[iger] Gregor gesehen?? Hier nur Ein Pröbchen in der Eil: Wo Sie p. 379. C. haben geändert *μ.[ετὰ] διφθ.[όγγου] τοῦ ου* versichert Bast dort: „sic non loquuntur Grammatici. Codex habet *μετα φθογγον τοῦ* $\overline{o}$ (was Sie auch sagen) quomodo restituendum.“ Ich dächte, er hätte Recht. Möchte ers sonst selten haben, da er fleißig von dem häckligen Büchlein dort spricht, aber sehr zerstreut auf fast 1000 Seiten.

Einige trotz 5 und 6maligem Durchcorrigiren doch eingeschlichne kleine Fehler ändere ich beiher in den Variae Lectiones.

513c. Wolf an Bekker

B.[erlin] den 20sten Jul. [1811]

Eben da ich mit der letzten Correctur des Indiculus fertig bin, wird mein Wagen für Töplitz gepackt, was höchste Zeit war, um einen ruhigen Blick in den Winter thun zu können. Dieser Index war leider nicht vollständig: wo wäre denn Bacchylid. z. B., von Rhinthon die 3te Stelle —? und welch eine Arbeit waren die Homerica! Fast wollte ich in der Verzweiflung den ganzen Artikel weglaßen und auf die Notulas verweisen. Indeßen hätte dieß geheißen: Mache dir den Kohl selbst zurecht! und warum dann nicht das ganze Register fort? Fehlt izt nach fleißigem, aber eilig fleißigem Nachtrag noch Einiges, so trösten Sie sich mit Ruhnk.[ens] Ind.[ex] zu Timaeus. Da, wo er eben mit Ineditis Staat machen wollte, fehlt grade Apollon. Dyscol., den ich zum Scherz in Ihrem Indiculus inepto loco setzte, da er nicht einmal eine so leichte Stelle correct gegeben. —

Wegen Ihres itzigen Zweifels an gutem Erfolg hätte ich doch den Brief an Schukmann vorher zu lesen gewünscht. Ich habe den — übrigens guten Mann ganz für Sie gewonnen: dies müßen Sie wenigstens erhalten. S o l l t e daher der Brief an mich addressirt laufen, so soll er bis zu meiner Rückkehr aufgehoben werden, und unterdeß geb' ich Ihnen noch mehr Data zu einem ganz zweckmäßigen.

Der H[eindor]f sattelt doch um; Sie können denken, *ἑκων αεκ.[οντι]γε ϑ.[υμῳ]*. Wo soll ihm eine solche grammatikal.[ische] Zankklikke wieder werden. Damit jägt ihn der gleichfalls dorthin ziehende Schneider zu den Raben. Ehr wäre es für den, wenn er über Blattläuse zankte. Dieser arme Sartor, (ein *γνησιος*, wie mir wieder neulich sein Anblick bewies) hat so über die garstige Alternative entschieden, ob er hier 12,000 rthlr nehmen wolle, oder in Bresl.[au] 1500, welches auch dem H[ein]d[or]f wird. Ich fürchte, schlechte Seide werden sie beide dort spinnen.

Schon habe ich meo periculo Bekker u s drucken laßen, weil ich, wenn ich Sie einmal mit Vertrauen noster nennen kann, B[ekk]er noster zu drollig fand. Ihre Meinung freut mich also, und zu Eman.[uel] B.[ekker] ist e b e n auch noch grad der letzte Moment offen: um also nicht 2 Augustos hier in alter Litt.[eratur] als Mehrer des Reichs zu haben. Denn Böckh — Spießgesell von B[uttman]n — heißt auch so. Durch I m m anuel aber würden Sie beßer dem Königsberger Allzermalmer ähnlich geklungen haben.

Bei Delmar solls also ein andermal bleiben. Haben Sie nur Muth und Hofnung, und in j e d e r Gefahr assigniren Sie 300 Fr. schnell, an mich in pr. Cr. wieder zahlbar, per Delmar à vista. So viel Kreuz und Aufwand mir jezt meine nur halb glückliche Familie macht (die einzige Mine ist s e h r glücklich, und über alle Maßen, mit Körte wohl); so kann ich so viel doch wohl noch, wenn nicht die Rotte der hiesigen Schufte sich endlich noch gegen meine ganze Existenz verschwört, wie schon durch das Geklatsch aus meinem letzten Töpl.[itzer] Aufenthalte.

Spaldings Q.[intilian] werden seine Familiares vollends zu recht rücken. Er soll wenig zu beschicken gelaßen haben, nemlich wenig Andern überlaßen. (U n t e r u n s , Buttm.[ann] wird der Editor seyn — aber wol später, da er in der Zeit erst, ich vermuthe, bei B[ö]ckh Lateinschreiben lernen will, was seither Sp[aldin]g für alle that. So Schade, daß er wenigstens nicht auf den Todfall solche praefamina hinterlaßen.)

Mein praefamen (izto) aequi bonique consulas. Scriptum est festinanter a me iam profecturo, et in tetrum pistrinum detruso, quum sex tantum paginae mihi relictae essent, paginarum numeris in Museo ita flagitantibus pp Variis hominum classibus in eo nonnihil significatum videbis, ut Wunderlichio, Bastio, Hasiis vestris pp Letztern und Millin pp erneuern Sie doch gelegentlich mit einem Wort mein Andenken.

Gut, wenn so, und durch dortige Anzeigen, in M e r c u r e s zumal und solchem Zeug, das man h i e r liest, ein Wort von Ihrem Biblioth. Gebrauch ehrsam gesagt würde. Dazu sind Sie jezt eben sich schuldig, etwas zu wirken. —

Vor Ostern kann kein voller Band erscheinen von Plato. Kaum eben kömmt die erste Lieferung Schriften, die ich bestellt, solche, womit Sie die Gewölke gedruckt fanden.

Von der hiesigen Misère scheinen Sie ja gar nichts wißen zu wollen. Die kleinen Lettern im Index — wie hätten sie, zahlreicher, in Ihren notulis ausgesehn! Das ging nicht, und so musten die Noten so gros ausfallen, es sieht aber gar nicht übel aus für eine edit.[io] princ.[eps] — Das möge aber Sie freuen, daß ich die herzugezogenen Emendationen asservire — denn da Sie so mancherlei im Apoll.[onius] selbst zu fragen übrig laßen, wie hätte es da ausgesehn, sich mit Nebendingen zu befaßen, auch den sich natürlicher Darbietenden?

Lat.[einische] Vers.[ion] soll unter den Text — sie könnte freilich auch daneben seyn p.

Natürlich müßen Sie bald Latein schreiben, und Sie werden es sehr gut lernen, schwerlich freilich beim Plato — aber ich würde Ihnen redlich beistehn. Dazu kömmt, daß eine Pariser Reise hiezu überall eine schlimme Vorbereitung war. Durchaus, Sie musten sich für diesmal drittheilen, zu Ihrem eignen Wohl.

Die Ankündigung wird Ihnen einst gefallen, wenn der Anfang gemacht werden wird. Ob aber der Weigel dennoch weichen werde, zweifle ich gar sehr. Wie dünkt Ihnen dies? Und was beobachten Sie jezt von Anderer Gebrauch der dortigen Codd.? (die zu dem Menexen.[us] sind recht schlecht.)

Hoffen Sie denn die Stelle im Menex., wo Sie jezt zweifeln an Ihrer Correction, mit Erklären zu retten?

Veranlaßen Sie doch den Professor solche Suiten-Autoren einem her zu schicken, wie noch immer Coray thut.

Nun möchte ich vor Entkräftung schlafen gehn, wenn nicht die morg.[ige] Reise mich wach erhielte.

513d. Wolf an Bekker

[Berlin, Mitte[1]) 1811]

Sie sehen, ich schreibe, solange die Feder noch laufen will. Dennoch vergaß ich zu sagen, daß ich grade im September medio zurückkomme.

Izt das Wichtigste. Da alles Ihr RednerEdiren sich verzögern wird, auch niemand nun nach der Kündigung sich darein mischen möchte, könnten Sie da nicht anfangen, gleich vorzüglich auf den Plato selbst hinzuarbeiten. Denn bei der Zerrüttung und Zerstücklung meiner — in diesen widrigen Umgebungen — kann und darf ich nichts versprechen, als Ihnen den Weg zu bereiten. Wie wärs nun zugleich, wenn Sie, da das Conferiren zu flüchtigem wiederholten Lesen so sehr lockt, wenn Sie mir alles, was Ihnen zur Text-Aenderung sich nothwendig darbietet, annotirten und schickten? Dies müßte so seyn, daß Ihnen Plato, die 6—8 erst zu edirenden Diall. zunächst, vorizt die HauptLektüre in Nebenstunden ausmachten.

[Der gleichen Zeit dürfte das folgende weder datierte noch unterschriebene Briefblatt angehören:]

So dick und voll zu schreiben, ist erst eine Lust. Ein Weg zu dem preußischen Gesandten giebt Ihnen sogleich dieselbe Freiheit, und erspart schreckliches Porto.

So wünschte ich auch mit dergleichen Gelegenheit endlich Gail's 1stes B.[uch] Thucydides. Was macht der große Narr? Cultivez-vous ces connoissances? Je le voudrais. Von jezt an sollten Sie sich überhaupt vornehmen, dort sich beiläufig viele Freunde zu erwerben, überall mehr für sich zu thun. Was Ihnen bisher kam, brachte — der Wind ja.

[1]) In der Übersicht der Briefe (vgl. S. XVI): Juli, geändert aus Mitte. R. S.

28. Bekker an Wolf

Die Hast Ihrer Abreise hat mir einen schlimmen Streich gespielt. Statt des vollständigen Abdrucks vom Apollonius, oder doch, woran mir das meiste lag, Ihr[er] Vorrede habe ich mein Manuskript erhalten, womit ich hier in der Welt nichts anzufangen weiß, und 3 Bogen der Anmerkungen, Correkturbogen, wie ich an derben Druckfehlern sehe, so daß ich die 43 Franken Porto bedauern müste, hätte ich nicht dafür auch Ihre Vorlesung und in jenen Bogen dankwerthe Beweise von viel mehr Theilnahme an meinen Sächelchen als ich erwarten durfte. — — —

Endlich reden Sie von einer Ankündigung, die mir einst gefallen werde, wenn der Anfang werde gemacht werden. Haben Sie etwa den Plato angekündigt? Das würde mir ungemein schon jetzt gefallen um so mehr als ich nichts dagegen sehe als neuen, immer nicht aufmunternden Zweifel, sei es an meinem Wollen oder an meinem Vermögen. Die Weigelsche Ankündigung habe ich neulich in der Hall.[ischen] ALZ gelesen: wenn mir die bequeme Subscription bedenklich scheint, so beruhigt mich dagegen die schwerlich absichtslose Unbestimmtheit, mit der darin von den Subsidien gesprochen wird. Im Plural läßt sich ja ganz füglich auch von der Einen hiesigen Bibliothek reden.

In der ich soeben 2 Wiener Platone entdecke. — — — Haben Sie diese beiden zu Euthyphron pp? Sind Sie jetzt des Charmides gewiß? Und wie stehts, wonach ich zum dritten Male fragen muss, mit dem Symposium? Es wäre doch abscheulich, wenn uns, da Italien nicht zu hoffen scheint, von hiesigem auch das geringste entginge.

Daß Sie vor Ostern keinen Band geben wollen, schlägt meine Freudigkeit gewaltig nieder. Auch keine erste Abtheilung? Nicht die 2 Reden? Mir wäre fast das willkommenste, daß Sie auf den Hallischen Plan zurückkämen, nach dem jeder Dialog besonders erscheinen sollte. Gefiele Ihnen dann noch die Übersetzung hinter den Text zu stellen, damit zur Verfertigung oder Berichtigung derselben die immer beträchtliche Zeit des Druckes gewonnen würde, so wäre ein so rascher Gang möglich, daß B.[ast] und H[eindorf] schwerlich Schritt halten könnten. — — —

Die Bekanntschaften zu cultiviren, nach denen Sie fragen, fällt schwer. Coray ist unleidlich menschenscheu und karglaut; es wird als Mirakel angeführt, daß er Einmal in seinem Leben en ville gegessen, bei Clavier, an dessen Geburtstag. Bei Larcher muss ich mich jedesmal von vorn legitimiren, und hat er mich am Ende wiedererkannt, so unterhält er mich von seiner Verwunderung, daß Sie weder den Orion herausgeben, noch des Herodotus *γράμματα* für d e s lettres und nicht l e s lettres gelten lassen. Gail ist, was Sie ihn nennen, und wird dafür allgemein erkannt, zumal nach seinem letzten Streit über die — noch immer unertheilten — Decennalpreise. Clavier scheint ein grundehrlicher Mann, plaudert auch wohl gern über philologische Dinge, aber des Montags Abends, où il reçoit son monde, zwingt ihn die Frau — ein ziemlich unliebliches Wesen, unter Vornehmen, hat schon Villoison gesagt, gelehrt, unter Gleichen vornehm, also etwa Hrn Bast vergleichbar — die zwingt ihn an den Spieltisch, und zu andern Zeiten treffe ich ihn fast beständig im Begriff zu Session oder Audienz zu gehen. L[e]br.[tous] habe ich noch nicht gesehn, außer von weitem im Institut: als ich herkam, war er nicht in der Stadt, und jetzt trage ich Bedenken mich dem hochbetagten und ohnehin, heißt es, nur mit Polnisch-Russischen Geschichten beschäftigten ohne besondern Anlass aufzudrängen. Wie meine Versuche auf Chardon gescheitert sind, habe ich Ihnen schon erzählt: für die Literatur soll er ganz verloren sein. Mit M.[illin] in Berührung zu kommen, müste man entweder handlangen, oder, wie er in der Welt leben. Und, wozu er helfen könnte, an ein numismatisches Studium komme ich ja doch auf keine Weise.

Soviel Deutsch als Ihre Vorlesung erfordert, versteht keiner von allen; ich habe sie also dem Hase gegeben, der große Freude daran hat und mir einzig nützlich ist.

In hiesige Zeitungen zu kommen möchte angehn, wenn ich Exemplare des Apollonius, wenigstens 6 oder 8, unter eigenem Titel hier hätte. Sind die aber nur durch die Post zu erhalten, so muss ich nothgedrungen auf eine Ehre verzichten, die mich zu Grunde richtete noch ehe ich sie genösse. Die Vorrede könnten Sie wohl Ihrem nächsten Brief beilegen.

Wenn Sie mir doch ein Wort von Wyttenbachs Pfaden sagten. Ast, höre ich, hat zum Philebus den Olympiodorus gegeben: ob auch die übrigen Commentare von diesem und vom Proclus und Hermias in München sein mögen? ob gedruckt zu erwarten? Und würden Sie, nach der Vorstellung die Ihnen jene Probe von dem Werthe des Übrigen geben muss, würden Sie zweckmäßig finden daß ich [mich] damit beschäftigte, falls Zeit bliebe? Die wird zwar schwerlich bleiben, zumal wenn ich, wie mich der Aufschub des Druckes fast unwiderstehlich versucht, auf eine Weile zu den Rednern zurückkehrte, für die ich unvergleichlich weniger gethan als für den Plato. Und das könnte mich doch einmal reuen. Demosthenes bleibt meine erste Liebe, und zu diesem hätte ich einen stattlichen, vielleicht selbst in jetzigen Zeitläuften unterzubringenden Apparat gesammelt in den 6 Monaten, die ich nunmehr auf den Plato gewandt, mit Angst und Zittern, gestehe ich, so lange Hinderniß auf Hinderniß, Aufschub auf Aufschub mit meiner Mühe und meiner Zeit ein unergetzliches Spiel treibt.

Ins Blaue hinein Conjecturen zu machen, die entweder nach der gedankenlosen Zerstreuung schmecken müsten, worein mich mein mechanisches Geschäft unvermeidlich wirft, oder auch, wenn nicht längst von andern gemacht, doch gewiss von Ihnen gemacht würden, dies werde ich so leicht nicht unternehmen. Zu ruhigem und gemüthlichen Lesen komme ich hier nie: arbeite ich anhaltend, wie Noth thut, so behalte ich keine Stunde übrig, und erschlafft die Spannung, was denn doch mitunter nicht zu hindern ist, so suche ich Erholung natürlich eher in allem andern als was mich abgespannt. Außerdem entbehre ich durchaus alles Gedruckten. Also kann ich mich höchstens an einzelne Stellen wagen, wenn Sie die Güte haben mir solche zu bezeichnen. An Zeit zum Wechsel von Frage und Antwort scheint es ja leider nicht zu gebrechen.

Sie ermahnen zu Muth und Hoffnung. Eingeflößt hätten Sie mir diese Tugenden einerseits durch die Nachricht vom Anfange oder doch von der Ankündigung des Druckes, auf der andern durch eine beruhigende Antwort auf meine hoffentlich bestimmt genug ausgesprochene Anfoderung an den Verleger. Auf Sie zu assigniren, Ihnen und den Ihrigen das mindeste zu entziehn wird mir nie beigehn: daß Sie aber jenen veranlassen, eine unentbehrliche und am Ende doch für keinen mehr als für ihn vortheilhafte Vorarbeit nicht zu erschweren oder gar unmöglich zu machen, nachdem sie weit über die Mitte gediehn, darin, mein verehrter Freund, sehe ich nichts unbilliges. Es ist mir verhaßt *ὁμῶς ἀΐδαο πύλησιν* immer und ewig auf diesen topic zurückzukommen: aber kann ich es denn vermeiden? Sähe ich irgend eine Möglichkeit hier zu erwerben, was ich brauche, so sind Sie versichert daß ich Ihnen und mir die Jeremiaden ersparte. Das Bellovac Palliativ ist so unzulänglich als meiner Arbeit behinderlich: nicht zu erwähnen daß ich es mit unleidlicher Langerweile bezahle. Doch werde ich es die 6 Wochen Ferien wieder verschlucken müssen. Für die Mitte Octobers, wo ich zurück komme, muss ich Sie dann um das bis dahin eingekommene Geld bitten, so wenig es sein wird.

Exemplare des A.[pollonius] würden mir in jedem Betracht willkommen sein. Schon um mich einigermaßen hervorzuheben in den Augen der Leute, die, allein nach der äußern Erscheinung urtheilend, eine doch gar zu geringe Meinung von mir haben mögen. Denn diese Erscheinung wird freilich von Tage zu Tage weniger scheinbar, theils aus

Gründen, die mit der steten Zerrüttung meiner Finanzen zusammenhängen, theils weil dem von Umgang und Mittheilung fast ganz ausgeschlossenen der Mund immer mehr zuwächst. Von den 7 Tagen der Woche gehen wenigstens fünf hin, ohne daß ich veranlaßt wäre etwas andres zu reden, als zu meiner Wirthin beim Ausgehn faites ma chambre und zum garçon im Café une demi-tasse oder beim Restaurateur: une douzaine etc. Dabei conferirt man bisweilen recht ἀνυσίμως, wird aber des Lebens nicht sonderlich froh.

Durch den jüngern R.[aumer], den einzigen Menschen der mir Br.[eslau] hätte erträglich und in mancher Rücksicht angenehm machen können, auszuwirken daß ich nicht dahin käme, wäre, dünkt mich, seltsam und unartig gewesen. Aber ich gestehe gern, daß ich an diesen Seitenweg auch gar nicht gedacht habe. Sonst bin ich dem ältern selbst nicht ganz unbekannt; wenigstens hat er einmal in Halle bei mir gewohnt.

Von Koref haben Sie wohl schon in Halle gehört, als er, noch in der schwarzen Schürze, den miles gloriosus übersetzte und den Naturdichter Hiller verhöhnte. Hier scheint er auf einem ganz anständigen Fuß zu leben, thut Wunderkuren, macht Verse in allen Arten und Maßen, und, was löblicher sein dürfte, ist gar gefällig gegen Deutsche. Ich rühme das aus eigener Erfahrung, wiewohl ich erst sehr spät an ihn gekommen. Jetzt eben ist er in der Schweiz, von wo er nach Italien gehn will. Nach Italien reist auch Millin in diesen Tagen.

— — — Göthe ist katholisch geworden?

Heute endlich, den 26 Aug., erhalte ich Ihre Sendung vom 8 Julius, für 17 Sous freilich, aber auch beinah 6 Wochen zu spät. Herzlichen Dank auch dafür. Es bleibt mir also nur noch Ihre Vorrede zu desideriren, wenn vollständige Exemplare nicht zu hoffen sind. — Meinen Brief, an dem ich, wie Sie ihm ansehn, seit länger als einem Monat schreibe, jetzt umzuschreiben, die undankbare Mühe erlassen Sie mir um so eher als sie die Genauigkeit der Collation gefährdet.

Wissen Sie, daß bei des Institutes letzter Wahl von associés étrangers der einzige Millin Sie vorgeschlagen hat? Als aber Mongé dagegen geschrien Comment! un homme qui n' a écrit que des paradoxes, qui a douté de l'existence d'Homère, hat man flugs die Orthodoxie mit dem Göttinger Sartorius sarcirt.

Den Leipziger Gregorius habe ich noch nicht gesehn, erhalte ihn aber vielleicht durch Hase. Wäre es hier möglich zu arbeiten, so möchte ich ihn gern recensiren; gerüstet wäre ich dazu vielleicht mehr als mancher andre. Was Sie die Güte haben daraus mitzutheilen, sieht dem Menschen ganz ähnlich, der dem Lebrtous nicht anders gethan hat und schwerlich thun wird, als Varianten und aus dem Zusammenhang gerissene Brocken zu compiliren, und was dadurch für den Text gewonnen wird, wo er es unbemerkt thun zu können glaubt, eigener Conjectur beizumessen. (Von dieser Unverschämtheit habe ich zwei Beispiele gegeben, nur nicht deutlich genug für den, der das Citat nicht nachsucht.) Daß die Grammatiker gewöhnlich sagen ἡ $\overline{ου}$, wuste ich ganz wohl: aber neben τὸ ἐγώ und τὸ ἕξ schien und scheint auch τὸ $\overline{ου}$ nicht unmöglich. Die Lesart des Codex verstehe ich durchaus nicht: sie zu billigen haben S i e ohne Zweifel tiefer liegende Gründe. (μετὰ τοῦ $\overline{ου}$ finde ich eben Villoison. anecd. 2. p. 115 und in einem alten Codex jenes Porphyrius.)

— — — Ich mache mich anheischig Ihnen, sobald ich nach Paris zurück bin (ich schreibe dies aus Beauvais, aus welchem Fegfeuer — mit Tezel zu reden — die Seele springt, sobald das Geld im Kasten klingt) zu jedem Dialog, den Sie gerade brauchen, all das vorhandene binnen 14 Tagen zu liefern. — — —

Daß ich von Hrn. Schuckmann und seinem Departement auf meine Briefe vom 13 Julius noch immer keine Antwort erhalte, fängt an mich zu beunruhigen. Indess wird man doch nun wohl nicht begehren, daß ich zu Michaelis zurückkomme. Auf Ostern zu kommen wäre ich selbst zufrieden. Denn fertig werden läßt sich in diesem Winter allenfalls, voraus gesetzt daß ich weniger Noth ausstehe als im vorigen: und nach Italien zu gehen auf ein halbes Jahr wäre der Mühe nicht werth. Und über dies alles sehne ich mich inniglich zurück nach Menschen, Büchern, Studien. Die Lust der Fremde ging uns aus, Zum Vater wollen wir nach Haus. Für jetzt nämlich. Denn in einigen Jahren gedenke ich freilich auch Italien zu sehen, wenn französische Polizei die Wege gebessert haben wird und den Schutt vom Kolyseum geräumt.

Ich schicke diesen Brief so spät ab, weil er, früher abgeschickt, doch vermuthlich in Berlin liegend Ihre Rückkunft abgewartet hätte, und weil ich ihn nicht an Hrn Nauck addressiren mochte. Denn was ich dem Manne zu sagen habe, daß er Geld schaffen müsse für den bevorstehenden Winter und daß Elementarbücher wenig Eingang finden würden, bevor ihr Verfasser eine Art von Namen erlangt durch gelehrtere Unternehmungen, das hört er besser aus anderm Munde.

Leben Sie wohl, Verehrtester, und bleiben freundlich meiner eingedenk und unsers Plato. Auf Ihre Antwort harre ich um so begieriger, als ich danach meine Einrichtung für den ganzen Winter treffen muss.

[Beauvais] 8 Sept. 11.

Meine Addresse ist die alte; sollte ich noch nicht zurück sein, so wird mir nachgeschickt.

517a. Wolf an Bekker

B.[erlin] den 24 Sept. 11.

Obgleich eher krank als gestärkt seit 14 Tagen aus Teplitz zurückgekehrt, suche ich doch auf Ihren so eben erhaltenen Brief das Dringendste vorläufig zu ordnen. In 4 Tagen hoffe ich aber nochmals zu schreiben, da es sich zum Beßerwerden anläßt.

Unbegreifliche Sachen enthält übrigens Ihr Brief. Blos weil die französische Gesandtschaft hier sich erbot, durch Couriers Briefe u n d s e l b s t P a c k e t e an Sie zu besorgen, wurde bedächtig die Gelegenheit benutzt. Darauf bezog sich natürlich, wenn ich Ihnen zu gleichem Zweck einen Weg zu dem pr.[eußischen] Gesandten (Krusemark) zumuthete. N i c h t s also von dem, deßen Sie erwähnen, ist durch mich zur Post gegeben, sondern ein böser Dämon hat sich eingemischt. So scheinen Sie auch nicht alle meine Sendungen (die Graf Marsan erhielt) bekommen zu haben; auch etliche Exemplare des Apollonius sind ohne Hast vor etwa 7 Wochen auf gleichem (Unglücks-) Wege durch den Factor der Druckerei an Sie abgegangen.

Mein 3tägiges Herumlaufen, um die Expedition des Depart.[ements] zu beschleunigen, nebst der erfreulichen schon jetzigen Zulage, hat also noch immer keine Antwort von Schuckmann gebracht? Uhden sagt mir eben, seit 1. Monate m ü ß e sie in I h r e n H ä n d e n seyn.

Ohne Unartigkeit hätten Sie Ihren Freund Raumer früher (jezt ists nicht mehr nöthig) um ein Wort zu Ihrem Vortheil bitten können. Er selbst hat die Unartigkeit gehabt, auf Jahre lang nicht hier seyn zu wollen; und nun ist er in Breslau, als Prof. In gleicher Qualität sein älterer Bruder, der die Geschäfte bei Hrn v. Hardenberg satt zu haben scheint.

Wegen Nauk war und ist nothwendig, daß Sie doch auf einem besondern Blatte sagen, was ich in Ihrem Namen wegen Vorschüßen mit ihm verabrede, werde von Ihnen genehmigt. Dann dürfen Sie nur voraus sagen: so und soviel bedarf ich zu der und der, und bis auf die und die Zeit. Anders kann es doch aber nicht gehen. Für mein Leben setze ich auf lange keine Nuß ein.

In 4 Wochen geht gleichwol vermuthlich der Druck des Plato mit Euthyphr. an — absichtlich von vorn — (und was sollte ich mit Schl[eiermachers] Ordnung, wie mit deßen Sachen überhaupt?) Was Sie jezt rathen, wegen Trennung der Uebersetzung, war auch endlich mein Entschluß. Rüsten Sie sich aber so zum ganzen Plato, daß ich Ihnen nur — in Absicht der Autorität beim Verleger — den Weg bahne. Es ist dem Manne jezt ziemlich einerlei, wenn auch mit ganzen Bänden eine oder gar 2 andre Editionen der unsrigen zuvorkommen — sobald ich nur die Sache eingeleitet. Folglich bitte ich nun, noch auf einem besondern Blatte auszusprechen, daß Sie, nach der Rückkehr sogleich, beim Plato, in Text und Uebersetzung, zu helfen und das Meinige fortzusetzen Willens sind. So ist er zufrieden.

Ihr jezt so starker Brief kostete kaum 4 gr. mehr als ein gewöhnlicher. Dies bedenken Sie, um mir bald wenigstens alles zum Cratylus zu schicken. — Beiher vergeßen Sie Ihre Redner nicht, derentwegen ich Ihnen ja lieber gar nichts sonst zugemuthet hätte. — Auf jeden Fall müßen Sie schon die Inlage verschmerzen, wenn sie nun unnütz seyn sollte. Warum Sie nothwendig Ihre Handschrift von Apollonius erhalten musten, wißen Sie nun vielleicht auch. Doch dieserlei Dinge sind ja alle ersetzbar.

Ihr

W.

517b. Wolf an Bekker

[Berlin, etwa Anfang Oktober 1811]

— — — Habeo von Symposion-Ven. 185 und 189 und 8. — Reg. Par. 1808. 1809. Die übrigen Symposs. sind mir zu allererst nöthig, wenn gleich mein Text Jahrelang zum Druck parat liegt. Doch bedauren oder belachen Sie — mein Theuerster, mein Schicksal mit diesen Renseignemens überall. Ebenda ich das widrige Geschäft einer Haussuchung in der ärmlichen (ehmals Humboldtschen) Wohnung halte, fehlt mir dies und das — und eilen muß ich doch. Also zeige ich nichts von Lysis, von Charmides an p und bin überhaupt überzeugt, daß ich Ihnen auf dem kleinen Zettel vor vielen Monaten alles ganz genau geschrieben. Haben Sie also die Güte, mir mit erster Post diesen Zettel in natura wieder mit herzuschicken. Ohne Weiteres versteht sich, daß Sie auch um die gesammten Materialien der neuen von Ihnen erstürmten Edition das gröste Verdienst haben werden, wiewohl ich es nicht rathsam — und selbst Ihrem Werth nicht gemäs — fand, davon gleich in der Ankündigung namentlich zu reden.

Neben den Symposs. bedürfte ich also, was mir zu Euth.[yphro], Apol., Crito fehlen möchte. Denn hier ist oben alles, was ich habe, angezeigt.

Die 3—4fache Ausgabe nach Nauks im Grunde recht schönen (und alles zurücktreibenden) Planen macht täglich Correctur und Revidir-Arbeit. Dabei selbst krank, und ein Setzer, dem vor kurzem seine letzten 100 rthlr gestohlen sind, und der deshalb in jeder Zeile ein paar Fehler mehr macht als je vorhin.

Am Ende muß ich sehr fürchten, Sie noch um 8—14 Tage mehr zu bringen. Aber das sind die Folgen von $\overline{ao}$ 6.

29. Bekker an Wolf

[Paris] 31 Oct. 1811.

Haben Sie mir, Verehrtester, wie Sie versprachen, in 4 Tagen nach dem 24 Sept. ausführlicher geschrieben, so ist der Brief verloren gegangen. Haben Sie nicht geschrieben, so muss ich für Ihre Gesundheit fürchten. Auf jeden Fall versuche ich zu Gewißheit zu gelangen, obgleich mit einiger Scheu, weil ich noch nicht den Cratylus beilegen kann. Doch das müssen Sie entschuldigen mit der Abwesenheit des Hase, dem plötzlich, während ich in Beauvais schulmeisternd Zeit verlor, eingefallen auf ein sechs Wochen mit dem jüngern Hrn. v Humboldt zu dem ältern nach Wien zu reisen. Bis er zurück ist, bin ich im Wechseln der Handschriften behindert.

Die drei Exemplare des Apollonius, nebst dem letzten Bogen zu Ergänzung des — leider anders paginirten — vierten habe ich einige Tage nach meinem Brief vom 8 Sept. erhalten, für ein mäßiges Porto, das indess doch sicherlich den Ladenpreis übersteigt. So daß mein Verlangen nach mehrern abgekühlt ist, zumal da jene hinreichen für die welche mir hier am wichtigsten sind, Coray, Dutheil und Hase. Coray freut sich auf den Plato und fragt, dies Mal wie jedes Mal, nach Anmerkungen zum Homer. Die Frist zum Einsenden der Druckfehler habe ich verstreichen lassen, weil ich noch nicht den Muth gehabt habe das allerdings häkeliche Büchlein wiederum von Anfang bis zu Ende durchzulesen. — — —

Die Verfügung des Departements, vom 14 Sept., ist den 1 Okt. nach Paris gekommen und, weil ich gerade einige Meilen hinter Beauvais war, den 4 zu mir. Sie wissen, daß mir mehr Zeit und weniger Geld geworden als ich wünschte. Jene wird meinen Rednern zu Gute kommen; dieses nöthigt mich dem beiliegenden Blatte ernsthafteste Beachtung zu wünschen. Meine Foderung bleibt die alte: vorläufig 100 rthlr vierteljährlich, vom ersten Januar ab, also im ganzen 300 rthlr, oder höchstens 400, wenn meine hiesigen Arbeiten sich zeitig genug beendigen lassen, um die Rückkehr über Wien zu erlauben. Ob das viel oder wenig gefodert sei, kann ich freilich nicht recht beurtheilen, solange ich nicht weiß was Sie g u t e Bedingungen nennen.

Die Scholien habe ich noch nicht angerührt, die Auszüge aber aus den Commentatoren sind gröstentheils gemacht, und ich möchte sie Ihnen rühmen, besorgte ich nicht, daß ich, wann ich wieder Bücher nachschlagen kann, gar vieles streichen werde, was mich jetzt als neu und von anderem Munde ungesagt erfreut. Bogen werden es höchstens 10. Über Schl.[eiermacher]'s Anordnung wünschte ich Sie hätten mir mehr gesagt als ich aus dem trocknen was soll ich damit zu machen weiß. Verständiger als alle bisherigen scheint sie doch um vieles. In Halle wollten Sie den Knoten zerhauen durch völlige Vereinzelung: daran denken Sie nicht mehr?

Noch leichter wäre die Vereinzelung meiner Anecdota, wenn der Verleger meinen Phrynichus *Ἀρράβιος* (was ist das eigentlich?), einen Dionysius Thrax mit den gesammten Scholien, einen Drakon von Stratonikea, einen Band Lexika und Miscellanea einzeln leichter abzusetzen hoffte. All dies Wesen sobald als möglich gedruckt zu sehn wünsche ich um so mehr, als ich keinen andern Weg sehe zugleich von meiner jetzigen Reise Rechenschaft abzulegen und eine Italische vorzubereiten.

Der Druck hat jetzt vermuthlich angefangen. Ich bitte um ein Blatt vom ersten Correcturbogen, um mich von allerlei Aeußerlichkeiten zu belehren.

Leben Sie wohl. Ihre Antwort erharre ich mit Ungeduld.

IB.

518b. Wolf an Bekker

[Berlin] den 19. Nov. [1811]

Sehr vieles, Theuerster, hätte ich Ihnen zu sagen, aber Stimmung und mancherlei Abhaltungen schränken mich wieder nur auf das Dringendste ein. Ein paar Tage werden Sie jetzt sogleich bedürfen, um auf diese und N[auc]ks letzte Sendungen genau zu antworten. Dann soll etwas weniges Lerm gemacht werden, wovon ich übrigens nichts halte noch hoffe. Daher muß auch, solange möglich, dort das Platonische Vorhaben in obscurissimo bleiben, wie es denn auch nicht eher ins Publikum kommen kann, als bis Ihnen der letzte vergleichbare Buchstab wenigstens gesichert ist. Die neulich in mehrerlei Absicht über Platon.[isches] edirte Federprobe soll — wie man erzählt — den Fischerulus in Br[esla]u in große Herzensnoth versetzt, und das molliter in modo ist ihm darum drückender gewesen, weil Heftigkeit von meiner Seite ihm Sympathie verschafft hätte. So sagen mehrere. Ueber so einen Vorläufer werden Sie sich wundern, aber nur darum, weil Sie nicht in den hiesigen Umständen zu Haus sind. Uebrigens würde ich so eine Schrift — schon der Methode wegen — nude französisch übersetzt wünschen: vielleicht böte Würz, Levrault u. drgl. die Hand. Sie sehen izt, wohin das nachher nützen könnte. Daß N[auc]k so stattliche 2 Editionen machen will, ist ein großes Zutrauen. Ob ers nicht bereuen werde, weiß der Himmel. Mit dem Druckwesen hat man hier viel Jammer. So entsteht die Frage, sollen neben S auch ſ bleiben? Hübsch sind sie nicht; doch Engländer haben sie noch in Editionen vielfach.

In spätestens 8 Tagen, wo ich nochmals schreibe (worauf Sie aber mit Ihrer Antwort nicht warten dürfen) werde ich noch genauesten Kehricht halten wegen Collationen, die ich habe oder vielmehr nicht habe. Was seit ao 1804 nach Paris gekommen, bemerken Sie vorläufig, habe ich alles nicht. Seitdem kam mir die letzte homerische Arbeit in den Wurf, und ich vergaß den oft unerträglich metaphysischen Plato ganz.

Izt in Eil noch ein und anderes Fragstück:

1) Sie haben doch wol über das attische *ει* für *η* in den passiv Formen gar keinen Zweifel?

2) Was Ihnen irgend bei genauer Lesung dieser Bogen auf- oder einfällt, bemerken Sie mir ja gleich in den ersten Tagen. Lange hat man mit den doch in einzelnen Puncten krüppelhaften Lettern noch in Leipzig mir nachbeßern müßen; daß es endlich Zeit ist abzudrucken. Wie die Lettern nun aussehn, werden sie freilich fortan bleiben.

3) *ἐστίν* und *ἔστιν* und etliche andre Sächelchen der Art werde ich nie zur Constanz bringen. Hermannische Regeln sind auch lange nicht umsichtig genug gemacht. Können Sie zur Accent.[uation] feste Canons näher bringen, so soll Ihnen Dank werden.

4. Ebenso möchten doch Codd. der besten Art etwas in gewißen Formen bestimmen können, wie ich schon früher merkte. Wie zum Ex. in den Formen des plqperfects?

5. Wie gern hätte ich Sie schon jezt gern um mich, so sehr ich Ihnen die theure Freude gönne, dort zu seyn, und nun *ἄνευ τριβωνος*, wiewohl der jährlich 28,000 rthlr Revenüen habende Humboldt in Wien stets dergl. zu tragen pflag und noch pflegt.

Doch überhaupt können Sie nunmehr schon in Geldsachen einen festen Plan machen — auch auf Monaten oder Zeiten, wo mir nöthig voraus zu wißen ist: 2 Monate schon habe ich Ihnen um 25 rthlr (jedesmal) mehr gezogen. Freilich auch in gr. und Sechsern. Ueber Ihre ungeheure Zulage aber wundert sich jeder, der nicht weiß, wie es erpocht werden muste. Längst sind die Zeiten vorbei, wo liberal für hiesige litterarische Zwecke oder Unzwecke gesorgt wurde. Sie selbst aber müßen ja auch dahin sehen, daß es Ihnen zur ersten hiesigen Einrichtung nicht fehlt.

Giebt es für Sie denn gar keine Bekanntschaft dortiger Buchhändler, durch die man Litteraria über Leipzig von Ihnen erhalten könnte. Coray versteht das beßer: Ein Band seines Plutarchs, wie so eben, kostet mir etliche gr. — So haben Sie mir auch noch nicht auf die Frage wegen Correspondenz nach England über Paris geantwortet, und auf Viele alte Fragen nicht. Freimüthig sprechen Sie sich über alles Gedruckte aus: dann schweigt man aber billig.

Ihr

W.

30. Bekker an Wolf

[Paris] 20 Nov. 1811.

Ihr Stillschweigen, mein hochverehrter Freund, beunruhigt mich je länger je mehr. Mein Geld geht auf die Neige, meine Arbeit stockt, mein Muth sinkt. Beschäftigt Sie der Plato? Das wolle Gott. Sind Sie krank? Das muss ich leider fürchten und auf diesen Fall schicke ich Ihnen diese Zeilen auf diesem Wege, um allenfalls Nachricht von Ihnen zu erhalten ohne Sie zu bemühen.

Daß unsern Bast vor etwa acht Tagen der Schlag gerührt hat — auf freier Straße St. Honoré — wissen Sie wohl schon. Arm von Haus aus hinterläßt er seiner Mutter und seinem Bruder, einem Pfarrer im Darmstädtischen, ein Vermögen von wenigstens 120 000 Franken. Seine Papiere, meint Schöll, würde er dem M.[agister] Schäfer vermacht haben, wenn er an ein Testament gedacht hätte; jetzt hat Schöll an Weigel geschrieben, um zu erfahren, ob der Rechte darauf habe. Auf alle Fälle giebt es Weitläufigkeiten. Wie schön, wenn unterdess Ihr erster Band, ankündigend und einleitend, erschiene!

Die Erscheinung Ihrer Wolken habe ich dadurch erfahren, daß ich sie bei dem Buchhändler gefunden. Aber ich habe sie auch nur gesehn, nicht einmal die Vorrede lesen können. Der Arkhon erschreckt mich. Haben Sie die Acharner voll[ständig übersetzt?] Hase ist noch immer nicht zurück; so muß ich Ihnen auch den Kratylus schuldig bleiben. Indeß erhalten Sie ihn sicherlich noch dieses Jahr, und die Zwischenzeit geht nicht verloren, wiewohl sie nützlicher und freudiger verwandt würde, wenn ich ununterbrochenen Verkehrs mit Ihnen genießen könnte.

B[ast]'s Papiere können etwas ganzes von meinen Ineditis enthalten, und dies kann in rascher an das Licht fördernde Hände fallen. Um dem zuvorzukommen, steht mir das Museum noch offen? Was ich zunächst einiger Maßen zurichten könnte, wäre ein halbes Hundert Fourmontischer Inschriften und eine auszügliche Notiz von dem Johannes Siceliota, der seit Ruhnken so verschollen ist, daß Hase selbst sein Vorhandensein abläugnete und Bast ihm vergeblich nachgespürt hat. Sodann ein Sangerm. Lexicon, das zwar kaum 2 Bogen stark ist, aber einige Hundert von Citaten enthält, vorzüglich aus Komikern, wie Alexis, Anaxandrides, Antiphanes, Ararus, Cratinus, Diphilus, Epicharmus, Eupolis, Philemon, Philippides, Timostratus.

Möchten Sie mir doch recht bald hierauf entworten, wie auf alle die Fragen meines Briefes vom 8 Sept. Bedenken Sie, daß ich an keinen Menschen schreibe als an Sie.

I. B.

519a. Wolf an Bekker

B.[erlin] 6 Dec. 11.

Hiebei, mein Lieber, wieder eine Geldsendung, ganz der letzten gleich. Nunmehr aber muß ich sehr wünschen, 1) mir bald eine Uebersicht von allem durch mich seit Ihrem Weggehn Empfangenen, mit Angabe der Datums. 2) eine Anzeige, in welchen bestimmten Zeiten Sie das Weitere von jetzo an zu erhalten wünschen, und in welchen Summen. Beides ist für uns beide gleich nothwendig, und ohne das Erste käme ich in eine endlose Verwirrung.

— —

Izt von Andern Dingen. Vor allem bin ich begierig, über Ihre Entschlüße auf Nauks Anträge bald gewiß zu werden. Ein paar Monate noch längeres Ausbleiben Ihnen zu verschaffen, möchte mir vermuthlich gelingen, wenn die Reise nach Florenz daran hängen sollte. Hiebei würden natürlich auch Ihre übrigen und ganz eigenen Arbeiten sicher gewinnen. Auf einen zuvor- oder zugleich kommenden Weigelschen Plato ist gar nicht zu achten. N[auc]k unternähme in jedem Fall eine Ausgabe, die ich ihm antrage, auch neben mehrern andern, angekündigt oder nicht. Ueberdies weiß ich jezt ziemlich gewiß, vor Anfang von $\overline{\text{ao}}$ 13 kommt Heind[or]f nicht mit seinem Euthyphr-Phädo: sogar die ersten Pariser Collationen wurden (vor B'[asts] Tode) erst nächste Weihnachten erwartet. Seit meinen paar hingeworfenen Blättern fängt nun auch B[öc]kh an, den Socius in jedem Collegio über Plato zu bestreiten. Der Spaß könnte belustigen, wenn einen in diesem zerrütteten Leben noch irgend was belustigen könnte.

Daß ich zunächst und eigens nichts zum Cratyl. brauche, werden Sie izt wißen. Aber übel bin ich daran, daß ich von vielen Dialogen überhaupt die Collationen vermiße. Für die des 1sten Vol. wird so noch eben in Wien verglichen, und alles soll Anfangs Febr. hier seyn. Denn kann ich auch den Text geben (nemlich fast ganz, wie er vor 9 Jahren zum Druck corrigiert wurde) so kann ich doch ohne vollständigem Apparat die Noten d. i. die Varianten cum iudiciis nicht machen. Alles wird ohnehin von mir sehr getheilt betrieben, da hier niemand ist, der Griechisch gut setzen und noch weniger corrigiren kann, und so auf mir Alles liegt.

Eine Hauptsache nun: Was Ihnen irgend gefällt, noch zu Apollon.[ius] Pronom.[en] zuzufügen oder zu ändern, wird in 4 Wochen spätestens erwartet. Noch immer steht der letztgedruckte Bogen dazu, gesetzt, in der Druckerei. Was Sie von Druckfehlern neulich sagten, hat mich nach der vielfachen Mühe erschreckt — ärger vielleicht als das Kh in den Wolken, und manchen ehmals das K in critisch pp.

Um sonst etwas für sich selbst zu thun, sollten Sie doch längst sich mit einem der dortigen Buchhändler besprechen — wegen Packeten von und nach Leipzig. Ich kann dergl. nicht alles thun. Coray schickt gewöhnlich 1 oder 2 Bände mir so ad aedes, daß einer ein paar gr. kostet. Was der kann, ist ja jedem möglich. — Jezt drückt uns beide das ewige Postgeld.

Könnten Sie, ohne sich zu überarbeiten, von den neulich bezeichneten Anecdotis Gr.[aecis] was geben, so müsten es natürlich solche seyn, die aus B'[asts] Papieren am ersten zum Druck gelangen dürften, durch einen Leipziger Operarius etwa — (den, der neulich hinten im Gregor.[ius] das *Φλιασίων* vorn im Phädon wegstreicht etc.) Was Ihnen eigen ist, leidet eher Aufschub — warum jezt also an einen Io.[annes] Siceliot.[es] zu denken? Der Verleger müste übrigens nun natürlich Nauk seyn! Aber wo sollten hier die Hände zum stabulum typothetae herkommen? Wie wenn Sie sich dort durch einen Buchdrucker genau unterrichteten, wie viel bei Papier und Lettern, in Corays Manier, bei 1000 Exemplaren, eine Auflage zu drucken kostete — Vielleicht daß ich N[auc]k zu einem dortigen Drucke rathen könnte, und so würden Sie sich alle Schrecknisse ersparen. Doch guter Rath ist hierüber theuer, indeß bald zu faßen. Denn Weigel wird schon, als Jude, seine Ansprüche zu legitimiren wißen, er mag deren haben oder nicht — —

Ob man von dort nach England schreiben kann, habe ich schon ein paarmal mich erkundigt. — Ist Ihnen durch dortige Reperta Kunde geworden, ob die besten Alten nach οὑτοσί u. drgl. noch ein ν parag.[ogicum] angehängt haben oder nicht? Letztres hielt ich bisher für recht, aber viele Varianten der Codd. machen irre. — Schauen Sie doch, ich bitte, recht bald in Codd. um, wegen der garstigen Lesart vorn im Criton, ἐπιλύεται Seit vielen Jahren lief mir immer entgegen επικωλύεται, nihil impedimenti habet senectus quominus. Nur erinnere ich mich dieser Structur in facto nicht, so analogisch gut sie ist. —

Viel anderes wäre heute noch zu schreiben, aber ich bin wenig wohl, ohne doch krank zu sein, und in Zehnerlei sonst verwickelt. Dafür will ich alles in 10—12 Tagen schreiben, als Antwort zugleich auf das jezt von Ihnen Erwartete. Darin werde ich Sie denn bitten, N B. den Januar auf die letzten der Collationen zu wenden, welche ich zu den ersten 5—6 Dialogen noch brauche. Von dem, was seit ao 1804 nach Paris gekommen ist, bitte ich vorläufig zu bemerken, habe ich grade nichts.

In Hofnung genauer Antworten

ganz der Ihrige, Wf.

Izt ists Zeit, mir rein und frank zu sagen, was Sie in Rücksicht Ihrer im Titel und Ankündigung des Plato wünschen.

Auf die mir so eben, beim Absenden des Uebrigen, mitgetheilte Antw.[ort] an Nauck. 1) Sie haben mich seit 9 Monaten um eine Ankündigung bestürmt? — Für Plane von mir hatte ich nie Ankündigungen nöthig, und liebe sie jezt am wenigsten. Von dem Grunde „Weil üblich und vielleicht gesetzlich, daß ausgeliehene Handschriften eingefordert werden, sobald sie von einem Andern verlangt werden“ hatten Sie mir nie etwas gemeldet, er würde uns aber auch nicht den Muth gegeben haben zu sagen, daß die Par.[iser] Codd. sogut als in unsern Händen wären.
2) Wegen Florenz alle möglichen Erkundigungen einzuziehen, ist ein Wunsch, den ich Ihnen vor mehr als 9 Monaten mittheilte. So wichtig und wenig berührt die dortigen MSS sind, muß ich sie — nach meiner Denkart — Ihrem freien Entschluße überlaßen.
3) Da die ganzen Opera Platon. ein zeitfreßend Unternehmen sind, und die lat. Uebers.[etzung] nicht von 6 Menschen οἷοι, νῦν εἰσι, (vielleicht in Europa) würdig zu geben ist, so war mir N[auc]ks Zumuthung, in 5—6 Jahren fertig zu werden, sehr furchtbar, und sein Gedanke willkommen, wenn Böckh einen Theil nehmen wollte, diese Offerte anzunehmen. So eine Offerte ist nun zwar nicht geschehn, auch nicht eben wahrscheinlich, aber möglich. Weil ich Ihnen aber am Plato alles gern gönne, was Sie nur übernehmen wollen (welches Sie also zu nennen haben) so müste B.[öckh] nicht an so etwas auch die Hand legen wollen. Was ich früher ihm nun selbst rieth, die Leges, Timaeus und Criton einst zu bearbeiten, würde sein Antheil am natürlichsten werden können, wenn Sie damit nicht eben gern zu thun hätten. Wollen Sie aber, auch wenn ich nach 2 Bänden abscheide, alles übrige nehmen, gut; nur sagen müßen Sie bald, was Ihnen beliebe. Also wie wäre folg.[ender] Vorschlag? Ich nehme höchstens ein 10—14 Dialogen. Sie ein 2tes Drittel, namentlich die

Republik pp, und B[öc]kh jene genannten — wenn Sie nicht auch zu diesen geneigt sind. Im letzten Falle aber wäre es das beste — da es mir nicht ziemt, über so was mit ihm zu reden — Sie schrieben ihm und kündigten ihm an, daß Sie ihm zu jenen Stücken alle Varianten geben würden, wenn er zu unserm Unternehmen träte pp (daß er mit Weigel nicht sehr zufrieden ist, bezeigte er mir neulich.) So entschiede sich alles, nach Ihrem Wunsche, bald. Doch da B.[öckh] von einer Menge Schurken geleitet und gegängelt wird, wird er wahrscheinlich nicht beitreten mögen. Dennoch ist ein Brief von Ihnen gut, und wäre mir lieb, auch nur sofern, daß Sie ihn wegen des Weitern an mich verwiesen. So wärs am besten.
4) Der Hauptt i t e l sollte Pl.[atonis] Opera variorum studiis recens.[ita] et illustr.[ata] versprechen, die einzelnen Dialoge dann mit den Namen ihrer Editoren besonders erscheinen. Aber in der Ankündigung war schon Ihr Name nöthig, wenn keine Schurkerei Sie weiter an Vollendung der Collationen hindern kann. Darüber wünschte N[auc]k und ich baldige Auskunft, die Ihr Brief aber nicht giebt. Dadurch verzögert sich auf 3 Wochen die Annonce.
5) Was die von Philologen von Profess.[ion] erwarteten Anecdota betrift, so geben Sie nur auch darüber den verlangten Entschluß. Aber auf mehr als 30 Käufer rechnen Sie jezt doch ja in Deutchl.[and] nicht bei blos Griech-Gramm.[atik] Sachen.
6) Die N[auc]ksche Ermahnung zu ausführlicher Antwort von mir ist voraus durch die 4 ersten Seiten erfüllt worden.

Sobald alle Ihre Entschlüße reif sind, so senden Sie nur alles uns zugleich, und ganz offen, à Mr. Nauk, Libraire. Die Briefe an diesen scheinen behender zu gehn, als die an mich.

Da es nun mit 3 Banquers hier probirt ist, erwarte ich von Ihnen, welcher der billigste sei. —

31. Bekker an Wolf

[Paris] 8 Dec. 11.

Tausend Dank für Ihre Sendung, die mir endlich den Glauben in die Hände gibt.

Daß einer Ankündigung nichts weiter im Wege steht, noch vielleicht jemals gestanden hat, werden Sie aus meinem Brief vom 20 Nov. und aus dem an Hrn. Nauck gesehn haben. Selbst gegen den zuversichtlichsten Ton ist nichts, außer etwa die allgemeine Unsicherheit menschlicher Dinge. Denn sonst bin ich des hiesigen Apparates gewiss, und noch vor Ablauf meines Platonischen Jahres.

Freilich nur des hiesigen. Denn Florenz gebe ich auf, wiewohl Hr. N.[auck] allerlei Rhetorik aufbietet mich dahin zu beschwatzen. Hier kann ich so viel leisten als mir physisch möglich ist: diese Gewißheit darf ich nicht an unbegründete, wenn auch lockende, Hoffnungen setzen. Und um eine Ausgabe zu rechtfertigen, reicht das Hiesige vollkommen hin.

Hr. N.[auck] spricht ferner von einem Beitritt Boeckhs. Ich habe eingewilligt. Vorschnell, fürchte ich. Eine Collation einem Andern überlassen dünkt mich jetzt ein Opfer, das nur der entschiedenen Überlegenheit zu bringen ist. Sind also von jener Allianz nicht etwa ganz ungemeine Vortheile zu erwarten, was Sie ja beurtheilen werden, so bleibe ich derselben nicht ungern überhoben.

Er verspricht mir endlich Ihre Wolken und Ihr Programm zum Phädon. Ohne davon einen Buchstaben gesehn zu haben, versichere ich, daß es für eine Übersetzung viel zu hoch ist. Und wer läse die Übersetzung? Ein anderes ist es mit der Ausgabe: die wird der stattliche Druck einschwärzen.

ει für *η* nimmt sicherlich Heindorf selbst auf, wenn es ihm auch nur an einem Zehntheil der millium locorum angemerkt ist, wo es gediegen vorkommt oder unter der Correctur hervorschimmert. Für eben so sicher halte ich die Reste des Plusqpf. auf *η*, und die Plural. *ῇς* oder, wie der zweite Codex an Würdigkeit (Vatican. 796) schreibt, *ηῖς* für *εῖς*. Über den Accent von *ἔστιν* rühme ich mich keiner Wissenschaft. — — — Gegen Zusammenschreibungen, wie *γάρτοι*, kennen Sie meine Antipathie: noch weniger würde ich mir *δηλονότι* gestatten.

Sind Sie entschieden zwischen *ἀεί* und *αἰεί*, *πρόσθεν* und *πρόσθε*, *μέχρι* und *μέχρις*? (Das letzte besonders ist recht selten vor Vokalen.) Und über den Gebrauch des Apostrophs? Davon scheinen beide Extreme gleich autorisirt. — — —

Was heißt Ihnen die letzte Homerische Arbeit? Nach dem Journal de Paris — eine Art von Hallischem Courier — rathe ich auf den zweiten Theil der Prolegomena.

Wenn Sie mich nach Berlin wünschen, so wird mir das hiesige halb schaale halb wüste Treiben von Tage zu Tage unleidlicher. Sie nennen es eine theure Freude: theuer allerdings, aber nur darum, weil es keine Freude ist. Könnte ich nach Herzenslust unter Ihren Augen arbeiten und meinen Sammlungen zu Gute machen, so bliebe mir weder Zeit noch Versuchung zu den Narrentheidingen, die das meiste Geld hinnehmen, und doch, um die unendlichen Winterabende zu tödten, unumgänglich sind.

Um Geld übrigens gegen Ende des Monats habe ich Sie schon durch Hrn. Nauck gebeten. Ich hoffte dessen erste Zahlung, nebst dem Rückstand des laufenden Quartals: denn ganz, fürchte ich, ist dies nicht mehr, und doch mag ich auch nicht in das folgende eingreifen.

Leben Sie wohl und bleiben mir geneigt.

Auf welche Fragen ich nicht geantwortet [habe, auf] die, nehmen Sie an, suche ich noch die Antwort.

32. Bekker an Wolf

[Paris] 21 Dec. 1811.

— — — Über Florenz habe ich Hoffnung durch Hase von Millin Nachrichten zu erhalten. Lauten solche nur einiger Maaßen günstig, nun so geschehe Ihr Wille. Denn des freien Entschlusses, den Sie mir zuschieben, begebe ich mich, wohl wissend, welchen Vortheilen ich entsage, wenn ich Paris verlasse, aber auch nicht gleichgültig gegen die, welche Sie, ohne Zweifel aus recht triftigen Gründen, von dorther erwarten. Daß ich übrigens auf diesen Fall w e n i g s t e n s die 800 rthlr brauchen werde, die Sie dazu schon den 29 März vom Buchhändler versprachen, muss ich wiederholen, wie ungern ich auch so blindhin fodere und empfange, ehe ich im mindesten weiß, wozu und wieweit ich mich dadurch verpflichte. Abermalige Verlängerung meines Urlaubs kann i c h um so weniger nachsuchen, als ich allbereits die jetzige nur um die endlich hier erlangten Localkenntnisse völlig zu benutzen verlangt und erlangt habe.

Was ich Ihnen neulich gegen Boeckhs Beitritt gesagt, kam mir ungefähr auf diesem Wege. Alles zu übernehmen, was Sie übrig lassen, dazu, dacht' ich, gehört Zeit und Geschick. Daß mir die Zeit nicht beengt werde, sorgt Hr. Nauck, der auf meine Anträge wegen des Apollonius mit Stillschweigen antwortet, wegen der andern Grammatiker mit einer Unbestimmtheit etwa so aufmunternd wie Ihre Zählung der Käufer, wegen der Redner mit Vertröstung in das Jahr 1820: überdies könnte meine Berlinische Professur gar leicht dasselbe erleiden mit meiner Hallischen Inspection. Geschick wird allerdings zu vielem fehlen, am meisten zu der Übersetzung, κεραμεύειν ἐν πίθῳ μανθάνοντι: da aber auch B[öckh]'s Stärke nicht die Latinität ist, warum soll ich mir deshalb die Ernte verkümmern, nachdem ich im Schweiß meines Angesichts geackert? So dachte ich. Indess sind diese Gedanken mehr oder weniger selbstisch, und dürfen nicht den trüben Augenblick überleben, der sie hervorgebracht. Daher bin ich jetzt nichts weniger als abgeneigt, Boeckhen das vorgeschlagene Drittel oder worüber er sonst mit mir einig wird zu überlassen. Nur kann ich nicht geradezu an ihn schreiben. Ich stehe mit ihm in durchaus keinem persönlichen Verhältnisse: was ich vielfach bedauert habe, weil ich denn doch wenige Menschen und, außer Ihnen und Hermann, keinen Philologen weiß, den ich höher achtete. In Halle habe ich ihn kaum ein oder zwei Mal gesprochen; auf dem Herwege ward ich durch die Tollheit meines Reisegefährten gehindert nach Heidelberg zu kommen; daß ich mich ihm von hier aus durch zwei Reisende zu Diensten entboten, hat mir kaum einen Gruß eingetragen. So möchte litera scripta, die nicht allein bleibt, sondern auch öffentlich werden kann, allzu gewagt sein.

Daß es Sie drückt nicht schon jetzt den Apparat ganz zu besitzen, begreife ich und bedaure ich: aber ich sehe nicht, wie zu helfen, zumal so lange sich nicht ein bequemerer als der Postweg aufthut. Daß aber ein solcher schwer zu finden ist, beweist Hr. Nauck: er würde mich sonst die wenigen Bogen, die er vielleicht für 12 gr. verkauft, nicht mit 9 fr. bezahlen lassen. Coray's Gelegenheit dürfte nicht für den Sender weniger angenehm sein als für den Empfänger: doch weiß ich darüber noch nichts, weil ich den Mann lange nicht habe sehen können; seine neuliche repulsa vom Institut wird ihn nicht in die beste Laune gesetzt haben.

Zum Apollonius bitte ich, wofern Raum ist, außer den jüngst bemerkten Druckfehlern in den Anmerkungen, folgende im Texte anzuzeigen: — — — Auf dem Titel, wo möglich, Immanuel. Im letzten Absatz des Prämonitums scheint nobis ein, vielleicht nicht gewolltes, Anakoluthon zu machen. Consonanten mit einem Apostroph am Ende einer Zeile, wie 77 A 10 ἐπ' und 68 C 6. οὐδ' lassen Sie schwerlich in den Plato.

Derselbe Apollonius übrigens ist die einzige Autorität, die ich für das ν̄ an οὑτοσί kenne. Doch würde ich, so deutlich auch die beiden Stellen 75 C 4 und 105 C 3 sind, lieber der dritten folgen 64 A 6: daß jenes ν̄ an unbetonte Diphthongen gehängt wurde, ἤσκειν, ᾔδειν, ᾔειν, beweist nichts für betonte lange Vocale: οὑτοσὶν εἶπεν scheint mir unnatürlich, wie wer sagte celui-ci-t-a dit. Auch habe ich es in Handschriften gar selten gefunden, so verschwenderisch sonst die ältesten damit sind. — Wegen ἐπιλύεται habe ich die 6 Codices de l'ancien fonds nachgesehn, den Ven. 125 und den Wiener 31: alle halten es fest; 1810, 2010 und 125 mit αὐτοὺς für αὐτοῖς. Von den 3 oder 4 übrigen das nächste Mal.

Ihr Programm habe ich mit großer Freude gelesen: es entrückt mich in die Zeiten, wo ich Aehnliches aus Ihrem Munde hörte und wieder hören werde. Nicht alles Einzelne leuchtet mir ein: aber ich bescheide mich hier nicht einmal zweifeln zu können. Dabei bleibe ich, daß so nahrhafte Kost für französischen Geschmack auf keine Weise zuzurichten ist. Wer fragt hier nach dem Plato? Virgils Pollio gedeutet! Das ist gemeinnützig.

Wenn Sie aber den Leuten durch solcherlei Zumuthung zu viel Ehre thun, so thun Sie Ihnen dagegen Unrecht durch die ewige Besorgniss, daß der Fortgang meiner Arbeit annoch böslicher Weise gefährdet werden könne. Heben kann ich diese Besorgnisse, wenn Sie wollen, freilich nicht eher, als ich Ihnen das ganze Bündel Collation mit meinen Händen in Ihre lege: für mich bin ich fest überzeugt, daß sie ungegründet ist. Dürfte ich doch in Italien nur die Hälfte der hiesigen facilités hoffen!

Die Frage von der Ankündigung scheint durch Hrn. Naucks nicht sonderlich gedrängte und klare Schreibart in einige Verwirrung gerathen. Ob und wann und wie angekündigt werden solle, entscheiden natürlich Sie: meine Ansprüche beschränken sich auf schlichte Nennung meines Namens, der ja nun einmal ad plurium popularium notitiam prodirt ist. In einer Societätsfirma sehe ich noch immer kein besonderes Heil.

Von einem verlangten Entschluß über die Anecdota weiß ich nichts. In Hrn Nauks Brief vom 12 Nov. finde ich bloß: „Auch die Anecdota Graeca müssen mir sehr willkommen sein, wenn es ohne Aufenthalt des Plato sein kann.“ Worüber er denn wohl allein in oberster Instanz erkennen wird. Zum Druck wären sonst die meisten Texte bald fertig. An einen hiesigen indess ist schwerlich zu denken, am wenigsten wenn ich von hinnen gehe. Eine vorläufige Ankündigung, um Collisionen zu vermeiden, werden Sie lächerlich finden.

Von meinen ehemaligen Fragen möchte ich manche auffrischen: aber Sie erklären sie für beantwortet, und ich — muss es eben leiden. Nur die Nummern Ihrer Collationen kann ich mir nicht versagen zum fünften oder sechsten Male zu erbitten: daran hangen die Arbeiten, die Sie dem Januar aufgeben.

Ist meinem Apollonius irgendwo eine Recension geworden? Ich wünschte sie von Hermann und Boeckh, die noch manchem Fragmente aufhelfen könnten.

Hätten Sie die Güte mich gelegentlich Schleiermachern zu empfehlen und ihn um die Addresse von Marwitz und Przystanowski zu bitten, so eröffneten Sie mir Communicationen, die mir jetzt und hier zwiefach werth sind.

Leben Sie wohl, Verehrtester, und bleiben mir im neuen Jahre, was Sie im alten gewesen.

I. B.

Die Recommandation Ihres letzten Briefes scheint nichts weiter gefruchtet zu haben als der Post dreifaches Porto und mir die Mühe aus dem entlegenen Bureau zu holen, was mir sonst ins Haus gebracht wird.

33. Bekker an Wolf

[Paris] 31 Jan. 1812.

Im Laufe des endlich überstandenen Monats bin ich vielfach versucht gewesen zum dritten oder vierten Male an Sie zu schreiben: immer habe ich mich zurückgehalten, weil ich glaubte, daß die Antwort, die so leicht zu geben scheint als für die Richtung meiner Arbeit auf das zunächst nothwendige unentbehrlich, entweder von Tag zu Tage kommen müsse, oder aus ganz besonderen Gründen ausbleibe. Diese Gründe habe ich nun zwar noch jetzt zu scheuen: indessen, weil doch möglich ist, wenn auch nicht wahrscheinlich, daß Briefe verloren gegangen, bitte ich Sie hiermit aufs neue um die Nummern Ihrer sämmtlichen Collationen zum Plato. Die meinige hoffe ich zwar, so fest als jemals vor dem April beendigt zu sehn; aber diese Hoffnung gründe ich allein auf eine so haushälterische Benutzung meiner Zeit, daß ich durchaus nicht unternehmen darf, was vielleicht vergeblich und unnöthig wäre. Wie leicht es auf der andern Seite ist etwas zu übersehn, habe ich vor kurzen zu meinem Schrecken an dem Venetus 184 erfahren, aus dem Ihnen Hr. Nauck den Phädon und Menexenus zugestellt haben wird. Diesen einzig vollständigen, von außen überaus stattlichen und an Gehalt unverächtlichen Codex hätte ich rein vergessen, wenn mich nicht ein bloßer Zufall daran erinnert hätte.

In einer Nachschrift zu derselben, den 11 Januar an Hrn Nauck abgeschickten, Collation habe ich Ihnen geklagt, in wie leidiges Gedränge ich gerathe, wenn Sie nicht, mit gewohnter Güte ein Helfer aus Noth erscheinen, und mir das Gehalt für Januar und Februar sobald als möglich übermachen. Klage und Bitte wiederhole ich. Den März, wie im vorigen Jahr bei Séguier zuzubringen ist in keinem Betracht angenehm, wie freundlich auch der Mann einladet, und wie leicht ihm wird mir das Leben bequemer zu machen als es hier ist, wo aus ewiger Leere und Unbehaglichkeit höchstens augenblickliche, Nachwehen lassende, Aufschwünge verstattet sind.

Rechnen Sie zu dieser, nun bald zweijährigen, Peinlichkeit der Gegenwart die wehmüthige Erinnerung an eine unvergleichlich genußreichere Vergangenheit, und die Unruhe um eine Zukunft, die sich dermaaßen zu schwärzen scheint, daß vielleicht nicht unzeitig ist zu fragen, was beginnen *ἢν ἄστυ ἁλῴη:* und schelten Sie dann die Ungeduld, womit ich jederzeit und zumal jetzt erflehe und ersehne, was von Ihnen kommt.

524a. Wolf an Bekker

B.[erlin], den 5 Febr. 12.

Von Herzen bedaure ich, mein Theurer, wenn ich Sie jetzt auf einen Brief länger habe müßen warten laßen. Allein das Müßen war es eben; hundert kleine und größere Zufälle, selbst Unfälle, hinderten mich, auch eine Monate lang anhaltende rheumatische, zum Theil etwas lähmende, Disposition p. Dann wurde fast täglich auch die Abreise dieses angenehmen jungen Mannes erwartet, der schon früher Auftrag hatte, Sie dort aufzusuchen, aber selbst auf der Bibl.[iothek] nicht e r f r a g e n gekonnt p. Indeß habe ich schnell Ihr griechisches letztes Bedürfniß zu begnügen gesucht, unbekümmert — wie seither überall — über den Zustand der Caße. Wollen Sie, so bleiben Sie denn nun bei Delmar, den Sie schon früher, wie Sie sagen, als den billigsten erfanden. Eben darum aber versuchte ich es mit einem dritten, um zu sehen, wie der erfunden würde. Denn ich habe ja kein Intereße. —

Sonst will ich nur obenhin nochmals bemerken, daß Eichstädts Geld n i c h t e i n m a l kennbar Geld war, sondern verlegne, ungültige und ganz verschiedne Münzen, wie aus irgend einem Cabinet entwandt, so daß der höchste Bieter doch unter dem gab, was die Post bringen sollte. Das Nähere habe ich meinen Stadtläufer aufschreiben laßen und bald hoffe ich Ihnen die ganze Rechnung von Anbeginn vorzulegen. Immer wünsche ich dabei, daß Sie sich etwas für die erste Zeit hiesiger — immer kostspieliger — Einrichtungen erübrigen und vorbehalten mögen.

An Italien ist wol nicht mehr zu denken (ohne eignen Trieb von Ihrer Seite), zumal da Sie es auf triftige Gründe oder Motive schieben, die ich haben möchte. Kurz also, Ich habe gar keine weiter als in dem Zettel Codd. Platon., den Sie einst sahen, oder selbst sich abschrieben. Die Facilités sind zwar jezt auch in Florenz nicht gering bei Vergleichen von Codd. Und oft ist schon ein Monat Anwesenheit viel werth, um doch den besten Vergleicher zu wählen und Folge und Art der Arbeit ihm aufzugeben pp worüber brieflich zu schalten so schwer ist. Indeß hab' ich eben an einen Haupt-Bibliothecar dort eine Anfrage ergehen laßen; davon Ihnen Nachricht werden soll, sobald ich deren habe. Unterdeß haben Sie freilich in P.[aris] außer Ihren Sachen — (die ich nie gern stören mochte, den Rednern) — manches zum Plato noch, und wohl (ich würde fürchten, wenn ich Ihre gelehrte Rüstigkeit nicht kennte) das Beschwerlichste, Sachen der widerlichen Interpreten, Proclus, Hermias, Olymp.[iodorus] p und so manch, bei Ruhnk.[en] wol nicht oder schlecht stehendes Scholion — Manches andre, was ich izt und überall nicht Ihnen zu sagen brauche. Gut wär' es hiebei, wenn das, was (nach dem dort bekannten Hardtschen Catalog) zu München seyn muß, nicht verglichen würde, um überall Zeit zu gewinnen. Wiewohl in die Ferne jezt noch etwas von M[ünche]n zu erhalten, schwer ist; doch erhalte ichs vielleicht durch den Kronprinz. Uebrigens muß ich noch bemerken, daß wenigstens ich bei N[auc]k nicht auf noch mehr als das Stipulirte antragen darf. Er hat schon dies *ἑκων ἀεκ.[οντι] ϑ.[υμῷ]* gegeben, und ist überhaupt bei aller Bravheit attentiss.[imus] ad rem. Aber welcher Andre würde denn jezt so in die Fern — auf spätere Arbeit — nur die Hälfte geben mögen! Experiaris. Reimer ist seit lange noch etliche Louisd' schuldig, und muß wol wegen Eines schon ein paarmal schriftlich gemahnt werden. Er bietet daher auch nicht die Hand zu dem etwas geänderten Abzug des letzten Bogens. Daß Ihr Name nun plötzlich ein I erhält, ist fatal. Aber was ist zu thun? Früher glaubte ich, am wenigsten in so etwas, ändern zu müßen. Dafür muß ich bleiben bei Platos Apostrophen und Nicht-Apostrophen, wie Sie es nennen, die Extreme zu autorisiren. Aber diese Art Sprache sollten Sie sich nicht weiter erlauben; sie würde jeden Andern als mich gradehin beleidigen. Und Sie haben zuerst Freunde in der Welt nöthig.

Der eine Recens.[ent] Ihres Apollon.[ius] Dysc.[olus], von dem ich höre, (zu lesen habe ich selten ein Journal) hat sich nicht als Freund bewiesen, sondern in 9 Zeilen trocknen Bericht gestellt: Beck, wie man sagt. Viele dieser Art fürchten sich, auch unbeleidigt, schon vor jedem Hartredenden.

Ihre, freilich den Leipzigern, und selbst längst den Leidnern, leicht zugangbaren Excerpte war ich eben vor 14 Tagen willens aus Ihrem Briefen so ungefähr ankündigen zu laßen. Jezt ists beßer, wie Figura zeigt; übrigens in des Verlegers Seele dictirt. Denn neue *φορτικὰ* durfte ich nicht wagen, da schon das praemonitum hie und dort so geschienen hat, wiewohl es Ihnen nicht gefallen, nach einer der letztern Äußerungen.

Eine andere über die Wolken — das Höchstvollkommenste, was ich jemals herausgab, und von den Ersten 4—5 Männern in Deutchland hochgeliebte, mir aber schon durch die Zeit werthe — kann ich darum nicht beantworten, weil ich es kaum halb verstand, jezt aber den Brief nicht finden kann. Zur billigen Strafe schicke ich Ihnen denn hier ein neu Stück von den Acharnern, nach denen Sie fragten, an deren und der Uebrigen Druck ich aber nicht denke.

Böckh zeigte sich bei einem neulichen Besuche, als ich die Rede endlich — gegen jemand andern noch nicht — auf unsre Platon.[ische] Unternehmung leitete, im Allgemeinen sehr willig zur Theilnahme, nemlich in Ansehung der Leges und Timaei, die er auch nur dort übernommen — allein, ob mir gleich seine Willigkeit Ernst schien, so glaubte ich ihm doch leicht, daß er, der wegen Pindars noch ein paar Jahre mit Weigel zu thun hat, sich von jenem Versprechen (es werde aus deßen Edit.[ion] was wolle) nicht ohne viel Lärmen trennen könne. U n s r e A n k ü n d i g u n g ist eben auch in den D r u c k gegangen, so daß Sie sie in 3 Wochen dort in ALZZ. finden können. Von so was müste doch eine zweckmäßige neue Anzeige in Paris angehn und gut seyn. Der Titel ist v o r l ä u f i g so gefaßt, (wenn Sie was beßers, wie zu wünschen, vorschlagen wollen): P.[latonis] O.[pera] omnia Gr. et Lat. — Cum excerpta ex plurimis MSS variet.[ate] lect.[ionis], subiunctis Henr. Stephani integris, . . selectis FAW., I. Bekkeri aliorumque criticis adnotationibus, singulari volumine Isagoges litterariae rerumque et verborum Indicibus.

Vielleicht daß durch eine solche Faßung, die zugleich buchhändlerisch gut schien, dem B[öck]h bei jenen gewiß nicht allzu erfreulichen Büchern späterhin noch ein Beitritt möglich ist. Wiewohl ich n i c h t s erwarte, da ihn schon andere Sodales anders leiten werden. Dergl. Misèren scheinen hier ärger als irgendwo.

Ihren Freund Marwitz finden Sie in Potsd.[am], ich denke als einen RegierungsRath oder des etwas. Wegen Przystanowski muß ich Schleierm.[acher] beschicken, den ich wol seit einem Jahre nicht sah.

Benutzen Sie die gute Gelegenheit dieses Ueberbringers, Dorow aus Königsberg, der ein in menschlichen Dingen gewandter Jüngling scheint, so können Sie gewiß bald, ohne viele Compll., Briefe und P a c k e t e hieher haben. Doch muß freilich, nach den f r ü h e r n E r f a h r u n g e n, alle Sicherheit bedacht werden.

Möchten Sie, wenn manche Ihrer Fragen von mir nicht beantwortet wurden, solche doch kurz auf der großen leeren Stelle des letzten Briefs wiederholt haben. Die Hauptsache auf einem Zettel hiebei, und zu den 6 e r s t e n [Dialogen] wünschte ich freilich nun bald Alles zu haben; Alles ist aber mehr als einzelne V a r i a n t e n, worunter ohnehin das Verhältniß immer bleibt, wie weiland: jede Emend.[ation], die man nicht selbst machte, beträgt 1/2 oder 1 ganzen Louisd. Oft ists nur wahrer Prunk, davon zu sprechen. Und dann kommen einem doch Fälle vor, wo Autopsie in sonderbaren Kleinigkeiten etwas entscheiden hülfe. So Crit. p. 46. C. Steph. sieht man in einem recht guten für mich verglichenen Zittauer Codex k e i n e n A b s a t z vor *πῶς οὖν — εἰ πρ.[ῶτον]*— Dagegen von 10 Parisini, die Boiss.[onade] mit ausführlicher Genauigkeit einst mir verglich, w e i ß ich doch nichts — und bitte in den besten wenigstens dicis causa nachzusehn.

Ad vocem, Boissonade: in die Ankündigung habe ich seinen Namen gebracht als eines frühern Förderers, w e i l ich hörte, er, wie Bast, hätten das gleiche 2 mal verkauft, an Weig.[el] izt wie ehmals an mich. NB. So stände er beschämter, ja blasser da, als sein nun erblaßter Patron.

Wenn Ihnen Nauks Stilus weitläufig dünkt, so seyn Sie froh, daß er überall schrieb. Dies kostet Kunst, da er viele bürgerliche Geschäfte noch zu betreiben hat, und ich oft auf 1 Zeile einige Tage warten muß.

Der seltsame Zusatz von Monaten vorn in Ihrer Ankündigung muste leider seyn — da sie sonst wenig zum Zweck gewesen. Indeßen in etwas werden Sie nun sorgen, daß nicht aus w e n i g allzuviel werde. Correctoren giebts in deß noch immer hier keine. Der beste ist B[uttman]n, der im Apollonius mit Mühe die Apostrophen am Ende noch eincorrigirt hat, wiewol schon die Setzer sich mir vor 20 Jahren sträubten, wenn sie zE. *ἐσϑ'* weder *ε*- trennen durften, nach i h r e r Regel — und nach meiner gar nicht hinsetzen. Andere Sachen werden Sie wohl izt mehr beobachtet finden, über die ich, als einführenswerth, vor vielen Jahren schrieb. Aber *τουτο ὁ* in *τουϑ' ὁ* und viel Anders zu ändern, zuweilen in 2—3 Worten neben einander, überlaße ich andern.

Die letztern Varianten kamen eben vor Thorschluß. Hiebei ein Bogen in 4to. Diese Edition läßt N[auc]k auf eignen Einfall für beatiores machen, ganz im Inhalt wie die kleine. Bei dieser aber geht die Version in besondern voll. neben dem Texte her. Geht die große nicht, so schließt er diese.

Die Bedingungen, die Ihnen N[auc]k wegen der ihm in Verlag zu gebenden Sachen machen wird, werden Ihnen fürcht' ich, klein vorkommen; aber doch zweifle ich, daß ein Andrer höher ginge. Ich wenigstens weiß niemand, auch für mich nicht. Und beim Plato komme auch ich — wenn ich meine frühern Ausgaben d. i. Aufwand' rechne, kaum auf 8 rthlr, die freilich jezt sind, was sonst 12. Er wünscht aber über Alles bald feste Gewißheit — und die Gehalt Caße die bestellten Quitungen. Sonst droht sie nicht zu zahlen — und diese Leute können von ihrer treflichen Ordnung nicht abgehen.

Auch die von Millin über Florenz zu ziehenden Nachrichten wünsche ich baldmöglichst: dann bestelle ich dort vielleicht wenigstens Einiges.

Immer klagen Sie, auch gegen N[auc]k, auf Manches ohne Antwort zu sehen, oder, wegen des Plato, im Dunkeln. Ich bitte also: machen Sie sich doch bald durch eine Anzahl Fragen über Alles Licht. Sie sehn ja mein unermüdliches Schreiben; und das Dunkle lieb ich auch sonst nicht. Nur giebts natürlich bei Planen dieser Art, wo oft hin und her geschwankt wurde und eigner Wunsch nicht allein entschied, Manches, das auch der längste Brief nicht faßt.

Wegen der Schwierigkeit des Briefwechsels bisher (hoffentlich nur) bewies N[auc]k eben nicht viel. Dem ist von Paris gar nichts bekannt; wäre er nur 3 Tage dort, so würde er sich Wege ausmitteln.

Fallen Ihnen einige Behauptungen über den Phädon auf, so reichen 6 Zeilen zu Fragen hin. Vielleicht lerne ich zugleich daraus. Einmal nur ist etwas perplex ausgedrückt, wie das Ganze obenhin geschrieben: nemlich fast wie wenn ich meinte, man sage ἔχω αποκρινεσθαι — das wird mir indess niemand zutrauen, obgleich noch niemand sagte, wie man nie ἔχω λέξαι sagt u. pp.

Es freut mich sehr, daß Sie gewiß nun in etwa 6—8 Wochen über den ganzen übrigen Theil Ihres auswärtigen Aufenthalts werden disponiren können.

Immer der Ihrige

Wolf.

Unter Gedrucktem, was in Deutschl.[and] gar nicht ist, auch nicht in Wien, intressirt mich dort a) die ganze T. 1. 2. vollständige Edition der alten Rhetores Graeci und b) die Platonischen Sachen von Louis le Roi - zEx. Sympos. Vielleicht daß Sie hiezu das Gute mir wenigstens andeuten könnten. de Republ. von ihm besaß ich; aber die Hall.[ischen] Diebe haben auch dies Werk gestolen.

Erst 100 rthlr hab ich N[auc]k für Sie zahlen laßen.

526a. Wolf an Bekker

[Berlin] 15ten Febr. [1812]

Mein Bester, Nach allem, was ich sehe, hat es mit den letzen 3 griechischen Wörtern vom 31 Jan. nichts zu sagen. Und so lange ich e t w a s habe, soll Ihnen auch — es sei in Paris oder Fl[oren]z — e t w a s nicht fehlen. Dann erst mögen Sie Seguiers durch erfreuliche Besuche (die Ihnen doch auch zur Abspannung n ö t h i g und h e i l s a m seyn müsten) belästigen. Früher war es nie noch d r i n g e n d : da ich Ihnen einst geschrieben, „Sie könnten bei einem schnellen Bedürfniß nur ein 100 rthlr oder was auf mich assigniren." Eine solche Auszahlung konnten Sie sich ja wol durch einen Freund mit Vorzeigung meiner Worte verschaffen. Vale.

W.

Hierbei die 2 stattlichen Ankündigungen. Die größre hat nur diesen Fehler: sie kam Einen Monat noch zu früh.

34. Bekker an Wolf

[Paris] 18 Febr. 1812.

Der Überbringer Ihrer langersehnten Sendung dringt auf unverzügliche Antwort: also nur das Nothwendigste. Zuerst herzlichen Dank für den neulichen Wechsel, der mich Anfangs bestürzte und fast entrüstete, auch nicht von einem Buchstaben begleitet. Daß ich Sie in Rechnungen verwickle, thut mir unendlich leid.

Nach Italien fühle ich allerdings für jetzt wenig Trieb. Zu thun habe ich hier bis Michaelis vollauf: zu hoffen von irgend einem Codex verlerne ich täglich mehr. Indess, wenn ich ungestört fort arbeite, kann ich in den lang werdenden Tagen manches thun, und vielleicht einen oder den andern Monat erübrigen. Auf den Fall wäre denn freilich jede Notiz über Florenz willkommen. Von Hase habe ich bis jetzt nichts als Versprechungen.

Von meinem Gerede über den Apostroph weiß ich nur noch so viel, daß ich nicht gesagt, S i e autorisirten beide Extreme, sondern, was schwerlich beleidigend ist, die Codices thäten das: (ich hatte damals gerade den St. german. 155 vor, der fast überall apostrophirt.) Fast möchte ich Sie bitten meinen Brief noch einmal darauf anzusehn. Auf jeden Fall trauen Sie mir nicht animum iniuriandi zu. — Was die Sache angeht, so hat wohl Boeckh Recht in der Vorrede zu seinem Pindar: nur sollte er nicht meinen, er widerlege mich, wenn er ausspricht, was ich belegt und großentheils selbst ausgesprochen habe.

Daß ich mich an den Wolken versündigt, außer durch den noch nicht verwundenen Schreck vor dem Arkhonten Isarkhos, ist mir nicht erinnerlich, aber hoch erfreulich, weil es mir d i e s e Strafe zuzieht. Ich habe sie unterdess gelesen, die Vorrede dreimal hinter einander. So haben Sie nie Deutsch geschrieben!

Um Boeckh wäre es Jammerschade, wenn er nicht los könnte von seinen siechen Genossen. Ihre Ankündigung hoffe ich nächstens; ins Magazin Encyclop. und sonsthin brächte sie wohl Hase.

Die wenigen Monate für meine Anecdota machen mir nicht wenig Unruh. Indess mag der Druck allenfalls, inauspicato, mit dem Stratonikeer anfangen. Für die Lexica möchte ich vorher gern den ganzen lexicalischen Vorrath, der hier sehr beträchtlich ist, durchmustern. — Des Paulus Silentiarius ἄμβων ist doch wirklich ungedruckt? Ducange, zur St. Sophia, edirt einige Verse daraus, ohne zu sagen woher.

Hrn. Naucks Bedingungen gehe ich ganz gern ein, wenn er nur auch noch den Apollonius übernehmen will. Bast hat die bloße Collation an Weigel für 6000 Fr. verkauft. Ein 12000 soll Schöll für seine übrigen Papiere fodern und erwarten. — — —

Was wünschen Sie gethan an dem Louis le Roy und den rhet.[ores] Gr.[aeci]? Käuflich — für 200 Fr. denke ich — hat die letztern Séguier in der Aldinensammlung des hiesigen Buchhändlers Renouard gefunden, aber nicht gekauft, wiewohl er sonst für Bücher keinen Aufwand scheut, während er für alles andere gar keinen macht. Ist an einen Käuf für die Berliner Bibliothek zu denken?

Von dem Elend der Correcturen befreie ich Sie, sobald ich bei Ihnen bin. Wäre ich es doch!

35. Bekker an Wolf

[Paris] 18 März 1812

— — — Ich wünsche vollkommen aufrichtig, daß die meisten und bedeutendsten Dialogen lieber von Ihnen vertirt als von mir pervertirt werden. Denn wiewohl ich mitunter nicht schlecht von mir denke — woran zum Theil Sie selber Schuld sind — so sehe ich doch wohl voraus daß ich es schwerlich weiter bringen werde als am Ende meiner Übersetzung gerade genug gelernt zu haben um sie unleidlich zu finden. Möchten Sie also doch die Republik selbst nehmen! — — — Mein Verlangen nach Ihrem Lateinischen Plato ist so inbrünstig, daß ich darüber Ihr Übersetzen am Aristophanes fast mit Neid und Bedauern ansehe: um so mehr als mir scheint, daß jener so lange leben könnte als das Griechische selber, während von Deutschen Übersetzungen schwerlich eine andere bleibt als Luthers Bibel, und die aus Gründen, die nicht in menschlicher Macht stehn.

Wie willig und recht unser Freund Hase die Ankündigung in zwei hiesigen Journalen gefördert habe, hat Ihnen Hr. Nauck gesagt. Dafür aber, wie für die vielen andren Gefälligkeiten, die ich von diesem Carl Benedict aus Alsfeld im Weimar[ischen] genossen habe und genießen werde, verlange ich nun in allem Ernste ein Doctordiplom. Durch Sie, weil ich hoffe, daß Sie alle Mühwaltung auf Boeckhs Schultern legen können, der solcher Ehre den nicht unwerth finden wird, dem er größere erweiset durch Zuschickung seines Pindars und seiner Programmen. Auch hätte er Unrecht. Was Hase an den notices et extraits, an dem — zum Druck fertigen — Leo Diaconus, an dem Johannes Lydus de magistratibus pop. R. — der in wenigen Wochen erscheinen muss — und de ostentis, an dem ebenfalls druckfertigen und nur durch die Saumseligkeit der immer schlechter dotirten Druckerei aufgehaltenen, Catalog der Vaticanischen Codices gethan, ist denn doch unvergleichlich mehr als ein gewöhnlicher Doctorandus ins Examen bringt. Und dann wird billig erwogen, was er noch künftig für Litteratur und Litteratoren thun kann, wenn er die Stellen erreicht, die seiner Gewandtheit in menschlichen Dingen kaum entgehn können. — Sie wären vielleicht auch noch darum zu bitten.

über die Ausfertigung des Diploms zu wachen, damit weder allzu schwere Constructionen der Verständlichkeit schadeten noch indiscretes Lob die dermaligen Obern des H.[ase] entrüste.

Weigel hat, nach Schölls Catalog von Basts Büchern und Manuskripten, von Bast nichts erhalten als die Wiener Handschriften. — — — Auch was der Mann sonst zusammengeschrieben hat, wiewohl es mir einige Zeit und Mühe sparen könnte, ist bei weitem nicht so viel als ich erwartete von einem 11jährigen Aufenthalt in Paris, von einer 6000 und zuletzt 15000 Frank tragenden Sinecure, von einer, durch den D. Gall kurz vor seinem Tode entdeckten, eigenen Casse für den Erwerb und das Zusammenhalten des Erworbenen.

Hätte ich die letztere geerbt, so brauchte ich nicht schon wieder um Geld zu bitten. So aber erwarte ich gar sehnsüchtig die Monate März und Februar nebst den zweiten hundert Thalern des Verlegers. Ich hatte gehofft dahin gelangt zu sein, daß ich 300 rthlr zu Anfang jedes Vierteljahres hätte: damit könnte ich mich einrichten: kleinere Summen verkrümeln sich allzu leicht, wenigstens in meinen Händen. Indess scheint mir diese Satisfaction nicht beschieden, und da ich auf der andern Seite meine, in vielen Puncten schon jetzt mehr als zu verlangen beschränkten, Ausgaben nicht noch mehr beschränken kann, so werde ich wohl auch noch die übrigen 6 Monate in dem wackligen Schwanken zubringen, worin nun fast zwei Jahre verflossen sind.

Da ich mich in kurzem zu den Scholien und dann wieder zu den Commentatoren wenden möchte, so wäre mir willkommen recht bestimmt zu wissen was von den letzten seither in Deutschland bekannt geworden. Was hat Ast gedruckt? Den Olympiodorus zum Philebus — von dem hier nur *παρεμβολαὶ* sind — oder den Hermias zum Phädrus? — — — Boeckh sehe ich, zweifelt auch am ersten Alcibiades. Ich habe ihn jetzt 11 Mal durchcollationirt, und gestehe, daß ich mit jedem Male weiter vom Glauben an die Echtheit abkomme. Alle die spurii zusammen werden einen interessanten Band ausmachen: die Verfasser sind doch wohl wenigstens der Zahl nach zu bestimmen?

Leben Sie wohl, mein theuerster Freund, und verzeihen meiner ewigen Bedürftigkeit die Menge der Fragen und Bitten. Die Has.[ische] Sache erlaube ich mir Ihnen vornehmlich anzuempfehlen, wie unbescheiden auch meine Geldnöthe sich vordrängen.

I. B.

528a. Wolf an Bekker

[Berlin, Ende März 1812]

Heute aufwachend, wo Sie, mein Bester, mir oft zuerst einfallen, erinnerte ich mich des neulichen Gedankens, eine Recension von Bast palaeographicis bei Gregor. zu machen. Wie wäre es, wenn Sie ohne alles übrige zu versäumen, könnten schon jezt, nicht eine Recension, sondern einen besondern paläographischen Beitrag schreiben, der doch — und wo möglich, mit höchster Billigkeit — zugleich jenes scriptum beurtheilen könnte, und zwar deutsch? Für Correctheit h i e v o n würde kein Buttmann mitsorgen, und ich wollte allenfalls dafür stehn. Ich habe eine Idee zu einer n e u e n Sammlung für Philolog.[ica] (um sanft dem Reimerschen Museo Adieu zu sagen) und theils da hinein, theils zugleich à part, und dies die ersten Jahre durch, könnte die Schrift gehen. Genug wären schon 3 Bogen, aber auch 7—9 könnten nicht schaden. Vielleicht könnte es selbst ein Brief sein, allenfalls an den Mann im Mond. E t w a s Honorar sollte schon dieß auch abwerfen. Entscheiden Sie bedächtig, aber schnell! Rechnen Sie aber ja recht wohl vorher mit der Zeit. Es könnte nur ein Erholungsgeschäft seyn, um Sie von dem reuvollen Ausgehn abzuhalten. —

Welch eine von Neidgeifer volle Recension über die Wolken Voß zuerst in einer Zeitung durch die Feder seines Söhnleins gedrängt hat, davon hören Sie dort wol kaum. Selbst wo er lobt, knirscht er, und hat sofern das Stück selbst gespielt. Am meisten ärgerte ihn wol die Vorrede, von der streng-laxen Art zu übersetzen. Das spaßhafteste ist daß hier eintrift, was man im Sprichwort oft läugnet: in der ganzen Recension ist grade Eine w a h r e S y l b e. Dies Gewäsch hat mich denn von selbst endlich — nach vielem Selbstkampf — dahin bestimmt, nie wieder Deutsch zu schreiben. So haben denn auch Sie Ihren neulichen Wunsch erfüllt.

Von Plato werd' ich um so ehr alles übersetzen, was Sie wünschen. Desto mehr werd' ich von aller übrigen Arbeit daran Ihnen laßen, und mehr noch, als Sie wol gern sehn, zur billigen Strafe wieder, daß Sie lange über Ihren Antheil so mistrauisch sich zeigten oder vielleicht auch waren.

529b. Wolf an Bekker

B.[erlin] den 7 Apr. 12.

Blos, um Sie nicht durch völliges Schweigen zu erschrecken, mein Theuerster, schreibe ich drei Worte. Gleich nach Ihrer Antwort mehr, und alles zugleich, was noch nöthig ist. Um einigermaßen zu schicken, was erklecklich ist, habe ich zusammengeborgt, was ich konnte. Da man jezto n o c h mehr Abzüge als seither an allem Gehalt leidet, so wird die Rechnung für Sie immer krauser. Suchen Sie doch also — Ihres eignen Vortheils halber — so spät wieder zu fodern als nur möglich.

Aus Florenz ist so eben gute Nachricht über die Gelegenheiten angekommen, die jemand mit Briefen von mir dorthin kommende auf der Lorenz-Bibl.[iothek] finden würde. Indeß kann ich auch um billige Preise von einem dortigen Italo conferiren laßen — und vielleicht benutz' ich bald das letztre Erbieten, da ich doch ohnehin — indem ich alle Kosten des Conferirens fast allein in den ersten Voll. tragen muß — kaum etwa so viel für den Bogen der mühsamen Arbeit haben werde, als ein Pamphletschreiber, 1/3 von dem, was ich für den Aristophanes nahm.

Daß ich eben noch ein Fragm.[ent] A r i s t o p h a n i s c h e s D e u t s c h als A b s c h i e d, reinen Abschied von aller Deutschschreiberei edire, wird Ihnen hoffentlich Freude machen, nach Ihren letztern Aeußerungen.

Wie gern würde ich dies und viel mehr für den gütigen Hase thun! Aber jenes k a n n ich bei den scheuslichen Dissensibus, die hier bei der Universität sind, trotz dem besten Willen, den Sie mir ja wol glauben können, n i c h t. Und warum wollen Sie nicht wegen so was an Schleiermacher oder auch Böckh schreiben? Es ist ja auch Zeit, daß Sie Ihre Leute kennen zu lernen anfangen. Gern hätte ich sogleich durch eine kleine Dedicace Hrn H[ase] meine Achtung unverholen und öffentlich in Person bezeigt: aber schnell muste ich auch diesen guten Willen fahren laßen, da mir einfiel, daß man dann unter Fichte's hölzernen Univers[itäts]-Scepter dem von mir so Geehrten noch weniger gern etwas würde in cumulum geben wollen. Nehmen Sie dazu, daß solche

Briefe mit Mag[ister]- oder Dr Titeln noch an niemand — nicht einmal außer Berlin — in Deutschland, geschweige ins Ausland geschickt worden! Ich habe mich ja überall ganz isolirt, und habe jezt eben die größte Lust auch aus der Academie, die Hr Buttm[ann] und seines Gleichen dirigiren (und wirklich zu dirigiren verdienen) herauszutreten.

Nun bitte ich Sie noch ersten Posttags mir zu sagen 1) was ich noch nie erfuhr, was man außer oder über die Scholia Ruhnkenii zum Plato dem Publico versprechen könnte. 2) welche alte und welcher Schriftsteller (namentlich Commentarien zu Plato) dort sind und auch noch könnten mit Sicherheit versprochen werden. Dann will ich sehn, was in München ist. (über Phaedrus hat Ast nur Hermias gegeben.) Oder haben Sie nicht dort den Catalog in 4 voll. der schon vor 2 Jahren in München von allen Codd. erschien. 3) was namentlich alles izt von gedruckten Varianten zum Xenophon da ist — nemlich durch Gail, in welchen, und wie theuren Ausgaben? Ich habe schon über diese Nummer vielfach gefragt.

Leben Sie wohl.

W.

536a. Wolf an Bekker

Indem ich eben Ihnen schreiben wollte, besucht mich ein Durchreisender, ein junger statistischer Politikus, Wähnert aus dem Mecklenburgischen. So benutze ich noch vor einem ausführlichern Briefe ein paar Minuten, um Ihnen denselben angelegentlicher, als gewöhnlich geschieht, zu empfehlen, und zugleich ein paar Bücher-Desiderien anzufügen, die ich gern recht bald — und fast oder ganz direct, über Leipzig, mit den öftern Frachtwagen, durch Treuttel und Würz erfüllt sehen möchte.

Was aber längern Aufschub bedarf, bitte ich doch nicht zu vergeßen.

1) erkundigen Sie doch sich genau, ob man nicht von de Brosses eine kleine Fragmentensammlung des Sallust in 4to hat, die ich einst glaube gesehen zu haben, Latein. Text nemlich. Schon Humboldt hat vor 12 und mehr Jahren mir von Paris geschrieben, daß eine solche nicht bekannt sei. Wie ists also damit?? —

2) Am frühsten wünsche ich Horaz. ed. Valart. vom J. 1770. Remarques par Bouhier pp edirt von Prunelle, Paris, 1807, 8.

Doch das ists Alles, was Noth thut. — Nun ein eiliges Allerlei. Könnten Sie nicht mit dem jüngern Dureau de la Malle Bekanntschaft machen, deßen Vater als Uebersetzer ich sehr schätze? Jener hat jezt Valesiana zum Plato, die vielleicht des Excerpirens für mich und Sie selbst werth sind.

Hierbei geht etwas zum Vertheilen, an wen Sie es am besten halten. Ein paar Cartons müßen doch aber nachwandeln, und bald. Nauck war allzu gierig, auf kleinen theilweisen Verkauf. Schaden kann es indeß nicht, daß so doch ein Schritt geschieht. Denn wie soll ich Noten schreiben, da noch so viel Apparat in Ihren Händen seyn muß!

Fast hätte ich, da ich schreibend immer mit Wähnert reden muß vergeßen, daß ich sehr Visconti Büstenwerk haben möchte. Kennen Sie denn auch diesen Treflichen nicht näher? und wie billig könnte man es haben? vielleicht gegen baar durch ihn selbst? Daß so dürr hin von Erscheinung ganzer Hermias pp zum Plato gesprochen wird, war absichtlich. Proclus hat wirklich auch ganz von einem andern edirt werden sollen, und der bedarfs sogar. Ueberall machen Sie doch einst beim Weggehn dort Anstalt, daß gewiße leichte Sachen doch noch·später können copirt werden??

Oft habe ich früher nach Levesque gefragt? ob Sie ihn kennen. ob ich nicht etwas von seiner Dissertation in causa der homerischen Prolegomena hören könne? Am ersten gäbe ich diesen den jetzigen Platon. Delectus.

Da Sie, wie ich merke, den von Schöll edirten Catalogue von Basts Sachen durchgesehen haben, werden Sie ja am besten wahrnehmen, was etwa noch des Nachsehens und Conferirens werth seyn möchte.

Izt ein herzl. Lebewohl, mein Theurer und dabei noch ein ältres Brieffragment.

Wolf.

[Berlin] den 12 Mai 12.
höchst eilig.

36. Bekker an Wolf

Beauvais 12 Juni 1812.

Vor fast zwei Monaten, mein verehrtester Freund, hatten Sie die Güte mir Geld zu schicken und einen Brief zu versprechen. Jenes ist verbraucht, dieser nicht gekommen. Daher habe ich mich gestern in dies Asyl des vorigen Herbstes geflüchtet. Aber schon heute fühle ich mich hier so peinlich beengt, und von dem Gedanken, wie manches ich unterdess in Paris thun würde, so heftig dahin zurückgezogen, daß ich unverzüglich aufbräche, wenn ich könnte. Aber leider kann ich nicht weiter als, Trotz dem Sträuben nicht unbilliger Empfindlichkeit, auf die Ruhe verzichten, womit ich das Ende Ihres, von meiner Seite unverschuldeten, Stillschweigens abzuwarten gedachte, und Ihnen bescheidentlich zu Gemüthe führen, wie ich, wenn Ihre Hülfe säumt, nicht nur selbst in ein unholdes Gedränge gerathe, sondern auch, was Ihnen wichtiger erscheinen wird und muss, meine Arbeit weit vor dem Ziele abzuschließen genöthigt bin, das sich sonst, in dieser Jahreszeit und nach diesen Vorarbeiten, erreichen ließe. Betrübt bleibt es immer, daß ich, auch wenn diese Betrachtungen Sie rühren, dennoch vor Monatsfrist Ihrer Theilnahme nicht froh werde.

Ihre Fragen denke ich alle beantwortet zu haben, auch noch in meinem letzten Brief an Hrn. Nauck. Wie verworren mich Gail über seinen Xenophon bedeutet, habe ich schon in alten Zeiten geklagt. Und da der Mann nun durchaus, in jedem Betracht, unbedeutend ist, auch am Ende der Stadt wohnt, so erlauben Sie mir die zweite Befragung bis auf einen etwanigen Abschiedsbesuch hinauszusetzen. — — —

Ich enpfehle mich Ihrer Fürsorge und hoffe dieselbe sobald als irgend möglich zu erfahren.

IB.

Im Moniteur vom 17 Mai finden Sie eine Recension meines Apollonius.

37. Bekker an Wolf

Paris 20 Aug. 1812.

Ihr unerbittliches Verstummen nimmt mir fast den Muth zum Schreiben, sowie es die Freude niederschlägt, mit der ich die Tage zählbar werden sehe, die mich noch von Ihnen trennen. Bedächten Sie, mein verehrter, auch in Ihrer übelsten Laune innig verehrter Freund, wie mancherlei Noth ich hier gar oft ausgestanden, so ließen Sie mich gewiss nicht so hart büßen, wenn ich mitunter auch Ihnen einige Noth gemacht habe. ἀλλὰ τὰ μὲν προτετύχθαι ἐάσομεν Das aber will gesagt sein, daß ich wünschen muss, alle Aufträge, die Sie mir noch für den hiesigen Aufenthalt zu geben haben, und desgleichen alle Mittel zur Reise gegen die Mitte des folgenden Monats zu erhalten, damit ich keine Zeit verliere, wenn etwa nicht geschähe, was freilich versprochen ist, daß mir auch während der Ferien (vom 1. Sept. — 15. Oct.) Codices zu wechseln gestattet sein solle. Wollten Sie mir überdies den Anfang der Vorlesungen melden und, in Ihrer Nähe, eine kleine Wohnung miethen lassen, um so besser.

Coray hat mir, schon vor einigen Wochen, den 4 Theil seines Plutarchs für Sie und für Buttmann gegeben. Ihre Darstellung der AlterthumsWissenschaft erscheint nächstens im Magazin encyclopédique, übersetzt von Séguier: ein verständigerer Übersetzer dürfte schwer zu finden sein: Villers gilt für keinen sonderlichen Stylisten. Von Gails Thucydides fehlt Ihnen w e l c h e r Theil?

Leben Sie wohl.

IB.

538a. Wolf an Bekker

Dessau, 5 Sept. 12.

Es ist mir selbst sehr unangenehm, mein Theuerster, daß 2 durch Reisende vor Monaten an Sie geschriebene Briefe nicht angelangt scheinen. So mochte ich denn auch neulich einem alten würdigen Bekannten, Hrn. Heiberg, (im Departement des Ministers Maret S.[enator] Herz.[og] von Bassano) nichts mitgeben, den Sie indeß auf diese Zeilen kühnlich besuchen und auf seinen Rath, vielleicht selbst Beistand im Nothfalle, rechnen können. Ueberdem muste ich, seitdem Sie mich durch ein paar Verhaßte Menschen zum Schreiben auffoderten, posttäglich auf ein Ultimatum von Ihnen hoffen, zumal da sich die Ihnen wohlbekannte Zeit meiner jährlichen Erholungsreise näherte, ich meine auf die Forderung von s o u n d s o v i e l bis zur Herreise Ihnen nothwendigen. Was habe ich überall die ganzen 2 Jahre anders gewollt, als nur Sie in Ihren Planen fördern? Selbst der Platonische ist vorzüglich von Ihnen und für Sie. Nichts als etwa eine vollständige Collation der Scholl. Veneta zur Ilias hätte ich mir gewünscht; doch jezt müßen Sie auch derentwegen nicht 14 T.[age] länger dort bleiben. Kurz nach der Mitte des Okt. gehen eigentlich die neuen Vorlesungen an, in deren Verzeichniß man Sie selbst izt nicht gebracht hat, während der noch dortige Oltmanns seit 2 Jahren darin steht.

Sehr unglücklich aber, mein Lieber, haben Sie izt gerade Ihre Geldfoderung ausgedrückt: „Alle Mittel zur Reise." Vielleicht reicht nun nicht, was ich den guten Nauck Ihnen mit heutiger Post zu schicken gebeten habe, und Sie müßen ihm dann sogleich nochmals schreiben. Wie konnten Sie aber auch so schreiben? Unter 6 Wochen von heute möchte ich (außer wenn ich mich kränker durch die Reise fühle) nicht zurückgehen. Daher muß ich denn auch bitten, sich wegen der Wohnung an jemand von Ihren Bekannten oder Verwandten in B.[erlin] zu wenden. Meine Nummer ist noch 60 in Behrenstraße. Eine allzu kleine Wohnung dürfen Sie doch, des Anstands wegen, nicht haben, wiewohl man Ihnen in eine größere sogleich Einquartirung legt. Mir kostet diese gewöhnliche izt täglich 1 rthlr Cour.[ant] in B.[erlin], und mehr noch in dem unseligen Hause in Halle, woneben vom Gehalt ein neuer Abzug von 150 rthlr dies Jahr mich trift. (Warlich, die Sachen sind zu toll.) Um so mehr verdient ein Mann wie Nauck für seine, izt einzige, Bereitwilligkeit den innigsten Dank. Auch wurde deßen Zuschuß zu schaffen, wirklich viel schwerer als die 800 rthlr Gehalt auszumitteln. Suchen Sie denn nun nur den Ihnen geneigt gemachten Schuckmann bald für ein Mehreres zu gewinnen, und vertrauen sich nicht gleißender Freundschaft an. — Daß Buttmann und Schleiermacher vor etwa 10 Wochen sich noch als Socii des Heind.[orfischen] Plato öffentlich angekündigt, neuerlich auch der hasenschartige Schäfer, wißen Sie izt wol selbst. Ohne ein kräftig Wort von mir wäre Nauck jezt schon ganz zurückgetreten, und ich hätte das Vergnügen, ihm seinen Verlust zu ersetzen.

Was Sie izt von dem liebenswürdigen Ség.[uier] schreiben, ist mir eine ebenso erfreuliche als unerwartete Erscheinung. So würde mir, gewißer Ursachen halber, eben jetzo die Wahl an Heyne's Stelle ins Institut weniger gleichgültig sein als sonst; wenn anders die angefangene Platon.[ische] Uebersetzung nicht den Herren auch ein Paradoxon ist.

Von Gail's Thucydides fehlt mir, soviel ich mich erinnere, und ich meine sicher, livre 1. 2. in 8vo. Nach seinem Xenoph. fragte ich, nicht wegen des unbedeutenden Editors, sondern um zu erfahren, ob die Paris. Varianten bedeutend wären; Während Schäfer monatlich ein paar Bände Griechen, mit vielen alten Fehlern, aus seinem Arbeitssacke ausschüttet. — Für die Rückreise, vermuthlich doch über Leipzig, muß ich Ihnen noch sagen, daß der schlangenartige Heindorf schon im Jahre 10 bei Hermann so viel Materie zu einer völligen Verfeindung angelegt hat, daß es mir in der That leid thut. Ja, Sie können ihm — da ich es izt gewiß weiß — gelegentlich ein derbes Wort darüber sagen, um wenigstens eine franke Erklärung vorzubereiten. Schäf.[er] ließe ich unbesucht.

Ein einem gewißen Wähnert aus Mecklenburg mitgegebner Brief enthielt — zwar auch keine mir eben wichtigen Aufträge, aber doch — einige Erinnerungen zur Vollendung der angefangenen Arbeiten. Durch Heiberg würden Sie diesen Dr. W.[ähnert] schnell auffinden können, damit er sich nicht, wie einst ein anderer Reisender entschuldige, daß es ihm unmöglich gewesen, selbst auf der Bibliothek Ihre Wohnung zu erfragen, wiewohl ich sie ja diesem W.[ähnert] aufschrieb.

Möchte ich, schon den einen Fuß im Wagen, nichts von Bedeutung ausgelaßen haben. Auf jeden Fall meine herzlichsten Wünsche zur Vollendung des kühnen Wagstücks und zur Rückkehr.

Leben Sie wohl. —

W.

Hrn. Heiberg stehe ich für schnelles Zurückzahlen von Gelde, das er Ihnen vielleicht dort auszumitteln die Güte hätte. Wolf. Berl.

Ich hätte 250 rthlr assignirt, aber ich muste fürchten, N.[auck] hätte sich dann gar nicht darauf eingelassen.

Wäre nicht mein kl.[eines] Hauswesen durch lange und nun hofnungslose Krankheit der weiblichen Domestique ganz verfallen, so lüde ich Sie gern ein, die ersten T.[age] bei mir zu wohnen.

38. Bekker an Wolf

Paris 11 Nov. 1812.

Daß Sie wegen meines Ausbleibens um mich besorgt seien, ist ein zu schmeichelhafter Gedanke, als daß ihn meine Eitelkeit nicht hegen sollte. Erlauben Sie mir also Ihnen zu sagen, daß ich bis gegen die Mitte Octobers durch die Hoffnung mit Séguier zu reisen aufgehalten bin, und seitdem durch die Nothwendigkeit meinen Pass visiren zu lassen. Man vertröstet mich von einem Tage zum andern, von einer Woche zur andern; unterdess ist mein Urlaub längst abgelaufen, und ich verliere Zeit und Geld ohne alle Frucht, weil mir die Lust zur Arbeit umwiderbringlich erloschen ist. Bedauern Sie mich, mein verehrter Freund, und wünschen Sie mir baldige Erlösung aus einer Lage, die unaussprechlich peinlich ist.

Mit der herzlichsten Ergebenheit und der ungeduldigsten Sehnsucht

Ihr

Bekker

541. Wolf an Bekker

B.[erlin] 1 Dec. 1812.

Hiebei, mein Liebster, 80 rthlr sächs., nach Ihrem von Frankf. a/M ausbezeigten Wunsche: möchten Sie denselben zu einem P. S. Ihres letzten Pariser Briefes gemacht haben, und in der Folge alles 14 Tage früher thun! — Ein sonderbares Glück ist izt, daß mir eben ehgestern (den Tag vor Empfang Ihres Briefes) eine Reise unerwartet abbestellt wurde, die ich zur Hochzeit meiner dritten (seit 2 Jahren gleich nach Ihren 2 Schwestern auch verlobten) Tochter nach Cassel machen sollte.

Doch vor allem nun ein herzl. Willkommen und Freude, daß Sie mir so nahe sind. Geleite Sie izt der Himmel recht bald in meine Arme!

Sogleich soll — was ohne großen Geldverlust n u n m e h r e r s t möglich ist — eine Wohnung, die Sie bei der Ankunft beziehen können, ausgemittelt werden. Klein wird sie aber ausfallen m ü ß e n.

Leben Sie wohl

Wf.

541a. Wolf an Bekker

Wäre Ihr letztes Billet, als Antwort, nicht allzu unvollständig gewesen, so hätte ich mich über Ihr Verfahren sogleich mit aller Offenheit erklärt. So aber schien es, als wollten Sie aus der alten Kurzsylbigkeit in ein gänzliches Schweigen übergehen, um dadurch meinen Vorschlag wegen Erfüllung von Versprechungen zu beantworten. Und das wollte ich mir denn auch gefallen laßen, wie alles was in fremder Willkühr steht.

Vor der Hand wird Ihnen gewiß auf Ihr heutiges Billet die Versicherung genügen, daß der Anfang der Scholien Collation für izt — und solange ich hier wohne — unter meinen Papieren vollkommen so sicher vor jedem Zufall liegt als in irgend einem öffentlichen oder Privathause, und daß ich sie, wenn ich das Gegentheil nur mit einigem Scheine fürchten dürfte, auch mit Aufwand mehrer Stunden, längst gesucht und in Ihre Verwahrung gegeben hätte; wenngleich es mir theils überhaupt, theils wegen Wenigkeit der Blätter, teils aus der Sorgfalt der Copie wahrscheinlich war, daß der erste Auszug oder Brouillon sich bei Ihnen befände. Sollte dies nicht sein, nun so erhalten Sie die Blätter um so gewißer zurück, und, stürbe ich noch heute, so würden Sie solche von meiner nachbleibenden Familie nach einer bestimmt gemachten, zugleich manche andere Papiere betreffenden Einrichtung — binnen 14 Tagen erhalten können.

Übrigens findet sich ja wol eine Gelegenheit, wo wir dies und Alles, wobei die Früchte Ihrer Reise leiden könnten, ausgleichend besprechen mögen. Und dies wünsche ich selber und halte es für nothwendig, wenn nicht nach diesen und andern Vorgängen unter uns ein Verhältniß eintreten soll, das den guten Studien, die ich in Ihnen gern fördern wollte, nachtheilig werden dürfte.

Wolf.

[Berlin] den 12 Dec. [1812]

553a. Wolf an Bekker

Hiebei das Letzte mir Mitgetheilte von Apollonius. Schon lange hätten Sie es zurück, wenn ich nicht, mitten unter andern Beschäftigungen, den Antrieb zum Lesen des so lückenvollen Msts bisher vergeblich erwartet hätte. Auch muste ich nach Ihrer neulichen Aeußerung denken, daß Sie es izt auch nicht bearbeiten würden.

Wegen der Blätter aber zu Villois.[ons] Homer — wie ist es Ihnen möglich so oft und dringend zu mahnen? Da Sie diese doch für mich (und selbst nach einer öffentlich gemachten Reisebedingung) excerpirt und mir auch die größere Hälfte, die Sie gewiß nun benutzten, nicht einmal gegeben haben. Um diese möchte ich daher izt ausdrücklich bitten, da ich seither gänzlich darüber schwieg. So that ich auch in Absicht Ihres Versprechens der Theognidea. Doch hievon wie von jeder andern mir gegebenen Versprechung kann ich, wenn es Ihnen angenehm ist, Sie vollkommen dispensiren, und erwarte nur einen schriftlichen Wink hiezu. Denn was habe ich — außer der Collation des Villoison.[schen] Homer — überall weiter gewollt und betrieben, als was Ihnen angenehm oder nützlich wäre?

[Berlin] 15. Nov. 13. Wolf.

565a. Wolf an Bekker

Meinen besten Dank für das schöne Exemplar Ihres Buches, und das so eben mir erscheinende Vorblatt, das ich, da ich Sie mir schon verloren fürchten mußte, als ein Zeichen Ihres Andenkens ehre. Gestern war ich grade auf einer Versjagd, als ich das Buch erhielt, die Vorrede vergeblich suchte und das verklebte Blatt nicht entdeckte. Damit Sie bei dieser Gelegenheit meine Progressen in der Lateinischen Verselei, wovon ich Ihnen, wie einem Vertrauten, zuweilen die ersten Würfe schickte, [kennen lernen,] so nehmen Sie auch zuerst folgendes Distichon, das ich eben in die Voss.[ische] Zeit.[ung] schicken werde, auf jenen Stift, der bisher oben auf dem Brandenb.[urger] Thore die Berliner stachelte, und nun als Stütze versteckt vielleicht bald den Leuten außer Acht kommt, daß sie der Mannskraft vergeßen:

Cuspis
in porta Brandenburgica
Exstans magnanimam pupugi probe aculeus urbem:
Mox faciam latitans, huc redeunte Dea.

Vale meque ama

W. den 20 May, 14.

39. Bekker an Wolf

— — — Die Aufgabe den nächsten Winter über die Ilias zu lesen führt mich zu einem Studium der Scholien, dem ich die höchstmögliche Vollständigkeit wünschen muss. Dazu fehlt mir die Collation des Codex Victor.[ianus]. Darf ich die von Ihrer Güte hoffen? νημερτὲς μὲν δή μοι ὑπόσχεο καὶ κατάνευσον ἢ ἀπόειπ᾽ etc.

I. Bekker
[Berlin] 12 Oct. 1814.

40. Bekker an Wolf

[Berlin] 26 Nov. 14.

Es will mir nicht glücken Sie zu Hause zu treffen; ich kann Ihnen daher nur schriftlich danken für die gütige Mittheilung der Collation, die hierbei zurückerfolgt. — — — —

Weshalb ich Sie zunächst um diese Mittheilung bat, dazu habe ich sie freilich nicht benutzen können, indem ich zu Vorlesungen über die Ilias nicht gelangt bin. Der Gewinn von Zeit für meine Anecdota, wovon endlich der zweite Band angefangen wird, nachdem ich den ganzen Sommer und Herbst zu kämpfen gehabt mit Hrn Naucks Saumseligkeit, die mir, in ungeduldigen Augenblicken, jeden Gedanken an ein dauerndes Verhältnis mit dem Manne unleidlich gemacht hat — dieser Gewinn muss den Editor trösten über den Unstern des Docenten.

Einen andern und größern Gewinn für die Anecdota erlaubt mir Ihre Liberalität zu hoffen. Sie waren sonst geneigt mir für dieselben den Orion zu überlassen, den ich eben darum nicht selbst abgeschrieben habe. Sollten Sie unfreundlicher gesinnt sein gegen mein Buch, seitdem es auf Ihre schützende und fördernde Theilnahme wenigstens dadurch einiges Recht erlangt hat, daß es sich mit Ihrem Namen geschmückt?

I. Bekker
(Linden 20)

Daß die Collation der Villoisonschen Scholien zu jeder Stunde zu Ihrer Disposition steht, brauche ich wohl nicht zu wiederholen.

II

BRIEFE WOLFS AN VERSCHIEDENE ADRESSATEN

2a. An Karl Friedrich Meisner

[Ilfeld, Dezember 1780]

Der Nutzen unsrer täglichen 2 Betstunden würde unstreitig für die Religion unsrer Scholaren ausgebreiteter seyn, wenn darin zugleich das Lesen solcher Bücher eingeführt wäre, die die Pflichten des Christentums umständlicher und mit Anwendung auf das jugendliche Alter, aus ein ander setzen, und in dieser Art von christlicher Sittenlehre gebilligt werden. Das bloße, besonders das in kleine Pensa geteilte Bibellesen kan unmöglich den Zweck erreichen, der sich durch jenes erreichen liesse. Vor allen Dingen aber müste das Lesen nicht — wenigstens nicht ordinär — von den Scholaren, sondern vielmer vom Lehrer geschehen. — Da überdieß auch viele Lieder und Gebete des gewönlichen Gesangbuchs den Umständen junger Leute nicht angemeßen genug sind, und nach ihrer nächsten Absicht nicht seyn können; so wäre es auch wol hierin ersprießlicher, eine Veränderung zu machen, und statt jener andere zweckmäßigere zu wählen.

F. A. Wolf.

2b. An?
[Konzept]

[Ilfeld, 1780]

Dear Sir,

Here I send You the primices in English tongue, if You will take the trouble of thumbing the introductory pages, of whom I am the writer. But one inadvertence or rather one fault I have seen afterwards, I mean in the last period of the Preface, where the word w h o s e is ambigous, as ill referred to o u r d r a m a t i s t. Without doubt it would be better to say t h e v e r a c i t y o f w h i c h i. e. of the memoirs. But You, Sir, and our great master Montague will cert detect in first [sight] more faults.

22a. An Karl Friedrich Conradi

Ew. HochEdelgebornen
statte ich für die gestern überschickten Bücher verbindl. Dank ab. Zwei davon ließ ich mir indeßen mehr zum Ansehen nur erbitten, und diese sollen sogleich wieder zurück erfolgen.

Da die Messe izt so früh heranrückt, so sehe ich freilich wol ein, daß wir eilen müssen, und ich will wenigstens, so beengt ich auch izt durch diese Arbeit bin, nichts von meiner Seite an der Beschleunigung fehlen laßen. In 9 Wochen muß somit Alles fertig sein; da bereis 20 Bogen ganz fertig sind.

Einen Gefallen würden Sie mir übrigens erweisen, wenn Sie mir izt nun die Hälfte des Honorar.[ii] an Gelde vollends abtrügen. 30 rthlr habe ich bereits erhalten; und so erhielte ich just noch eben so viel. Haben Sie dann nächstens einige Musse, so erbitte ich mir auch den übrigen Theil der Bücherrechnung. Dann können wir bei Zeiten aufs Reine kommen. Durch baldmöglichste Erfüllung jener Bitte aber werden Sie mich vorzüglich verbinden.

Ihr
ergebenster
Fr. A. Wolf.

[Halle] den 15. Jun. 84.

27a. An Karl Friedrich Conradi

Ew. Wohlgeboren
werden es mir nicht übel nehmen, daß ich mich über ein paar Punkte wegen der Bücher Rechnung erkläre.

1) sind durch ein Versehen vermuthlich mehrere Bücher auf einen zu hohen Preis gesetzt. Ich bemerke nur unter andern von Büchern, die ich vorher selbst beseßen habe und deren Preise mir genau bekannt sind, den Petron. Anton. nebst den Priapeiis (beides gehört zusammen). Dieß kostet anderwärts 1 rthlr 12 gr. Wie dieser Fehler entstanden, sehe ich indeßen leicht. — Pausanias von Goldhagen kostet nur 3 rthlr 6 gr. Die Gesnersche Chrest.[omathia] aber 16 gr. in allen hiesigen Buchläden, die hier eben noch einmal so hoch angesetzt ist u. s. w. Hier muß ich also vor allen Dingen ergebenst bitten, daß die Rechnung in diesem Betracht noch einmal genau revidirt werde. Es wird sich dann wol mehr von dieser Art finden.

2. Das Leipziger BücherVerzeichnis den 23. Decemb. 83., das, wie gesagt, sogleich remittirt ist, ist doch mit in Rechnung gebracht.

3. Haben Ew. HochEdelgeb. vergeßen, den Rabat von 10 Procent abzurechnen, den Sie auf eignen Antrieb, in Betrachtung meiner sonst so äußerst billigen Bedingungen, mir gleich Anfangs anboten. Ich sende hiezu das Eigenhändige mit, was ich mir sodann nebst geänderter Rechnung ergebenst wieder ausbitte. Beharrend

Ew. HochEdelgebornen
ganz ergeb.
Wolf.

[Halle] den 16. Jan. 85.

27b. An Johann Ludwig Schulze

[Halle, 16. Februar 1785]

Magnifice Domine Prorector,

Ich wünsche auch meines Theils nichts so sehr, als daß die Ehre unsrer Universität bei dieser nunmehro in einer eignen Lage stehenden Sache recht viel gewinnen möge. Eben darum kan ich nicht bergen, daß mir zu diesem Zweck der gegenwärtige Bericht nicht Kraft genug zu haben scheint. So sehr ich die darin angeführten Bedenklichkeiten bei einer anzustellenden Untersuchung anerkenne, so ist der Befehl im Allergn. Reskript doch einmal so: daß bestimmte Anzeigen von den Hrn. B.[ahrdt] Schuld gegebnen Delictis geliefert werden sollen. Am wenigsten dürfen wol nun von neuem dergleichen Aeußerungen, wie die auf dem Rand S. 2. hinzugesetzte, ohne Beweis, eingeschaltet werden.

Wolf.

28a. An Karl Friedrich Conradi

Halle 19 Apr. 85.

Ew. HochEdelgebornen

glaubte ich zur Meßzeit in Leipzig sehen und sprechen und Ihnen meine Glückwünsche selber bringen zu können. So aber hindern mich Wind und Wetter und Geschäfte, und so bin ich genöthigt zu schreiben.

Die aus dem Meßcat.[alog] ausgezognen Bücher werden doch wenigstens dem grösten Teil noch zu haben sein, und diese wünschte ich daher recht angelegentlich, baldigst, zu erhalten.

Zugleich nehme ich mir die Freiheit Sie zu bitten, daß Sie doch Hrn. Groß aus Nordhausen in meinem Namen 5 Louisd'or, auf was für eine Art es Ihnen am bequemsten ist, gegen Quitung auszahlen mögten. Ich will solche Ihnen entweder hier baar wiedergeben, oder wir bringen sie mit in unsre Rechnung.

In Hofnung, daß Sie meine Bitte nicht aus der Acht lassen werden, beharre ich hochachtungsvoll

Ew. HochEdelgebornen

ganz ergebenster

F. A. Wolf.

P. S. Noch ersuche ich Sie ergebenst, doch inliegende Briefe nach deren Empfang sogleich gütigst bestellen zu laßen.

30a. An Karl Friedrich Conradi

pp.

ich bin versichert, daß Ew. HochEdelgeboren mir die Bitte, die ich izt thun muß, nicht abschlagen werden: denn der Vorteil ist fast mehr dabei auf Ihrer Seite als auf der meinigen. Daß sich in die Iliade, die nun Ihrem Wunsche nach noch zu Michael fertig werden kann, doch trotz aller Müh und Arbeit Druckfehler einschleichen würden, ließ sich wol denken. Es müsten, um sie alle bis auf die kleinsten zu tilgen, mehr als 3 Bogen umgedruckt werden. Ich habe indeß nur die vornehmsten angezeichnet, und wünschte sehr, daß Sie sich nun zum Neudruck von 1½ Bogen entschließen mögten. Es können diese beiher noch ganz bequem fertig werden. Das Publicum wird Ihnen diese generosité schon so sehr Dank wißen, daß es des meinigen nicht bedarf.

Ich beharre
Ew. HochEdelgebornen
ganz ergebner
Wolf.

[Halle] 5. August 85

34a. An das Professorenkollegium der philosophischen Fakultät zu Halle

Wohlgeborne,
Hochzuverehrende Herren,

Die Mehrheit der zuletzt über die Censur des Rosenblatts eingegangenen Votorum forderte, daß der Buchdrucker H.[eller] darüber gerichtlich vernommen werden sollte. Gelegentlich bemerkten Herr Prof. Forsters Wohlgebornen noch, daß auch neuerlich hier eine Quartalschrift, Flora betitelt, gedruckt worden, und daß diese, ebenfalls ohne unsre Censur gedruckte, Schrift mit zur Untersuchung gezogen werden müße. Diesemnach haben Se. Magnificenz am vor. Sonnabend den Buchdrucker vor sich beschieden, und ich lege — für diejenigen Hochzuehrenden Herren Kollegen, die dem letztern Concilio nicht beigewohnt haben — das mir mitgeteilte Protokoll seiner Aussagen hie bei. Daraus ergiebt sich, wie sich zum Rosenblatt unser H.[err] Prof. Woltär als Herausgeber bekennt, und warum also diese Blätter ohne alle Censur gedruckt worden. Bei der Flora aber beruft sich der Drucker darauf, daß das Grossingsche Mst. das Imprimatur eines Berlinschen Censors, Namens Schlüter, gehabt habe, und er dieses für hinlänglich angesehen. Der weitere Abdruck dieser Sachen ist ihm hiernächst unter 50 rthlr Strafe verboten worden.

Da nun an dem selben Tage, als dem 28sten Jan. wegen des über die Censur der hiesigen Zeitungen eingelaufenen Allergnädigsten Reskripts ein Concilium generale gehalten wurde, und auch vorgedachte Hellersche Affäre zum Vortrage kam, so wurde durch die daselbst gegenwärtigen Mitglieder unsrer Fakultät einmüthig gut befunden, daß izt, da einmal Censursachen in Bewegung kommen und auch von Perillustri Dno Directore über jene Censur der Zeitungen ein Pro Memoria an Kön. Universität gefertigt und dem Berichte nach Hofe beigelegt werden soll, daß bei diesem Anlaß auch wir, in Beziehung auf das mit Hellern gehaltene Verhör, eine Vorstellung an Magnificum Dnum Prorectorem eingeben, und darinn um fernere Aufrechthaltung unsrer Privilegien in Ansehung der Schriften quaest.[ionis] ansuchen sollten. Dieses unser pro Memoria soll dann gleichfalls dem auf dem nächsten Posttag abzusendenden UniversitätsBericht mit beigelegt werden. Ich habe den Entwurf, nach dem was im Concilio darüber gesagt worden, gemacht, den ich hiemit Ew. Wohlgebornen vorlege, in der Hoffnung, daß ich keine andern als wirklich statthafte Gründe geltend gemacht habe. Es ist indeßen gegenwärtig blosser Entwurf, und ich ersuche meine Hochzuehrenden Herren allerseits gehorsamst, so viel Ihnen zweckdienliches noch vorkömmt, am Rande anzumerken und anderes abzuändern, da nicht ich, sondern sämmtliche Glieder der Fakultät das Geschriebene zu vertreten haben.

— —

Am meisten ersuche ich M.[eine] H.[ochzuverehrenden] H.[erren], auf den letztern Theil meines Aufsatzes dero Aufmerksamkeit zu wenden, damit wir nichts schreiben, was uns einmal gereuen könnte. Izt glaube ich, wird es wol noch keiner Unterschrift bedürfen.

Ich empfehle mich übrigens dero fernern Gewogenheit ergebenst.

H.[alle] den 31. Jan. 1786. Wolf

36a. An König Friedrich Wilhelm II.[1])

[Konzept]

[Halle 12. Februar 1786]

Allerdurchlauchtigster Großmächtigster König,
Allergnädigster König und Herr,

Ihre Königl. Majestät haben uns unterm 2ten dies. M. allergnädigst aufzugeben geruhet, über das uns allerhöchst mitgetheilte v. Großingsche Manuskript: Universal-Toleranz betitelt, Bericht zu erstatten: ob wir, nach der nunmehr am Rande befindlichen Abänderung der anfangs bei der Censur gestrichenen Stellen, noch etwas gegen den Abdruck desselben vorzubringen hätten; auch überdies uns darüber zu erklären, warum wir es für unsre Pflicht gehalten haben, falls der Verfaßer die uns vorzüglich anstößige Stelle nicht abzuändern Willens sei, den Fall Allerhöchst dero Kabinets-Ministerio zur Entscheidung anheimzustellen.

Diesem Allergnädigsten Befehle zu Folge bemerken wir, was den ersten Punkt angeht, alleruntertänigst, wie wir, nach einstimmiger Meinung unserer Fakultät, gegen die nun gemachte Verbeßerung derjenigen Ausdrücke S. 1, die hauptsächlich unsere Aufmerksamkeit auf sich zogen, und also gegen den Druck des Manuskripts, soweit nämlich solches bisher uns zur Censur eingereicht ist, gar nichts einzuwenden finden. Auch würden wir dem Verf. schon früher nicht die geringste Schwierigkeit gemacht haben, wenn er selbst auf unsre Aufforderung mit der erwähnten Stelle diese oder eine ähnliche Veränderung vorgenommen hätte. Wir haben dahero nunmehr, da Ihro Königl. Majestät uns des Manuskripts Zurücksendung nicht anbefohlen haben, das selbige sogleich mit unserm Imprimatur an den Buchdrucker abgegeben.

Was sodann die von uns gethane Aeußerung anbetrift, daß wir uns wegen der uns vornehmlich in politischer Rücksicht anstößig scheinenden Stelle an Höchst Dero Kabinets-Ministerium wenden würden, so glaubten wir blos auf diese Weise Ihro Königl. Majestät mehrmalen ergangenen Allergnädigsten CensurVerordnungen alleruntertänigste Folge zu leisten. Denn weil wir theils in ältern, theils noch in dem neuesten Allerhöchsten Edikt vom 1. Jun. 1772. § 3 angewiesen worden, alles, was den Statum publicum des deutschen Reichs, und nicht weniger was auswärtige Puissancen und Reichsstände intereßirt, an HöchstDero Departement ausländischer Affären zur Censur einzuschicken, so sahen wir hier, da der Autor der Schrift unserer Vorstellung ungeachtet sich zu keiner Aenderung der ihm gestrichenen politischen Stelle verstehen wollte, keinen andern Weg als diesen vor uns, unserer Pflichten in Ansehung der Censur uns alleruntertänigst zu entledigen.

Wir beharren mit der tiefsten Devotion

[1]) Friedrich II., vgl. oben S. XVIII Anm.

41a. An die Magdeburgische Regierung [Konzept]

[Halle, 17. Juni 1786]

Hochwohlgeborne und Wohlgeborne
Zu einer Hochpreisl. Regierung des Herzogtums
Magdeburg Hochverordnete Herren
Präsidenten, Direktor und Räte!
Insonders Hochgeehrteste Herrn!

Der sich hier aufhaltende Hr. von Großing hat bereits am Ende des vorigen Jahres beigehendes Manuskript bei dem Decano der unterzeichneten Fakultät hiesiger Universität zur Censur eingereicht. In diesem Manuskript hat nun sowohl der Decanus als die gesamte Fakultät eine Stelle gefunden, deren Druck sie zuzulassen bedenklich zu sein erachtet. Es ist also dieses Manuskript besagtem Hrn v. Großing mit der Anzeige zurückgegeben worden, daß die Fakultät sich die Zulassung des Drucks der angestrichenen Stelle nicht zu verantworten getraue. Aus beigehendem kopeylichen Allerhöchsten Reskripte sub litt. A werden Ew. Hochwohlgeb. und Wohlgeb. geneigtest ersehen, daß sich der Hr. v. Großing, nachdem er die angestrichene Stelle zuvor geändert, an ein Königl. Hochpreisl. OberCuratorium der Königl. Universitäten gewendet, welches uns aufgegeben, uns zu erklären: ob wir nach der am Rande stehenden Aenderung noch gegen den Abdruck des Manuskriptes etwas zu erinnern hätten.

Da nun die abgeänderte Stelle einzig und allein uns einiges Bedenken gemacht, so autorisierten wir den Druck unverzüglich und wollten das Manuskript dem Verfasser wieder einhändigen lassen. Allein er weigerte sich, es von uns anzunehmen. Wir sahen uns also genöthigt, es Einem Hochpreislichen Obercuratorio der Königl. Universitäten wieder zu präsentieren, um es Höchstdemselben zu überlassen, es an Hrn v. Großing selbst gelangen zu lassen. Allein wir erhielten es wiederum zurück mit dem Allerhöchsten Kopeylichen sub litt. B inliegenden Befehle, es dem Hrn von Großing zuzustellen und ihm zu überlassen, ob er es wolle gänzlich zurücknehmen oder drucken lassen. Wir ließen es ihm daher zum zweiten Male, aber wiederum vergeblich, anbieten.

Wir sehen uns daher genöthigt, Ew. Hochwohl- und Wohlgeb. dieses Manuskript gehorsamst zu übermachen, mit dem ergebensten Gesuch,
dem Hrn. v. Großing aufzugeben, besagtes Manuskript wieder zurück anzunehmen und zu gleicher Zeit die von uns vorschußweise bezahlten in anliegender Spezifikation sub litt. C enthaltenen Kosten wieder zu erstatten.

Wir haben die Ehre, mit der vollkommensten Hochachtung zu beharren Ew. p

72a. An Georg Simon Klügel

[Halle, 9. August 1790]

Spectatissime Dom. Decane,

Ich gestehe, ich bedarf selber oft bei der Censur solcher Bücher Rath. Meinen eignen Grundsätzen nach habe ich niemals gegen den Druck von dergleichen Gedanken etwas: sie thun, meyn ich, nicht den Schaden, den man sich vorstellt. Sobald man aber als persona publica hierunter agiren soll, so muß man sich freilich nach Vorschriften richten. Die Hauptvorschrift aber, das Censuredict, bleibt immer seiner Natur nach vague. Sieht man nun auf die Exempel, und in der Hauptstadt, so sind in dem Dinge gegen Zimmermann, was Vieweg gedruckt hat, Stellen, die fast noch etwas ärger sind, als, von den armseeligen 12 Leuten, die man Apostel nennte, und von der natürlichen und geoffenbarten Religion ein langes und breites. Das beste und billigste scheint mir daher am Ende dieses, den Verfasser selbst über die anstößigen Stellen zu sprechen, und ihm guten Rath zu einer und der andern Abänderung zu geben. So hat man oft mit Grossing und ähnlichen Geistern leicht seinen Zweck erreicht, und ohne Schreyen. Vielleicht auch daß, wenn man glaubte, so etwas müße nicht unwiderlegt ins Publicum kommen, er selbst, der Verfaßer, zugleich eine Widerlegung seiner Sachen aufsetzte. Es ist überhaupt sonderbar, daß Schriftsteller jener Art nicht auf diesen Erwerbszweig denken, der in der That gar ersprießlich scheint.

Wolf.

72b. An Georg Simon Klügel

[Halle, 12. August 1790]

Spectatissime Domine Decane,

Ich bin auch der Meinung, daß eine Vorstellung abgehe, und baldmöglichst. Darin aber glaube ich nicht, daß auf dergleichen Rücksicht genommen dürfe, als überhäufte Anzahl von Docenten (denn so wie dieß allgemein vague ist, läßt sich auch im Allgemeinen antworten, daß Concurrenz auf einer Universität nützlich sey) oder auf Verlust von Einkommen auf unsrer Seite (so etwas pflegt den besten andern Gründen ihr Gewicht zu nehmen) oder überhaupt auf Dinge, die nicht genaue Beziehung auf das Subjectum quäst.[ionis] haben. Ohnedieß werden grade doch die Vorstellungen letztrer Art eine gewiße Allgemeinheit und Brauchbarkeit für andre Fälle gewinnen, indem Hrn Peuker sehr viele ähnlich seyn dürften. Ich würde in der Vorstellung unmasgeblich auf folgendes mein Augenmerk richten. 1) ein introitus über die Nachtheiligkeit von Docenten, denen derjenige ambitus elementarischer Kenntniße felt, die durchaus den Gelehrten machen. Ich habe schon manchen Beckergesellen (ein berümter darunter ist Rosenthal in Nordhausen) Lampenmacher &c gekannt, die in mathesi, Chemie, im SchlendriansRechte u. s. w. gute Kenntniße und Rutine hatten, besser als mancher Studierte, und gleichwol würde Niemand sie zu Akademischen Lehrstellen tüchtig halten. Die Sache verdient in unsern Zeiten eine sorgfältige Ausführung, und wie man sagt, liebt des Hrn v Wöllners Excellenz eine gewiße Strenge hierin.

2) vom Examen des Hrn P.[eucker], von unserm Verfahren dabei, wodurch ihm warlich nichts erschwert ist. (ich habe ihn sogar aufgefordert, mir dergleichen Materien aus Philologie, die mit seinen bisherigen Studien zusammenhiengen, zu nennen, um sich darüber examiniren zu laßen: hätte er mir doch wenigstens ein philosophisch Buch von Cicero genannt!) Hier denk ich müsten wir aber auch ein Wort von unsrer Lage bei Erteilung der Magisterwürde sagen, im Fall uns Candidaten vorkommen, die mehr guten Willen als wirkliche Gelehrsamkeit zeigen. Immer däucht mich kann der gradus Magister dann angesehn werden als Aufmunterung — dagegen eine öffentlich erteilte Lehrstelle sezt anerkannte Kenntniße voraus, und berechtigt junge Leute stärker,

dergleichen Kenntniße bei solchen zu suchen. Man klagt oft, daß es den Studierenden erschwert werde, sich nützliche Docenten zu suchen. Dadurch, solte man denken, würde es am meisten erschwert, wenn öffentlich autorisirte Lehrer angestellt sind, auf deren Gelehrsamkeit sich Niemand verlaßen kann. Sind gute da, wenn gleich viele, so mag die Wahl des Studenten ausfallen, wie sie will, sie wird ihm doch nicht schädlich gerade. —

Dazu kommt 3) wir haben ihm die Mag.[ister]Würde im Grunde nur conditionate gegeben, falls er erstlich noch in diesem H.[alben] J.[ahr] seine erste, und dann vor Ende des itzigen Decanats auch die 2te Disputation hält. Ich gestehe aber, daß ich bei dem consensu Facultatis für mich selbst den Gedanken hatte, daß er diese Bedingungen nicht würde halten können. Er ist, wie man sagt, ein Kantianer, und just diese Philosophie soll sich lateinisch schwer geben laßen. Vielleicht daß ihm schon hiedurch die Sache unmöglich gemacht wird: denn der Präses müste sich wohl finden: und ich bin hierunter Hrn K[riegs]R.[at] Försters Meinung, daß ein praesidium taciturnum an Ew. Wohlgebornen kommen müste. Ich sehe nun nicht ein, warum wir nicht von der Idee in der Vorstellung Gebrauch machen könnten, daß wir nicht geglaubt hätten (veranlaßt durch das Examen selbst) daß er unsre den Statuten gemäße Conditionen zu erfüllen im Stande seyn würde. Hier könnten nun wol immer die besten Fälle aus den acten der Facultät beigebracht werden, als von Adjunctis Facult.[atis] pp.

4) Solten wir nicht auch sagen können, daß wir es izt für Pflicht hielten zu sprechen, da schon mehrere neuerlich angesetzte Docenten sich noch nicht den Statutis gemäs habilitirt hätten? Ich erinnere mich wohl noch, daß vor Jahr und Tag geschickte Studiosi gesagt hatten, ein hallischer Professor würde, wenn es so fort gienge, ein gar leicht zu erreichendes Ziel seyn. Wie das weiterhin die Ehre der Universität befördern wird, verdient wohl Ueberlegung.

Wir können endlich 5) sogar anfragen, ob es Sr Majestät Beifall nicht habe, daß ferner mit mehr rigueur als sonst bei Erteilung der Magisterwürde verfahren werde. — Auf alle Weise aber müßen wir wol die Vorstellung so einrichten, daß es nur Moderation unsrer Forderung wird, wenn man ihm noch ein paar Jahr auf den Prof. warten läßt. Er hat wahrscheinlich keine andre Absicht, als sich durch sein Patent nun den praestandis ganz zu entziehen; und er kann freilich hierin Hrn Pr.[ofessor] Meinert u. A. als Vorgänger anführen.

Wolf.

108a. An Karl Friedrich Conradi

[Halle, April 1792]

P[ro] M.[emoria]

In den Meßcat.[alog] bitte ich so inseriren zu laßen: Herodiani Historiarum Libri VIII. Editio altera. Ex recensione Fr. Aug. Wolfii. Halis Sax. pp

Noch muß ich Herrn Conradi HochEdelgebornen ersuchen, wenn Ihnen eben so viel als mir an der Erscheinung des Buches zur Meßzeit gelegen ist, sowol Hrn Grunert als den Corrector baldmöglichst excitiren zu laßen (an Mst fehlt es nicht) nur werden Sie es so thun, daß es ohne meine Veranlaßung zu geschehen scheint. Da es vielleicht nah an 24 Bogen werden, müßen d u r c h a u s in der Druckerey allemal 14 Tage 3 Bogen sicher fertig werden. Wie gesagt, mir selbst liegt viel dran, bald zu andern weniger mühsamen Arbeiten fortzugehen. W.

109a. An Karl Friedrich Conradi

[Halle, April 1792]

Sie wünschten neulich selbst einige Schulmänner zu bestimmen, an welche Sie Exemplare von Herodian senden wollten. Ich dächte an Hr Rühlmann — Hannover, Bauer — Hirschberg, Fischer — Halberstadt, Meierotto — Berlin, Gedike — [Berlin], Funk — Consistor.R.[at] Magdeburg. und die unterstrichnen bitte ich doch mit Exemplaren auf Schreibpapier zu versehen. Ueberhaupt muß ein grosser Irtum vorgegangen seyn, indem mir von H.[errn] Grunert nur 9 Exemplare frey abgeliefert sind. —

Der Gel.[ehrten] Zeitungen halber erinnere ich Sie, das Exemplar für die Königsberger an Hrn Prof. Wald — das für die Erfurter an Hrn Prof. Herel und beikommendes auf holländischem Papier an Hrn Heyne zu schicken. Ich schicke ihm selbst keins, und mag auch das Buch dort gar nicht recensirt sehen. Gleichwol schicke ich Ihnen ein solch Exemplar auf holländischem Papier, wenn Ihnen an der Recension etwas gelegen ist. Wo nicht, so bitte mir dieß Ex. wieder zurück. Wollen Sie es aber in Ihrem Namen hinsenden, so haben Sie die Güte, dafür 1 Exemplar auf Schreibpapier an Hrn Bibl.[iothekar] Biester in Berlin zu addressiren.

Ebenso hab ich bereits den Gothaischen Recensenten und Hrn Löfler, der mir das Strothsche Programm verschafft, mit Exemplaren versehn: hierhin senden Sie also keins, und bitte dafür 1 auf Schreibpapier an Hrn Prof. Schneider zu schicken.

Solten Sie schon an die Leipziger Zeitung 1 Exemplar abgegeben haben, so erhält Hr. Beck das beifolgende nicht: sondern es geht an Hrn Prof. Alter in Wien. Haben Sie aber in diesem Fall die Güte, 1 Exemplar an Hrn Dr. Morus in Leipzig abzugeben.

Uebrigens werden Sie das Buch selbst besorgen, wenn Sie wollen, an die Würzburger, Nürnberger, Erlanger (dort in meinem Namen an Hrn Harleß), Tübinger, Oberdeutsche ALZ. und Jenaische ALZ. hier an Hrn Schütz in meinem Namen.

109b. An Karl Friedrich Conradi

[Halle, April 1792]

Herrn Conradi HochEdelgebornen

bitte ergebenst, doch folgende kleine Bestellung in Leipzig besorgen zu laßen. 1) Ein Exemplar Herodian auf Schreibp.[apier], wofür ich schon ein gleiches hier im Laden abgegeben habe, durch Hrn. Friedr. Franke an den Prediger Koch junior zu besorgen.

2) an ebendiesen Hrn Franke 12 rthlr 6 gr. auszuzahlen, und sein accepi unter beikommendes Zettelchen zu fügen. (Die Summe habe ich auch schon im Laden gezahlt.) Mit sichrer Gelegenh.[eit] wünschte ich diese Bücher her.

3) die Epistola von Huschke ad virum eruditiss.[imum] Laurent.[ium] van Santen u. 4) etliche Disputationen, unter Luzac in Leiden eben erschienen, mir herzusenden. Beides ist in Gleditsch Handlung. — Ob Dieselben in voriger Meße die nach Wien bestimmten Exemplare des Herodian abgesendet, oder ob sie angekommen, wünscht ich wol gelegentlich vergewissert zu werden, da ich es aus Briefen daher zu ersehen nicht im Stande bin.

Dero

gz ergebenst. D.[iener]

FA Wolf.

120a. An Karl Friedrich Conradi

[Halle, Ende[1]) 1792]

Not.

Hier habe die Ehre, die letzte Rechnung zu überschicken. Auf derselben stehen mehrere Bücher noch, die ich nach Empfang der Rechnung noch zurücklieferte. Bei einigen fieng ich damals an, die Zahlen zu durchstreichen. Aber dieß ist nicht durchweggeschehen, so daß ich mich also auf diese Rechnung gar nicht verlaßen kann.

Um so mehr wünsche ich nun bald eine reine, mit Beifügung alles des seit jener Rechnung Erhaltenen und der Gegenrechnung der Honorarien: so daß wir dann mit anno 93 einen neuen Lauf anfangen.

Was ich (außer dem hier beifolgenden) nun noch von neulich empfangnen Büchern behalten habe, sehe ich als meine Schuld an.

Die Englische Edition etlicher Dialogen Luciani ist durch den Druck sehr schmutzig geworden, indem zur Ersparung von Schreibkosten etliche Bogen daraus abgedruckt worden. Ich kann indeß das Buch, wenn es verlangt wird, zurückschicken. Auf die Rechnung kan es nicht mit kommen.

Um der Rechnung eine runde Summe zu geben, bitte ich mir, auf den Fall, noch folgende Bücher, und zwar ungefähr in der Ordnung, verabfolgen zu laßen. 1) Ferguson History of the Progreß 6 rthlr — 2) Wachler Geschichte der Litt. u. Kunst. 2 gr. 3) Crede Animadversion. Marpurg. 4) Shaftesbury Characteristics. 5) Müllers Deutsche Uebersetzung des Tacitus, wenn es möglich ist, mir von diesem izt ganz ungangbaren Buche einen guten Rabat zu verstatten. — letztens erhalten.

124a. An Karl Friedrich Conradi

[Halle] 8 Aug. 93.

Ew. HochEdelgebornen

versichre, daß ich die Besorgung der neuen Aufl.[age] der Odyssee für 4 rthlr p.[ro] Bogen übernehmen will. Es mag auch immerhin Courant seyn, ob wir gleich darüber noch nicht übereingekommen sind.

Correcturen und Revis.[ion] kann ich aber dabei gar nicht übernehmen. Ew. HochEdelgebornen mögen sich deshalb an M.[agister] Bertram oder sonst einen geübten Corrector wenden.

Da Sie vor der Meßreise jenen, nach unsrer damaligen Verabredung, noch nicht angenommen hatten, so habe ich einstweilen die Ilias 2 Studenten aufgetragen, und dem einen 8, dem andern 12 groschen in Ihrem Namen versprochen. Gleichwohl muß ich dabei fast den gemeinsten Corrector agiren. Habe ich also zu viel versprochen, so bitte ich auch zur Ilias — izt ists noch Zeit — den M.[agister] Bertram anzustellen: widrigenfalls zu erklären, daß Sie jene 20 gr. p.[ro] Bogen genehmigen.

So wohl hierüber als über das übrige ersuche ich Sie um eine baldige geneigte Antwort; weil ich alsdenn, wie ich schon Hrn P[or]g[o]ld versprochen, in 14 Tagen zu ein paar Bogen MSt schicken werde.

---

[1]) In der Übersicht der Briefe (vgl. S. XVIII): Dezember, geändert aus Ende. R. S.

Schreibpapier Exemplare wünsche ich nur 4, dann 3 Druckpapier, und Ein gutes auf das auch neulich gewählte Holländische; überhaupt zusammen 8 Fr[ei] Exemplare. So viel sich zu den 1sten 6 Bogen der Odyss. dort noch Exemplare zusammenfinden, müste ich mir zugleich ausbitten; weiterhin habe ich ein vollständiges Exemplar, was zum Abdruck genutzt werden kan.
Den Contract wegen der Ilias sollen Sie gleich nach meiner Heimkehr erhalten. Zugleich lege ich eine Quittung auf 50 rthlr bei. Nur dieß einzigemal muß ich von der Verabredung Gebrauch machen, etwas vom Honorar.[ium] vor Ende eines Bandes ausgezahlt zu sehen.
Ich bin für Ihre guten Wünsche herzl. verbunden und empfehle mich geneigtem Andenken.

FAWf.

129a. An Karl Friedrich Conradi

[Halle, Mai 1794]

Ew. HochEdelgeboren,

belieben bei Ansicht dieser Quittung auf die Lage Rücksicht zu nehmen, in die ich mich durch die Aufopferung für den einzigen Homer izt — selbst gar sehr wider meinen Wunsch u. Willen — gesetzt habe; und bitte zugleich, unmittelbar nach der Meße, wohin Sie, da heute das Ende des Msts in die Druckerey gegeben ist, das Werk durchaus noch erhalten müßen, unsre übrige Berechnung ja andern Sachen vorzuziehen. Wüsten Sie so ganz, in welche Verwirrung mich schon das einzige Umziehen izt gesetzt hat, so würden Sie es selbst kaum möglich finden, wie doch alles ohne Stillstand hat abgehn können.

Ihr
ganz ergeb. W.

131a. An Johann Karl Konrad Oelrichs

[Halle, 7. Juli 1794]

Viro Illustri, Eruditissimo Maximeque Colendo
D. Joanni Carolo Conr. Oelrichs
S. P. D.
Academiae Fridericianae Pro R[ector], Dir.[ector]
et Reliqui Professores,

In summis bonis, quibus Academiae nostrae frui per hoc saeculum contigit, numeranda habemus praecipue doctorum et intelligentium virorum in nos studia atque prolixas voluntates. Qualem animum quod Tu quoque, Vir Eruditissime et Celeberrime, declarare nobis voluisti dicanda Saecularibus nostris Scriptione ingeniosissima, gratiam quantam par est maximam Tibi et agimus et habemus; atque hunc libellum non solum, ut iubes, distribuendum, sed etiam in Bibliotheca publica, tanquam perennem Tui de hac Universitate honorifici iudicii testem, asservandum curabimus. Vale et benevolentiam istam Tuam nobis conserva.

P.[ro] P.[ositum] d. VII. Jul. Mp

133a. An Johann Jakob Sell

Academiae Fridericianae
Pro Rector
Director et reliqui Professores
Viro Celeberrimo et Eruditissimo
Joann. Jacobo Sellio
Gymnasii Acad. Regii Prof. et Rectori
S. P. D.

Quum ab Academiae nostrae festo saeculari omnem splendorem abesse voluerint ii, qui splendorem dare potuissent, tanto impensius et severiore laetitiae genere licuit nobis recolere ea, quae in hanc studiorum sedem per tot annorum decursum beneficia divinum numen cumulavit, non infructuosa, ut putamus, in publicum. Quare quod illam laetitiam augere Tu voluisti, Vir eruditissime, scriptione cum honore nostro coniuncta verissimique affectus teste, gratias Tibi quas par est maximas agimus. Quibus si vota nostra vicissim pro Tua Tuaeque scholae salute et incremento addiderimus, in ea re vel id facere nobis videmur, quod litterarum honor et communia commoda exigunt.

Vale, Vir praestantissime, et istum Tuum animum nobis conserva.

D.[atum] in Fridericiana, m. Aug. 1794.

135a. An Karl Friedrich Conradi

[Halle, d. 29. Oct. 1794]

Ew. HochEdelgeboren

scheinen, wie ich höre, meine Meinung wegen doppelter Exemplare der Ilias durch Hrn. B.[orgold] nicht ganz gefaßt zu haben.

Ich muß wegen eines leichtern Absatzes des ganzen Werks wünschen, daß 700—1000 Exemplare ohne Prolegg. unter dem Namen der w o h l f e i l e n S c h u l a u s g a b e verkauft werden können, weil izt bei den steten Speculationen anderer auf dergl. Artikel, und da der Text der Ilias sich für Schüler sehr wohl für 18—20 gr. zubereiten läßt, zu fürchten ist, daß man meinen Text anderswo abdruckt, wodurch Sie und ich in einen beträchtlichen Schaden gesetzt würden. Dazu kömmt, daß vor Odyssee ziemlich eben dergl. Prolegg. und andre Zusätze kommen, die auch für Schulen nicht sind, und so — auch bei dem civilsten Preise — am Ende der Unterschied im Ganzen ansehnlich werden muß.

Was den Unterschied einer g r ö s s e r n oder v o l l s t ä n d i g e r n Edition und einer w o h l f e i l e n S c h u l e d i t i o n betrift, so kan dieser wol unmöglich im Handel eine Irrung machen, da der Fall so gewöhnlich ist, auch gleich öffentlich die Sache unter diesen terminis angekündigt wird.

Ihr
ganz ergeb.
W.

150a. An Karl Friedrich Conradi

[Halle] den 9 Jun. [1795]

Ew. HochEdelgebornen

muß ich zu förderst ergebenst bitten, doch noch mit heutiger Post Ihrer Handlung in Berlin aufzugeben, ein Exemplar auf Schreibpapier vom Texte der Ilias nemlich die 2 griech. Bände an H.[errn] Biblioth.[ekar] Biester als von mir baldmöglichst zu schicken, und, wenn dergleichen Exemplare dort nicht mehr seyn sollten, eins davon von hier aus zu schicken. Den 1sten Band hat er schon längst von mir.

Zunächst ersuche ich Sie, mit Zuziehung der bisherigen kleinen Quittungen von Bredow und Reinert für Correcturen und der hier beigelegten des M.[agister] Bertrams zu bestimmen, wie viel ich für Correcturen sowol als Revisionen erhalte. Ich verlange nichts in Gelde, ob ich Ihnen gleich bescheinigen kann, daß ich an 6—7 rthlr baar an Studenten, die mir geholfen haben, ausgezalt habe. Ich bitte mir dafür Exemplare aus, und besonders, da Sie sicher noch eins übrig haben, 1. auf holländ. Papier, das ich im Vertrauen schon einem Freunde versprochen habe.

Da Ihnen aber wegen der erstgedachten Sendung 1 Exemplar der Prolegomena übrig ist, so bitte ich mir das aus, und dazu ein ordinäres Schulexemplar, auf welchem Papier es sei.

Zugleich liegt mir höchl. daran, vor Ihrer Abreise sicher zu wißen, ob das Exemplar nebst dem Briefe an Ruhnken abgegangen sei. Sie stimmen mir bei, daß es sehr unangenehm wäre, wenn andre in Holland früher das Buch erhielten als R.[uhnken]. Wäre es Ihnen nicht möglich, mir vor Dero Abreise einige Gewisheit zu verschaffen?

Mit besonderer Hochachtung

Dero

ergebenster

Wolf.

150b. An Karl Friedrich Conradi

pp.

Mein Ersuchen geht lediglich dahin, daß Ew. HochEdelgebornen belieben mögen, sobald Sie die Quittungen der 3 Correcturen beisammen haben, für mich zu berechnen, wie viel ich theils an der Stelle der 2 Studenten, theils an der Stelle des Magister B.[ertram] sowohl corrigirt als revidirt habe. Kurz, ich trete bei den Bogen, wo jene fehlen, an deren Platz. So habe ich die letztgedruckten 2 Bogen des ganzen Werks völlig allein mit meinem Fiscal und noch einem Studenten besorgt; eben so mehreres, wo Reinert verreist war, aus dem Gröbsten corrigiren laßen. Hr. Porgold weiß dergleichen hinlänglich. Alles hab ich mir nicht aufgeschrieben, weil ich Ihrer Billigkeit hinlänglich traute.

Vor kurzem erst erinnerte mich ein undankbarer Zuhörer durch eine Quittung von einigen rthlr, die er baar von mir forderte, daß ich auch dem andern etwas vergüten müste, der Reiner[t]s vices vertreten hatte. Die Rechnung ist also simpel, von der Zeit an, daß der Mag.[ister] Bertram zugetreten ist, und vor dieser Zeit wird es wenig betragen, was ich erhalte. Uebrigens bleibt es dabei, blos in Exemplaren, und so, daß Sie das heute gesandte holländische nach dem Ihnen bekannten Papierpreise rechnen; und ebenso die über unsern Contract, und an andere als Recensenten von Leipzig aus verschickten Exemplare in Anschlag bringen.

Die Bücherrechnung, die Sie fordern möchte ich unter einigen Tagen nicht finden. Aber es ist ganz bestimmt unter uns, daß das Drittel Honorar.[ium], was auf Bücher geschlagen ist, an der Hauptrechnung abgehen solle, welche netto 400 rthlr betrug. So viel werden auch Ew. HochEdelgebornen sich mit Gewisheit erinnern. Es genügt also vielleicht, diesen Punct einstweilen nur besonders anzumerken, bis ich Ihnen die Bücherrechnung gelegentlich schicken kann.

Mit aller Hochachtung beharre

Dero ergeb. D.[iener]

Wolf.

[Halle] den 10. Jun. [1795]

150c. An Karl Friedrich Conradi

P. P.

Allerdings haben, um das Werk zu der Correktheit zu bringen, viel mehrere Personen helfen müßen, als wir verabredet hatten. Allein dieß soll und darf ebenso wenig in Anschlag kommen, als das oft 6—8 mal wiederhohlte Revidiren durch mich, trotz des M.[agister] Bertrams sogenannten Revisionen. Was also ich und gewiße Studenten, die mir sonst Dank schuldig zu seyn glauben, dabei gethan haben, würde izt und in der Folge auf eine unbilligscheinende Weise die Kosten der Correcturen vergrössern; und kommt nicht in Betracht.

Allein da eine bestimmte Correctur und Revision (was nicht anders als eine 2te Correctur war und ist) nach unserm Contract geschehen muste, ehe ich eine eigentlich letzte Revision bekäme, der M.[agister] Bertram aber auf jenes zweites 18 gr. p[ro] Bogen rechnet, so dünkt es mich billig, daß Ew. HochEdelgebornen dieß auf das Ganze als Maasstab anwenden. Mit 29 rthlr haben Sie also beinahe 40 Bogen bezahlt: Beträgt das ganze Werk nun 55 Bogen, so machte es 40 rthlr 12 gr. Erhalte ich also noch 12 rthlr 12 gr. und dadurch komme ich grade auf das, was ich wirklich an Studenten einzeln ausgezahlt habe.

Die Exemplare an Schneider und Laguna empfahl ich Ihnen wegen der Anzeigen in der ALZ. und Allgm. D.[eutschen] Bibl. zu schicken. Dafür haben Sie kein Exemplar nach Jena senden dürfen, wie auch nicht bei der Odyssee. Von letztrer liegt gleichwol, wie mir Schütz erzählte, eine Recension zum Druck da, die eben ein paar Tage vor meiner Ankunft in Jena eingeschickt war. Bei der Ilias haben wir doch vielleicht, da das ganze ein theures Werk wird, dergl. Bekanntmachung in öffentlichen Blättern nöthig, und besonders gut wär es, wenn es in der Oberdeutschen ALZ. in der Würzburger (die sehr gut seyn soll, und in dergl. als in der Erfurter) geschähe. Doch ist mir privatim nichts daran gelegen. Ich kann auch, bei keinem Buche weniger als bei diesem, einen Recensenten selber zur Anzeige veranlaßen.

Es bleibt übrigens dabei, wir rechnen jenes residuum auf Bücher. Jedoch vom Homer habe ich nur noch 1 Exemplar auf Schreibpapier nöthig: also bitte ich das übrige auf die letzte Bücherrechnung zu bringen. Das Wenige was ich von Büchern remittire, kömmt morgen mit Gewisheit zurück. Sodann ists mir selbst sehr angenehm, wenn ich die neue Rechnung seit dem Abschluß von 400 rthlr zur Notiz von Ihnen erhalte.

Dero

ergebenster

W.

[Halle] 11. Jun. 95

177a. An Johann Christian Förster

[Halle, 29. Februar 1796]

Was das decorum der Universität, auch ohne Rücksicht auf besorgliche moralische incommoda, an Hand giebt, darüber sind wir wol alle einig; ist aber die Frage, was die philos. Fakultät ex iure hier zu thun habe, so gestehe ich, daß ich das nicht weiß; und vielleicht sind sogar die statuta über einen solchen selten vorkommenden Fall mangelhaft. Indeßen scheint es freilich, daß die Sache nach der Analogie von Gilden und Innungen beurtheilt werden müße. Hat hiernach L.[auckhard] das Recht, gleich wieder, ohne eine besondere Formalität zur Erlangung des iuris postliminii, ohne etwa eine neue Disputation pro loco recuperando p, Collegien anzufangen, so wird auch folgen, daß er seinen vorigen Platz vor den jüngern Magistris im Catal.[ogo] wieder behaupten muß. Ueber das letztre erbitte mir, nach Sammlung der Stimmen, von Ew. Wohlgebornen Nachricht aus.

Wolf.

177b. An die Weidmannische Buchhandlung

Ew. HochEdelgebornen

soll ich in Hrn Ungers Namen folg.[enden] Titel zum Meßkat.[alog] einsenden. Da er durch sein U so glücklich ist, ganz hinten hin zu kommen, so kommt er vielleicht noch zeitig genug. Kann er aber mit sammt dem Eingeklammerten vorn an Ort und Stelle, so ists mir noch lieber. (Historisch-kritische) Untersuchung über die ältere Geschichte der Homerischen Gesänge. Von F. A. Wolf. Berlin bei G. C. Nauck, (W i r d g e g e n J o h a n f e r t i g.)

Mit besonderer Hochachtung habe ich die Ehre zu sein

Dero

ganz ergeb. D.[iener]

FA Wolf.

Halle, 18. März 1796

212a. An König Friedrich Wilhelm II.

Allerdurchlauchtigster Großmächtigster König,

Allergnädigster König und Herr!

Ew. Königl. Majestät geruhen hiebei die Listen der neuangekommenen Studierenden nebst dem Protokoll über die Maturitäts-Examina Sich in Unterthänigkeit vorlegen zu lassen. Wir begleiten das letztere mit einigen Bemerkungen, die uns nothwendig schienen, um in der Folge das Geschäft jener Examina einer festern Ordnung zu entwerfen.

1. Da selbst izt wieder mehrere von denen, die schon längst hätten geprüft werden sollen, Entschuldigungen von Krankheit oder dringenden Reisen bringen, vielleicht blos

um sich dem Examen zu entziehen; durch Carcerstrafen aber wenig gefruchtet wird, weil sie dadurch von Collegiis abgehalten und also noch weniger reif werden: so sind wir auf den Gedanken gekommen, ob es nicht rathsam wäre, alle solche Examenflüchtige sogleich pro poena für immaturos zu erklären, indem ohnehin die meisten andern, die examinirt worden, das nämliche Prädicat erhalten.

2. Es bringen noch immer mehrere von Schulen so unbestimmte Zeugniße mit, daß es nicht deutlich erhellt, ob sie als maturi anzusehen oder nicht. Der Fall war izt vorzüglich bei der Schule von Prenzlau, wo man blos hofnungsvolle Jünglinge entläßt, von denen der Verfaßer der Zeugniße blos dafür hält, sie würden dereinst pp. Wir wünschten daher, daß Ew. Königl. Majestät OberSchulcollegium eine solche Einrichtung machte, daß die Schultestimonia alle auf gleichen Fuß gesetzt würden und blos Reife oder Unreife ankündigten.

3. Auch werden wir durch einige, die nun erst an ihre Lehrer schreiben wollen, um Attestate, warum sie nicht beim SchulExamen waren, beizubringen, zu Folge des Allerhöchsten Reskripts v. 26. Jan. 96. veranlaßt, unterthänigst anzufragen, wie lange Frist in diesen Falle gegeben werden darf, weil hier vorzüglich viele und sehr scheinbare Entschuldigungen eintreten. Ein einziges solches Attestat legen wir indeßen hier bei, was sich gleich hier in der Stadt herbeischaffen ließ.

4. Ob wir den Fischer aus dem Magdeburgischen für reif erklären sollten, darüber haben wir uns nicht vereinigen können, weil derselbe schon auf dem Waisenhause examinirt, jedoch mit einem nicht ganz bestimmten Zeugniße entlaßen war. Sein Vater, ein unbegüterter Prediger von sehr zahlreicher Familie, glaubt, wenn der Sohn unreif heißen sollte, dadurch höchst nothdürftige Stipendien zu verlieren: doch ist es nicht blos Mitleiden, was uns die Bestimmung erschwert. Der junge Mensch zeigte wirklich vielen Fleiß und Eifer, und es scheint blos, als ob er aus Mangel an auszeichnenden Talenten mit dem besten Eifer sich nicht zu derjenigen Reife habe bringen können, die mancher weniger Fleißige bei einem leichtfaßenden Kopfe so oft erreicht. Da wir dieß nun für einen sonst guten jungen Menschen für äußerst niederschlagend halten, so überlaßen wir die Bestimmung nach seinen Ausarbeitungen, mit welchen das mündliche Examen übereinstimmte, dem Ermeßen Ew. Königl. Majestät Oberschulcollegio.

Uebrigens müßen wir uns wegen der Verspätung dieses Berichts mit der unbedingten Unmöglichkeit entschuldigen, indem gerade diejenigen, welche hier examinirt werden musten, größtentheils zu allerlezt, manche erst zu Pfingsten, angekommen sind; wobei wir überhaupt bemerken, daß die Neuankommenden gar nicht so regelmäßig vor Anfang der neuen Collegien erscheinen.

Wir ersterben in tiefster Ehrfurcht

Ew. Königl. Majestät
allerunterthänigst
die Examinations Commission hieselbst.
Fr. Aug. Wolf
h. t. Decan. philos. Fac.
Jo. Aug. Eberhard
h. t. ExDecanus

Halle, den 23 Jun. 1797.

213a. An König Friedrich Wilhelm II.

Allerdurchlauchtigster, Großmächtigster König,
Allergnädigster König und Herr,

Ew. Königl. Majestät geruhen mit Allerhöchst Dero gewohnter Huld und Gnade ein unterthänigstes Gesuch aufzunehmen, wozu mich meine Gesundheitsumstände aufs dringendste nöthigen. Selbst nach der Vorschrift des Arztes wünschte ich auf die nächsten vier Wochen eine Reise in die Rheingegenden unternehmen zu dürfen, bei welcher übrigens meine Amtsgeschäfte auf keine Weise leiden können, da gegenwärtig die Ferien anfangen, und ich zu dem Anfange der neuen Vorlesungen bereits wieder zurück seyn werde. Ich wage es daher, Ew. Königl. Majestät um die Allergnädigste Erlaubniß zu dieser Reise zu ersuchen, und beharre mit der tiefsten Ehrfurcht

Allerdurchlauchtigster, Grosmächtigster König,
Allergnädigster König und Herr,
Ew. Königl. Majestät

alleruntertänigster
Friedr. August Wolf.

Halle, 10. Sept. 1797.

219a. An Fürchtegott Christian Fulda

pp.

Sie würden mich ungemein verbinden, wenn Sie die Gewogenheit hätten, mir auf 6, höchstens 8 Wochen, von Brunks Aristoph. den 2. Tom., Text und Zubehör, zu leihen oder von einem Ihrer Bekannten zu verschaffen. Mir hat jemand diesen Band abgeliehen und nicht wieder gegeben, und ich weiß nicht wer. In jedem Falle könnten Sie ihn von Hrn Niemeyr erhalten, wenn Sie ihn unterdeßen selbst brauchen sollten.

[Halle] Jan. 98 Wolf.

223a. An Matthias Christian Sprengel

[Halle, 17. April 1798]

Spectatiss.[ime] D.[omine] Decane,

Glaube ich, daß es lediglich auf das einzuschickende Specimen ankommen muß, ob wir ihm die Würde ertheilen können. In Berlin mag er es immerhin drucken lassen, aber wenn es als G r a d u a l s c h r i f t erscheinen soll, so kommt dabei die Ehre derjenigen Facultät in Betracht, die ihn creirt. Ich würde ihm außerdem sagen, daß es über die signif.[icatio] tyranni nicht so viele Bogen apud Gr.[aecos] et Rom.[anos] gäbe: ein Extract des wesentlichen würde uns genügen, nebst den ü b l i c h e n L a t e i n i s c h e n p e t i t o r i i s u n d c u r r i c u l o v i t a e. In Absicht Berlinischer Competenten, denk ich, dürfen wir überhaupt nicht allzu nachsichtig seyn: jedoch gäbe ich ihm im Voraus meine Stimme eher, wenn er nicht drucken laßen, und den Titel blos fürs gemeine Leben brauchen wollte.

Wolf.

Den Brief finde ich gar zu trocken.

[7. Mai 1798]

Ich habe auch nichts dawider, wenn Hr. K.[öpke] nur nicht den Aufsatz permissu (oder gar iussu) Ordinis philos.[ophici] Hal.[ensis] drucken läßt. Und dieß, denk ich, könnten wir ja fordern, da es ohnehin gewöhnlich ist, die Magisterwürde gegen Specimina, die als Mst nur in unsern Actis aufbewahrt werden, zu ertheilen. Einen blos privatim zu veranstaltenden Druck der Schrift können wir ihm hingegen natürlich nicht wehren. Und dazu kann er auch immer gut genug seyn. In diesem Falle würde ich ihm dann rathen, wenn er alles, was er kann, daran gethan hat, die Sache der Beurtheilung des Hrn Gedike zu überlaßen, da er diese Autorität so sehr in der Nähe hat.

Wolf.

229a. An Kaspar Fritsch

H.[alle] 18 Aug. 98.

Hochzuehrender Herr,

ein junger hiesiger Gelehrter bittet mich um eine Empfehlung dieses inliegenden kleinen MSts zu Dero Verlag. Da das Buch in Deutschland so gut als nicht zu haben ist, da es obenein klein ist, und Sie doch immer 1000 Ex.[emplare] abziehen laßen können, indem es einen Pendant zu meiner Ausgabe von Homer macht, der die Gelehrten wie die Schöngeister interessirt: so denk ich, habe ich nicht viele Worte nöthig, um seinen Wunsch bei Ihnen mit Hofnung der Gewährung zu erfüllen. Am besten wäre es aber, die Uebersetzung erschiene bald, spätestens zur Michaelmeße. Der Verf. will sich mit 4, wenigstens mit 3 rthlr p.[ro] Bogen befriedigen. Das letztere ist immer genug; indeßen steht das völlig in Ihrer Hand, so wie auch das Format. Ein ordinäres 8Format wäre, dächt ich, das beste; allein lat. Lettern durchaus schicklich, so wie Ihr Handbuch von Brehm gedruckt ist, meint er. — Zufällige Umstände veranlaßen die Freiheit, Ihnen hiebei 2erlei für Schneider zu schicken. Das Päckchen könnte allenfalls gelegentlich bis Berlin gehen; allein den Brief ersuche ich Sie durch Ihren Domestiken nur auf die Post geben zu laßen.

In Erwartung einer baldigen geneigten Antwort habe ich die Ehre zu seyn

Ew. Hochedelgebornen
ergebenster Diener
Wolf.

233a. An König Friedrich Wilhelm III.

Allerdurchlauchtigster,
Großmächtigster König,
Allergnädigster König und Herr,

Ich halte es meiner noch obhabenden Amts-Pflicht gemäs, da ich aus mehrern dringenden Bewegungsgründen wünsche, im nächstfolgenden Monate eine Reise von vierzehn Tagen nach Berlin zu thun, dieserhalb um Ewr. Königl. Majestät Erlaubnis unterthänigst anzusuchen. Allerhöchst dieselben geruhen demnach, diese meine Bitte HöchstDero Aufmerksamkeit in Gnaden zu würdigen, und mir eine solche Reise-Permission, sobald es möglich ist, ausfertigen zu laßen.

Ich ersterbe in tiefster Devotion — — —

Ewr. Königl. Majestät

allerunterthänigster

Fr. Aug. Wolf.

Halle, d. 27 Nov. 1798.

247a. An das Königl. Oberkuratorium Berlin

Copia

Was ich schon in der ersten Beantwortung gesagt zu haben glaube, ist:

Das Königl. Philologische Seminarium ist ein von dem Minister Zedlitz gegründetes Institut zur Bildung gelehrter Schulmänner für die Gymnasien hiesiger Lande. Es besteht aus 12 Mitgliedern, deren Wahl mir übertragen ist und über deren Kenntniße und Ausbildung von mir nach Hofe Bericht erstattet wird, wie auch in kurzem wieder über die jetzigen 12 Mitglieder geschehen soll. Jeder von ihnen erhält ein quartalmäßig vom Hofrath Dryander ausgezahltes Beneficium von 10 rthlr auf 2, höchstens 3 Jahre, so lange Jemand im Seminario ist. Die Uebungen bestehn in mehrern den jedesmahligen Kräften der Theilnehmenden gemäs gewählten Lectionen, worin jene aber nicht Zuhörer sondern selbst thätig sind, vorzüglich in richtiger Behandlung alter Schriftsteller, im Erklären und Verfertigen von Aufsätzen über Gegenstände des Schulunterrichts.

Diese ursprüngliche sich auf die von mir entworfene und höchsten Orts genehmigte und confirmirte Instruction gründende Einrichtung ist auch die itzige noch; und es ist erst seit der Zeit, daß diese Fragen bei der Universität verhandelt worden, nur noch folgendes hinzugekommen. Da von mir eine Gelegenheit für die Seminaristen vermißt wurde, wo sie sich in guter Methode des Schulunterrichts praktisch üben könnten und hiezu einige Klaßen der WaisenhausSchulen in Vorschlag gebracht wurden, so ist, nachdem vom Hofe aus die Direktion des Waisenhauses diesen Plan realisiren aufgefordert worden, mit Anfang des laufenden Semestris zu den oberwähnten frühern Uebungen noch hinzugekommen, daß wöchentlich 3 Lectionen in 3 verschiedenen Klaßen von den Mitgliedern des philolog. Seminarium dort gegeben werden theils unter meiner Aufsicht theils selbst nach den Mustern, welche ich ihnen auf der Stelle gebe. Die Gegenstände dieser praktischen Uebung habe ich angefangen, aus allen jeden Theilen des öffentlichen Unterrichts zu wählen und ein jeder Seminarist erhält dergleichen Gegenstände, als seinen Vorkenntnißen und seiner Geschicklichkeit am angemeßensten scheinen. Hiermit wird halbjährlich auf gleiche Weise fortgefahren werden.

Halle, den 28. Decbr. 1799.

Wolf.

248a. An Johann Ernst Barth

H.[alle] den 4. Sept. 1800.

Werthester Freund,

Hr. A. König in Strasburg, mit dem Sie in genauer Verbindung stehen, hat für mich vor kurzem ein Packetchen von Paris nach Str.[aßburg] gebracht. Dieß will er über Leipzig an mich besorgen.

Ew. HochEdelgebornen ersuche ich ganz ergebenst, ihm mit erster Gelegenheit oder, wenn dergleichen fehlen sollte, ausdrücklicher Weise doch zu sagen, daß er es an Dieselben abgebe; und so erhalte ich es am sichersten durch Dero Hände, grade durch die Post.

Ist aber Hrn. König etwas Porto zu zahlen, so haben Sie nur die Gewogenheit, sich dieß von der Waisenh.[aus]Handlung in der Michaelmeße wieder auszahlen zu laßen. Ich bin zu jedem Gegendienste von Herzen bereit, und versichere Sie meiner vollkommnen Hochschätzung

Dero

gehors. Diener

Wolf.

249a. An?

Halle, 20 Spt. 1800.

Ew. Wohlgebornen

ersuche ich ergebenst, die inliegende Commission doch gütigst in der Naude'schen Auktion für mich und hiesige Bibliothek zu besorgen oder besorgen zu laßen. Denn ich vermuthe, daß Ihre gegenwärtigen Verhältniße es Ihnen nicht mehr erlauben möchten. In diesem Falle bitte ich denn, mich Ein für allemal mit dem Herrn, den Sie dazu empfehlen, in Bekanntschaft zu setzen. Meine ehmalige Saumseligkeit, wegen deren ich noch bei Ihnen um Verzeihung bitte, soll er nicht befürchten dürfen. Sendet er das Erhaltene gleich an Hrn. La Garde oder Nauck, so erhält er da Bezahlung 14 T.[age] drauf, und ich bekomme die Bücher durch jene gelegentlich, wie ich mir auch durch dergl. Buchhändler Gelegenheit die Catalogen erbitten möchte.

Mit Hochschätzung beharre ich

Dero

ergebenster Diener

Prof. Wolf.

250a. An Philipp Friedrich Theodor Meckel

[Halle, 15. Februar 1801]

Magnifice Domine Prorector,

Ich muß es den Hochzuv.[erehrenden] Herren Collegen der juristischen Fakultät überlaßen, was wir hierin, und ob wir überhaupt etwas zur Bewirkung deßen, was der Magistrat fordert, zu thun befugt sind. Ich verstehe das nicht genug; und denke mir einen jeden Censurfreien Gelehrten in den Fall, wo man über Beleidigungen und Anzüglichkeiten in Schriften von ihm zu klagen Ursach findet. Wie man dergleichen zu rügen habe, ist, denk ich bekannt.

Was die am Ende des Anschreibens beigebrachte Drohung einer Beschwerde über die Censur betrift, so muß ich, da ich als Decan der philosophischen Fakultät die Dreyssigsche Broschüre ganz unbefangen censirt habe, wie es Vernunft und Pflicht forderten, Ew. Magnificenz ersuchen, gütig antworten zu laßen, daß das Censiren und das in Beschlag nehmen — Confisciren? — einer Schrift ganz verschiedenen Gesetzen unterworfen seyen, daß nie die Censur vor Anzüglichkeiten schützen könne, auch wenn sie ihren Kreis über die Gebühr ausdehnen dürfte (zEx. auf die Inschriften bei FensterIlluminationen) daß ihr kaum die Personen alle nur dem Namen nach bekannt seyn könnten, auf die gestichelt werde pp. Sollten meine H[och]z[u]v.[ehrenden] Herren der philos. Fak. hierüber nicht einig seyn, wie ich doch nothwendig glauben muß, so würde ich die Censur solcher Schriften niemals besorgen können, weil mir die nöthigen Vorkenntniße zu solchen Sachen fehlen.

Wolf.

[15. März 1801]

Vorstehendem Voto trete ich gleichfalls bei, und bemerke auch noch, daß ich es nicht unterschreiben kann, wenn von einem dem Pr.[ofessor] R.[üdiger] einstimmig gegebenen Verweise geschrieben werden sollte. Ueberall dächte ich, hätten wir, da man uns nicht zugemuthet hat, auch nicht zumüthen kann, eines Prof. Schreibfreiheit oder -Frechheit zu coerciren, auch für izt nichts zu sagen, als daß wir hiemit seine Verantwortung oder Rechtfertigung einreichen. Mehr kann ich wenigstens nicht signiren.

Wolf.

250b. An das Professorenkollegium der philosophischen Fakultät zu Halle

M.[eine] H.[ochzuverehrenden] Herren.

Ich habe die Ehre, hiedurch

1) ein Anschreiben der H[och]l.[öblichen] Juristen-Fakultät an uns mitzutheilen, welches meiner Meinung nach unsere vollkommene Nachahmung verdient. Da indeß hierunter iura singulorum versieren, so bemerke ich, daß, im Fall auch unsere Pluralität nicht für einen gleichen, jedoch etwas kürzern, Anschlag sprechen sollte, einem Jeden überlaßen bleiben wird, auf seine Gefahr das nämliche zu beobachten.

2) Das uns neulich versprochene K.[önigliche] Rescript, worin es vorzüglich unserer Fak.[ultät] zukömmt, über sehr viele Puncte zu deliberiren, zur nochmaligen näheren Notiz zu bringen, dergestalt daß sich jeder der Hochzuverehrenden Herren Collegen dasjenige ausziehe, worüber Er seine Gedanken eröfnen wolle. Die Beurtheilung dieses letztern habe ich nicht durch Anzeichnung der Puncte occupiren wollen: zumahl da das Allermeiste uns, entweder als öffentliche Lehrer überhaupt, oder als Mitglieder der philosophischen F.[akultät] angeht.

Um aber die Deliberation kürzer und entscheidender zu machen, wird es wol das beste seyn, alles mündlich zu besprechen, nachdem sich ein jeder von uns vorher hinreichend mit den Materien bekannt gemacht hat. Zu einem solchen Gespräch, wobei ich sogleich die Resultate zu Papier bringen will, erbitte ich mir Dero allerseitige gefällige Gegenwart auf nächsten Sonnabend von 3 Uhr in meiner Wohnung; und, wenn einer und der andere der Herren Collegen Abhaltung haben sollte, Dero schriftliche

Vota. Bei dieser Versammlung wird auch unser Hr. Prof. Jakob etwas über die Geldsachen unserer Fakultät zum Vortrag zu bringen haben.

H.[alle] den 15. M[är]z 1801. F. A. Wolf.

250c. An das Professorenkollegium der philosophischen Fakultät zu Halle

Meine Allerseits Hochzuverehrenden Herren Collegen,

Ob gleich in den Decanal-Concilien noch gar keine bestimmte Verabredung wegen des modus respondendi nach Hofe getroffen worden, so ist doch beschloßen, daß jede Fakultät ihr Gutachten (quasi ad Pro R.[ectorem]) über alle Fragen, worüber sie sich zu sprechen getraut, baldigst anfertige.

Hiezu übersende ich theils die Materialien (noch keine Ausführung) von den in unserm Convent durchgegangenen Punkten, theils einen Anfang zur Beantwortung der übrigen, uns als Prof. überhaupt angehenden, Sätze, worüber ich jedoch nur wenige Gedanken, als Einzelner, hingeworfen habe.

Beiderlei Aufsätze ersuche ich Sie allerseits zu verbessern und zu bereichern, durch Anmerkungen am Rande und auf besondern Beilagen. Sodann will ich zwar gern die Ausführung der neulich im Convent besprochnen Punkte übernehmen, aber wegen der übrigen muß ich bitten, daß einzelne Hochzuverehrende Herren Collegen sich erbieten mögen, jeder 2 bis 3 Fragen, die ihm am gefälligsten sind, zu beantworten, wozu ich denn, nach Rück-Erhaltung der Cistel sogleich die durch den Umlauf entstandenen Materialien zu communiciren die Ehre haben will.

Uebrigens dächte ich, blieben wir auf jeden Fall bei unserm Vorsatze, unsre Beantwortungen in extenso mit weg zu schicken. An ein Amalgamiren aller 4 Gutachten der Fakultäten ist nicht zu denken, da ohnehin niemand Redacteur seyn mag.

den 25 Apr. 1801. Wolf.

Ich kan auch izt die Communicata der übrigen Fakultäten beilegen, in welchen durchweg viel Trefliches ist. Aber, meiner Meinung nach, liegt nichts dran, wenn über manche Sachen auch alle 4 Fakultäten ganz dasselbe schrieben; ja es wäre zuweilen so noch eindringlicher. Der begleitende allgemeine Bericht braucht dann bloße Resultate zu geben.

251a. An das Professorenkollegium der philosophischen Fakultät zu Halle

Meine Hochzuverehrenden Herren Collegen,

Der Lehrer am hiesigen reform.[ierten] Gymnas.[ium] Hr. Buhle wünscht in beigelegtem Schreiben die licentia legendi in der Naturgeschichte zu erhalten.

Da dergleichen Lectores in einem bestimmten Fache anzunehmen, uns statutenmäßig vergönnt ist, und [dies] mit den neuern Verabredungen wegen des Magister-Gradus nichts zu thun hat; da Hr. B.[uhle] nach verschiednen mir communicirten Proben (die ich aber wegen des großen Formats in keine Cistel bringen kann, den Pedellen aber unversiegelt nicht anvertrauen darf) sowol viel Geschick im Zeichnen von natürlichen Gegenständen, als im Präpariren der Raupen zu haben scheint; da es gut ist, wieder ein Exempel im Catalogus aufzustellen von dem uns zustehenden Recht, Privatdocenten nach eigner Beurtheilung zu autorisiren: so ginge mein unmaasgebliches Votum dahin, dem Hrn B. jene Freiheit nach einem Tentamen, wozu ich Herrn Prof. Klügel und Hrn Pr. Rüdiger in Vorschlag bringe, falls diese Herrn Examinatoren mit ihm zufrieden zu seyn uns schriftlich bezeugt hätten, gegen die gewöhnlichen Gebühren zu ertheilen. Hr. B. wünscht übrigens zu dem Examen den Mittwoch oder Sonnabend Nachmitt., die einzigen Tage, wo er von SchulArbeiten befreit ist.

Halle, den 11 May 1. Wolf.

251b. An das Professorenkollegium der Hallischen Universität

[Halle, ca. 11. Juni 1801]

Magnifice D.[omine] Prorector,
Allerseits Hochzuv.[erehrende] Herren,

Auf Ihro Magnificenz Verlangen schicke ich hier das letzte Rescript, deßen Beantwortung ich übernahm, zur Umsendung ein. Zugleich aber muß ich, nach Durchlesung desselben, den Wunsch thun, daß vorher über die contenta der Antwort votirt werden möge. Das Rescript erspart uns zwar Vorwürfe über den letzten späten Anfang der Collegien; es will auch allenfalls etwas nachgeben: aber mich dünkt, es wäre zu wünschen, daß der Finalentschluß ganz auf das Alte, in beiden Semestern, zurückgehen möchte.

Ich, meines Theils, würde daher auf die Hauptpunkte des Rescripts nichts weiter als folgendes zu antworten wißen:

1) wir bäten um nochmalige Erwägung der von uns in mehrern Berichten von dato . . . und vom 8ten May angeführten Umstände. Diese forderten deutlich, daß die Sache gänzlich wieder aufs Alte käme.

2) Nur so könne eine unsrer Universität sonst immer zur Ehre gereichende Ordnung und Harmonie wiederhergestellt werden in Absicht des Anfangstags der Vorlesungen: die itzige Weise richte nichts als Verwirrungen an.

3) Der Misbrauch der Ferien könne kein Grund zu Neuerungen seyn. Auch die Sontagsfeier und viel anderes ist ja auch dem Misbrauch unterworfen. Schlechte, so unwißend hieher gekommene Studenten, daß sie an Studieren noch kein Vergnügen finden, können zu jeder Zeit Ferien haben.

4) Die zu thuenden Vorschläge können wol in nichts anderm bestehen, als daß man so lange lesen werde, als man Zuhörer habe. — (oder, wir wiederholen hier unsre letzte allgemeine Versicherung.)

5) Die Ferien zu andern hohen Festen bestunden in nichts mehr als 8 Tagen; ja viele Docenten machten noch kürzere. In Privat-Collegien, wo sich dergleichen nach den Zuhörern richte, füge es sich wohl, daß etwas längere Ferien gemacht werden müsten, zEx. zu Pfingsten, wenn etwa in wenig zahlreichen Collegien beinah das ganze Auditorium theils angenehme, theils instructive Reisen macht p

Weiter weiß ich nichts, und ersuche daher M.[eine] Allerseits HH. HH. Ihre Zusätze und Abänderungen mitzutheilen, damit dann desto sicherer nach der Pluralität die Antwort gefaßt werden könne.

Wolf.

254a. An Friedrich August Grunert

Ew. HochEdelgebornen

muß ich melden, daß Hr. Fritsch bereit ist, das Papier s o g l e i c h in den ersten Tagen hieher zu schicken, w e n n er sich darauf verlaßen kann, daß die Lettern zu dem C o m m e n t a r spätestens in der letzten Meßwoche anlangen, und w e n n der Druck, im Fall Ihnen gefällig ist, jenes gewiß zu veranstalten, izt u n v e r z ü g l i c h angehen könne. MSt liegt parat, das ich auch schon geschickt hätte, da Sie noch am Ende voriger Woche anfangen wollten, wenn ich nicht Hrn. Fr.[itschs] Antwort hätte abwarten müßen. Mit der eingesandten Probe ist er übrigens im Ganzen sehr zufrieden.

Nur Einen Umstand erwähnt er noch: o b es Ihnen auch (durch zuweilige Anstellung von 2 Setzern) m ö g l i c h seyn möchte zu Ostern 5—6 Alphab.[ete] fertig zu liefern. Auch auf diese 3te Bedingung ersuche ich Ew. HochEdelgebornen gütig Rücksicht zu nehmen, und Ihre Antwort für Hrn. F.[ritsch] auf diejenige Art abzufaßen, daß wir uns auf Ihre Versprechungen mit Sicherheit verlaßen können.

Ihr

ergeb. Wf.

v.[om] H.[ause] den 7 Spt. [1801]

255a. An Ludwig Heinrich v. Jakob

1) Der Grund, warum die Tabelle so gemacht worden, war, weil ich glaubte, n u r die der Seminaristen solle mit den übrigen Bestimmungen von Z e i t d e s A u f e n t h a l t s und dergl. versehen werden. 2) Ohnedies machen dergleichen Aufschreibungen in dergleichen Collegien, die zahlreich sind, unausstehliche Störungen, und verderben oft die nützlichsten Stunden. 3) Da ich selbst die Abschrift von der Zuhörer Händen habe machen laßen, so wird sie, denke ich, die nöthige fides haben. Die eignen Hände der Studierenden kann ich überdem nicht von mir geben, weil ich oft, zumahl von den Ausländern, und zuweilen nach Jahren noch, um Zeugniße über die bei mir gehörten Collegia angegangen werde. Ueberdieß ist zuletzt meine Tabelle von dem von mir selbst angebotenen Frey Colleg.[ien] ganz ebenso abgegangen, und ohne alle Bemerkungen angenommen worden. 4) Sollten es Ew. Magn.[ificenz] für nöthig halten, die Zeit des Aufenthalts beizufügen, (wo von ich bei dieserlei Collegien gar keinen Nutzen sehe) so ersuche ich Sie, da ich es selbst nun nicht im Stande bin, jenen Zusatz aus dem InscriptionsBuche machen zu laßen. Fürs künftige aber will ich dahin sehen, wie sich die Sache dem Schema gemäs einrichten läßt, wozu ich es mir gelegentlich erbitten will.

[Halle] d. 6 Nov. 1.

FA Wolf.

259a. An Ludwig Heinrich v. Jakob

Halle, d. 2 May. 1802.

Ew. Magnificenz

haben mich in einem Umlauf v. 21 April mit zu einem Concil. decanale wegen des künftigen Bibliothecariats eingeladen. Grade an diesem Tage muste ich eine kleine Reise machen, von der ich den 26sten schon zurück zu kommen gedachte, wie ich Ihnen notificiren ließ. Durch dringende Umstände bin ich bis gestern aufgehalten worden, und finde so viele nothwendige Geschäfte vor, daß ich mich heute, Ihrem Verlangen zufolge, über die in meiner Abwesenheit gehaltenen Verhandlungen nur sehr kurz werde erklären können.

Doch über die Hauptpunkte der Verhandlung ist nicht einmal eine Erklärung sogleich nöthig, und ich behalte mir vor, vor der Umsendung der Cistel an das Hochl.[öbliche] Concil. Generale, auch meine Gedanken über die beßere Einrichtung der Bibliothek und über die Instruction der bei derselben anzusetzenden Personen einzugeben. Ich werde aber dieses mehr aus Liebe zur Universität und Verbreitung gelehrter Studien auf derselben, als wegen derjenigen Qualität, worin Sie mich zu dem Concil. Decanale einluden, besorgen, und so gut, als ich es in der Geschwindigkeit werde thun können, da große Beschleunigung der Sache Ihnen am Herzen zu liegen scheint.

In Ansehung meiner im J. 1789 geschehenen Anstellung als 2ten Bibliothecars und Aufsehers des academischen MünzCabinets hätte ich glauben sollen, daß es dem Actuarius leicht gewesen, die darüber theils an mich, theils an den damaligen Canzler ergangenen, und (wie ich gewis weiß) auch der Universität in Abschrift zugekommenen Allerhöchsten Rescripte nachzusehen, woraus sich mein Verhältnis in dieser Rücksicht so, wie es dermalen bestimmt worden, ergeben würde. So viel kann ich Ihnen jedoch aus dem Gedächtnis sagen, daß das BestallungsRescript in die ersten Monate des J. 89 fallen müße, weil im Frühjahr des gedachten Jahres die Sache mit meiner Caution, in der Qualität eines zweiten Bibliothecars, regulirt worden; im Rescripte aber wurde mir, in Absicht der Bibliothek, blos zur Pflicht gemacht, die beste Benutzung derselben nebst dem 1sten Bibliothecar zu befördern. Dieß ist denn auch auf die Art, wie es bisher thunlich war, von mir geschehen; und mehrere der hofnungsvollsten Studiosi, die izt als Gelehrte einen guten Ruf haben, gewannen dadurch; auch ließ ich es nicht an gutem Rath zur Beförderung des Nutzens und der Ehre der Bibliothek fehlen. Nähern Antheil durfte ich weder kraft meiner Ernennung, noch wegen des zwischen dem 1sten Bibliothekar und mir obgewalteten freundschaftlichen Verhältnißes nehmen. Einen wichtigern Antheil an der Anschaffung oder Vermehrung der Bücher, der mir nicht angetragen wurde, lehnte ich eben jenes Verhältnißes wegen ab, worüber ich noch PrivatBriefe in Händen habe. Noch weniger konnte ich am Ausleihen der Bücher Antheil nehmen, da sonst zweierlei verschiedene Verfahrungsarten in die Sache gekommen seyn möchten; weshalb auch Hr. Pr.[ofessor] Sprengel einen solchen Antheil nicht allein niemals gewünscht, sondern auch, wenn ich mich dazu nicht undeutlich erbot, dieses immer schweigend aufgenommen hat.

Ob ein Ill.[ustre] Concil. generale, ehe noch die Rescripte hier oder in Berlin nachgesehen werden, über das bisher Gesagte mehr zu wißen wünsche, hängt blos von Demselben ab.

Hiernach sehen indeß E. Magnif., in welcher Qualität ich den zweiten Schlüßel zu der Bibl. zeither geführt habe; und Sie werden bemerken, daß es wenigstens mit so vielem Recht geschehen ist, als von dem 1sten Bibliothekar, da dieser nicht blos für die durch seine Schuld oder Sorglosigkeit etwa abhanden kommenden Bücher, sondern auch für die ihm anvertraute Caße von nahe 1000 rthlr eine nicht größere Caution machte, als ich, der ich nie mit der Caße zu thun hatte, auch nie damit zu thun haben möchte. Schwerer wird es hingegen seyn auszufinden, qua auctoritate der SubBibliothecar gleichfalls einen Schlüßel geführt habe. Doch ich übergehe dieß und mehrers, da ohnedem blos eine vorläufige Erklärung von mir gefordert wird.

Was die im Circulare verzeichneten Deliberanda betrift, so habe ich

ad 1) die communicirte neue Instruction ein wenig durchgesehen. Mehr erlaubte izt meine Zeit nicht; aber ich merke doch, daß meiner Zusätze und Modificationen derselben zu viele werden möchten, so wie ich auf der andern Seite Vieles sehr einleuchtend finde. Ich verspare daher, wie gesagt, meine Gedanken zu einem eignen, unabhängigem Aufsatze.

ad 2) Dieß weiß ich nicht; zumal da ich nicht einmal weiß, wer izto das Bibliothecariat zu besetzen oder den Bibliothecar zu wählen hat; ob, wie ich glauben sollte, und wie in frühern Zeiten geschehen ist, ein Ill. Concil. Generale, oder, wie es zuletzt (vor 20 Jahren) gehalten worden, das Hochpr.[eisliche] OberCuratorium, welches sich sonst nur die Confirmation vorbehielt.

Daß sich übrigens eben niemand nach einem hiesigen Universitäts-Bibliothecariat drängen werde, darin trete ich Ew. Magn. Meinung gar sehr bei

Wolf.

— —

Auch darüber consentire ich, daß durchaus ein Bibliotheksdiener vom Bibliothecar, jedoch auf sein Risico, angenommen werden müße, ein Mensch, der im eigentlichen Sinn den Custos bei den öffentlichen Stunden machen muß, also ein gesunder, nüchterner und auf alles aufmerksamer Kerl, nur nicht durch Impertinenz zurückschreckend. In wiefern aber ein solcher Mann im Gebäude wohnen dürfe, scheint mir nicht so leicht entschieden. Ich wenigstens würde mir, wenn die Bibliothek mir gehörte, seinen Heerd und seine Lampe sehr verbitten.

W.

260a. An Ludwig Heinrich v. Jakob

[Halle, ca. 10. Mai 1802]

Ew. Magn.[ificenz] fordern auf, die von Hrn Pr.[ofessor] Sprengel gefertigte Instruction genau durchzugehen. Diese Arbeit kan ich auch izt nicht mit übernehmen; noch weniger ziemt sich mir eine Vergleichung meines Entwurfs, der andern Kundigen zur Beurtheilung anheimgestellt bleibt. Jener Plan scheint mir in seinem ganzen Geiste von meinen Vorstellungen über die Verbesserung einer Bibliothek zu weit abzuweichen. So kann ich, um nur 1 Ex[empel] anzuführen, den innern oder tiefern Zusammenhang der vorgeschlagenen Bibliotheks Commission mit der Function des 1sten Bibliothecars nicht einsehen, am dunkelsten ist mir No. 9. pag. 7. Ich sollte meynen, wenn der 1ste Bibl. ein wirklicher Bibliothecar seyn soll, so müste man ihm über die dort erwähnten Puncte wenigstens ein entscheidendes Votum beim Dissensus Commissariorum beigelegt haben. Die ganze Sache aber so gestellt, wie sie izt steht; ich zweifle sehr, ob der einzige hiesige Gelehrte, der dem neuesten K.[öniglichen] Rescript gemäs Bibliothecar seyn könnte, weil es ihm weder an litterarischen allgemeinen Kenntnißen, noch an guter Muße fehlt, und den ich unter gewißen Umständen in Vorschlag bringen wollte, ob selbst der Prof. extr.[aordinarius] Wahl sich dazu verstehen würde.

Meinen Entwurf betreffend, so muß ich wünschen, daß der Versuch nicht gemacht werde, ihn mit der Instruction des Hochlöblichen Concilii Decanalis zu vereinigen. Da er, unerachtet einiger Zusammentreffungen, mein Eigenthum ist, und auch für andre Zeiten paßt, so wünsche ich, daß er ganz abgesondert bleibe. Er enthält ohnedieß kein Votum, wozu er zu lang seyn dürfte. Es übernimmt übrigens jeder Bibliothecar eine Oberaufsicht auf die Bedingungen, die ihm scheinen der Commune nützlich und seiner würdig zu seyn.

Was Ew. Magn. wegen des doppelten Schlüßels bemerken, so folgen auf meine Worte führen zu müßen einige einleuchtende Gründe. Ich füge folgendes bei: daß, wenn der 1ste Bibliothecar seine Pflicht nach Ihrem Vorschlage gewißenhaft beobachten wird, in allen den Fällen, wo ihn eine andre AmtsVerrichtung oder eine Reise oder eine Krankheit abhält, selbst auf die Bibliothek zu gehen, schlechterdings niemand ein Buch erhalten könne: (dieß wird manchem Bibliothecar angenehm seyn:) oder daß man ihn zwingen müße, einem Andern, (Famulus, Sohne, oder wer es sey) auf eigene Gefahr den Schlüßel zuweilen zu geben. Diese Art von Zwang ist mir aber unbekannt, außer etwa für den Fall, daß der 1ste Bibliothecar das Recht hätte, alle 3 neben ihm arbeitenden Menschen selber anzustellen oder doch zu confirmiren.

Ueber die Anmaßung des Hochlöblichen Concilii Decanalis, mir den Schlüßel zur Bibl. streitig machen zu wollen, den ich, noch ehe ich 2ter Bibl. wurde, und (rescriptmäßig) in dieser Qualität die Caution leistete, schon als einziger Aufseher des academ. MünzCabinets, gleichfalls nach einem HofRescript erhielt — über diese Anmaßung behalte ich mir das Nöthige für einen andern Ort vor. Aber mit Stillschweigen kann ich izt nicht übergehen, was mir Ew. Magnif. auch mündlich sagten: daß nemlich mehrere Mitglieder des Conc. Dec. (oder ist die Sache vielleicht in meiner Abwesenheit auch an das Hochlöbl. Concilium Generale gelangt?) kein Vertrauen auf meine Genauigkeit in Direction gewißer, warlich gar nicht verwickelten mechanischen Geschäfte oder auf Liebe zu gemeiner, in solchen Sachen nothwendiger, Ordnung gesetzt hätten, und deshalb mich so still umgangen wären, so fordere ich hiemit diejenigen Herren Collegen ergebenst auf, einen Beweis davon zu führen, die dergleichen geäußert haben mögen; worauf ich mit dem gebührenden Danke antworten will: um so mehr, da E. Magn. zugleich bemerkte, „daß Sie selbst von meiner Liebe zur Unordnung in Bücheraffären — von Leihen und Wiederzurückgeben war die Rede — keine Beweise hätten". Vielleicht haben andre, die größere Büchersammlungen besitzen, dergleichen Beweise; und ich bitte angelegenst, izt davon laut zu werden, was ich in aller Art von Wahrheit liebe, und in der Folge immer mehr lieben werde.

Persönliche Ehre ist ohnehin in der Lage für niemand weder zu gewinnen noch zu verlieren, der deren sonst hat: beim Ganzen kömmt lediglich der Nutzen der hiesigen Studien und Wißenschaftlichen Cultur in Betracht: für mich fordre ich nichts, und will hier nichts seyn, worüber bisher die Rede war, weder ein Bibliothecar nach jener Instruction, noch ein Glied der neuen Bibl. Commission.

Wolf.

262a. An Ludwig Heinrich v. Jakob

[Halle, 28. Mai 1802]

M.[agnifice] D.[omine] P.[rorector]

Da ich morgen nicht zum Concil. Gen.[erale] kommen kann, so nehme ich mir die Freiheit, über die wichtigsten der bisher verhandelten Puncte mein V o t u m, als Mitglied des Concilii, im voraus abzugeben.

Die von mir niedergeschriebenen Ideen sind nur e i n g r o b e r U m r i ß deßen, was mit der Bibliothek geschehen muß: das weniger in die Augen Fallende muß nachkommen, wiewohl das meiste dergleichen von der Art ist, daß es sich in Acten und Instructionen nicht wohl faßen läßt. Jedoch verdienen, nach meiner Meinung, schon izt verschiedene der in den Votis bemerkten Dinge die größte Aufmerksamkeit.

a) Daß das von mir angegebene Personale hinlänglich ist, nemlich für hiesige Biblioth. in den 10—20 nächsten Jahren, davon bin ich völlig überzeugt; sogar, daß mehre schaden. Zum Herabholen der Bücher sind ja, nach meinen Angaben, gewöhnlich 2 Personen da; und selbst einer reichte bei den wenigen Büchern oft zu: zurückgestellt aber müßen die Bücher allemal erst n a c h E n d e der öffentlichen Stunden in aller Ordnung werden, u n d n i c h t, solange man die Besuchenden zu beschäftigen und zu besorgen hat. Fächer aber umzusetzen und zu verrücken, dazu sind die ö f f e n t l i c h e n S t u n d e n natürlich gar nicht. — Endlich, wenn es erst zum Gebrauch beider Etagen kömmt, so können doch niemals bei öffentlichen Stunden beide Säle z u g l e i c h dem Besuch offen stehen, sondern unten muß dann das große Lesezimmer angelegt werden, wohin die verlangten Bücher gebracht werden.

b) In den Wunsch einer vorzüglichen Aufmerksamkeit auf Auctionen hiesiger Lehrer stimme ich angelegentl. ein: ich zweifle auch nicht, daß es gewißermaßen schon bisher geschehen: wie es aber mehr und der Billigkeit gemäßer geschehen könne, dazu wüste ich doch keine ö f f e n t l i c h e Einrichtung vorzuschlagen.

c) Von Journalen darf wohl kein einziges fehlen (ich sprach ausdrücklich nur von den g e m e i n e n, die izt zu Haufen herauskommen) jene w i c h t i g e r n, vielleicht über ein halbes Dutzend, müßen schon in Ansehung der Bücher Titel und kurzer Notizen oft ja hier in Halle die Stelle der Bücher selber vertreten.

d) Eine Commission Bibliothecariorum kann wohl nicht statt finden, es müste denn seyn, daß deren Verhältniße zu dem s o g e n a n n t e n e r s t e n B i b l i o t h e c a r erst v o r a u s bestimmt, und sie persönlich vor ihm selbst vom Corpore acad. gewählt würden: es dürfte sonst leicht geschehen, daß der zu bestimmende erste Bibl. glaubte, es gäbe auf Einmal z u viele Bibliothecarios. Kurz, Einer muß Ehre oder Schande von so einer Besorgung haben können, sonst wird sich niemand damit befaßen: ich wenigstens möchte, ohne ein solches Risico, nicht einmal in Leyden, Göttingen oder ähnlichen Orten erster Bibl. seyn, geschweige in Halle.

e) Ein RechnungsWesen muß nicht weiter, wie zeither, bei der Bibl. seyn; sondern der Bibliothecar muß alles an den Quaestor academiae assigniren, wie es, glaube ich, auch von Seiten des Botanischen Gartens geschieht.

f) Was Hrn. Pr.[ofessor] Gilberts Zweifel über die Abhängigkeit des 2ten Bibl. betrift, so war meine Meinung, daß sie, beide von der höhern Behörde, wie bisher, angesetzt, collegialisch verführen. Was die Responsabilität anlangt, so habe ich mehrers gesagt, wornach allerdings auch der 2te nicht ohne solche seyn darf. Das Nähere läßt sich sehr leicht weiterhin bestimmen, und es ist sehr unbedeutend, wie beide heißen da man sich an kleinen Bibliotheken solcher Titel nicht anders als in Noth- und Amtsfällen bedient.

g) Was das Ankaufen von Doubletten und Tripletten betrift, so kann das wol nicht paßiren, wenn, wie bisher üblich, der Bibl. Gehülfe oder Diener vor Auctionen erst die Catalogen der Bibl. ansieht.

h) Cautionen müßen bleiben, ob sie gleich vieles wider sich haben, auch in Göttingen und an andern Orten gänzlich unbekannt sind. Denn hier soll es, wie ich ehemals von Berlin erfahren habe, Einmal als usuell seit etwa 40—50 Jahren angenommen seyn.

i) Viele kleine gehaltvolle Schriften müßen allerdings angeschafft werden, wenn sie nicht in gewöhnlichem Cours in hiesigen Gegenden sind. Dahin gehen meine Worte selbst. So kann z. E. in Wien ein Buch für 10 gr. zu haben seyn, das aber nicht zur Meße gebracht, hier nicht zu kaufen, und doch wichtig ist. So eins z. E. verdiente gleich eine Ausnahme, wie sich versteht.

k) Was meinen Vorwurf der Anmaßung des h[och]l.[öblichen] Concilii Decanalis anlangt, so gründet sich der auf das mir zugestellte Protocoll ganz deutlich, nicht auf die Meinungen der einzelnen HH. Mitglieder oder ihre mündlichen Aeußerungen, die ich nicht gehört habe.

Wolf.

P. S. Wenn, wie ich fast vermuthe, ein Bibliothecar nöthig wird, der bisher noch nicht bei der Bibl. war, so bringe ich dazu den schon genannten Hrn. Prof. Wahl in Vorschlag, weil er dem extrahirten K.[önigl.] Rescript ziemlich gut entspricht, Hr. Prof. Klügel es zufrieden ist, wenn er damit verschont werden kann, und ohnehin die Sorge und Direction des Observatorii hat.

W.

269a. An Christian Friedrich Matthaei

Halle, den 22ten Jun. 2.

Wohlgeborner Herr,
Hochzuverehrender Herr Professor,

Vor fast einem Jahre hat mir der izt in Naumburg lebende M.[agister] Wernsdorf von Dero Güte eine alte Ausg.[abe] des Nemesius verschafft, von der er selbst nicht weiß, ob ich den Gebrauch derselben Ihrer PrivatBibliothek oder der dortigen öffentlichen verdanken soll. Auf jeden Fall halte ich mich Ihnen nicht blos zum ergebensten Dank verpflichtet, sondern finde es auch der Ordnung gemäs, Ihnen izt noch einen Schein darauf zu übergeben.

Bei dieser Gelegenheit erlauben Sie mir, die Versicherung meiner innigen Hochachtung, wie ich sie Ihnen auch mündlich zu versichern die Ehre hatte, izt schriftlich zu wiederholen.

Ew. Wohlgebornen

ergebenster Diener
Wolf.

273a. An Christoph Martin Wieland

Halle, den 12. Jul. 1802.

Wohlgeborner Herr,
Innigst-verehrter Herr Hofrath,

In einer so isolirten Lage, wie die meinige ist, (denn gerade der Universitätslehrer findet sich, weil jeder neben ihm nur sein Fach betreibt, am meisten allein) in einer solchen Lage gewöhnt man sich an den beständigen Umgang mit den Geistern einiger

Edeln in der Ferne bis zu dem Grade des Bedürfnißes. Wenigstens gilt es von mir, daß nichts so sehr als dieser geheime Umgang mich bei Arbeiten begeistert, bei welchen ich unter den Mitlebenden nur auf eine kleine Zahl echter Leser und Beurtheiler rechnen kann.

Erlauben Sie, einer der ersten von jenen Edeln der Nation, daß ich Ihnen endlich einmal dieß sage, um zugleich mein Andenken bei Ihnen zu erneuern.

Das kleine Buch, das ich Ihnen hiemit übersende, wird dadurch für Ihren Geist einiges Intereße haben, daß es die Zeile vor Zeile durchgeführte Correctur eines 1800jährigen Exercitiums enthält, das wir alle mit den Kunstrichtern aller Zeiten für eine Ciceronische Rede ansahen. Es ist in sofern ein Beispiel, wie weit sich vielleicht in den Dingen, die man gewöhnlich nur auf Wahrscheinlichkeit anspricht, bis zu gleichsam mathematischer Gewisheit vordringen läßt. Mir waren diese lateinischen Kritiken eine Art von Vorspiel bei dem Publicum zu den schwierigern ähnlichen Untersuchungen über die einzelnen Theile des bisher geglaubten Einen und untheilbaren Homer. Wenigstens scheint es, daß mancher sich in seiner Altgläubigkeit mehr erschüttert fühlen wird, wenn er nun sieht, wie man sogar etwas von dem gelesensten Autor im Latein so lange Zeit miskennen, oder vielmehr dem Autor, den man wol am besten zu kennen glaubte, etwas aufbürden konnte, was seiner nicht allein im Ganzen unwürdig, sondern im Einzelnen häufig ganz unlateinisch ist.

Der Hr. Geheimer.[ath] Göthe, der so eben auf einige Tage mein Haus mit seiner Gegenwart beehrt, macht mir von neuem den lebhaftesten Wunsch rege, bald einmal auf einige Tage in Ihrem geweihten Zirkel zu seyn; und wie herzlich würde ich mich dann freuen, wenn ich Sie ganz wieder zu der Ruhe und Zufriedenheit zurückgestimmt fände, die bisher das Antheil Ihrer höhern Jahre war.

Mit der empfundensten Verehrung beharre ich

Ew. Wohlgebornen

gehorsamst ergebenster

F. A. Wolf.

274a. An Ludwig Heinrich v. Jakob

[Halle, 5. August 1802]

Auch ich wünsche, daß die Revision vom 9ten h.[uius] an ihren Anfang nehme. Ich selbst schaffe dazu die bisher von mir gebrauchten Bücher so eben auf die Bibl., und ersuche Ew. Magnif., die Hrn Voß &c. die nach Hrn Pr.[ofessor] Sprengels Angabe noch Bücher haben, deshalb baldmöglichst öffentlich erinnern zu laßen. Zugleich wird es gut seyn, sich über die Stunden der Revision schon izt zu verabreden. Allerseits, hoffe ich, werden Nachmittagsstunden am bequemsten seyn, und wenigstens für nächsten Montag, als Anfangstermin, bringe ich die Zeit von 3—6 in Vorschlag, und bitte, hievon die 2 andern Herren avertiren zu laßen. Noch muß ich bemerken, daß diejenigen Bücher, die von izt an einkommen, in meine Wohnung abgeliefert werden müßen, weil morgen verabredeter Maaßen die Schlößer umzuändern sind. Aber außerdem ist auch nothwendig, daß morgen der Aufwärter in Eid und Pfl.[icht] zu nehmen, und die Sache wegen H. Langens Caution arrangirt werde: sonst würden wir Montags doch noch nicht mit der Revis.[ion] anfangen können.

Wolf.

Ich werde mich auf Dero Verlangen von 11—12 Uhr, wo ich morgen keine Collegien habe, einstellen.

Wolf.

274b. An Georg Joachim Göschen

Halle. [Oktober 1802]

Ich bitte, mir auch die übrigen Bände des Homer, sey es von Hrn. Wendl.[and?] oder aus der Verlagsh.[andlung], zu kaufen und herzusenden: auf einen beträchtlichen Rabat kan ich ja wohl bei dem großen Unwesen hoffen, zumal da ich den Betrag sogleich baar bezalen werde: haben Sie nur die Güte, alles für sich auf grob preuß. Cour.[ant] zu berechnen.

Sie selbst, mein hochgesch.[ätzter] Fr.[eund] haben nun das Bestellen: nur Sonntage kann ich, aber sehr zu beschleunigen ist unsre Unterredung.

Ihr ergeb. D.[iener]

Wolf.

280a. An Karl Friedrich Conradi

Ew. HochEdelgebornen

ersuche ich um die vollständige Note der von mir für die hies. Bibl. genommenen Bücher.

Während letzter Meße habe ich auch selbst die Gierigschen Editionen von Plin. junior bestellt; da ich sie aber gleichfalls, so wie das Koppische Neue Test. nebst Fortsetzungen bei Dietrich, bisher nicht erhalten habe, so will ich gern nun Verzicht darauf thun.

Bei der Gelegenheit thue ich eine Anfrage, zu der mich ein glücklicher Fund eines meiner izt in Italien lebenden Freunde veranlaßt: nemlich ob wir noch viele Exp. von Herodian vorräthig haben, und wie lange es etwa bis zu einer neuen Auflage dauern dürfte. Ueberall wünsche ich nie wieder in den Fall zu kommen, daß, wie nach Verkauf der ersten Edit. des Homer, Exx. eines meiner Bücher länger fehlen, weil mir der hiebei gelittene Verlust nicht ganz gleichgültig ist: izt habe ich aber zu jener Anfrage wegen des Herod. noch eine wichtigere Ursache.

Mit gröster Ergebenheit

Ihr

geh. D.[iener] Wolf

v.[om] H.[ause], den 19. Nov. [1802]

282a. An die Göschensche Buchhandlung

Halle, den 1 Jan. 1803.

Aus HErrn Göschens Schweigen muß ich schließen, daß Sie das MSt zum Homer für den Anfang dort in Grimma erwarten.

Ich sende selbiges also hiedurch, und wünsche allen den HErrn Theilnehmern an diesem Werk von Herzen Glück und Seegen dazu.

Sobald ich von Hrn G.[öschen] Nachricht erhalte, soll weiteres MSt erfolgen, woran es überall nicht leicht fehlen soll, damit die Arbeit ununterbrochen Fortgang habe.

Ihr ergebenst. Wolf

Auch von meiner Seite bitte ich um strenges Stillschweigen über gegenwärtige Unternehmung.

282b. An Georg Joachim Göschen

Halle, den 16 Jan. 3.

Hiebei, mein werthester Freund, erhalten Sie die erste Revis.[ion] zurück, nebst einem ganzen Bündelchen Bemerkk. und Einfälle, die ich alle wohl aufzunehmen bitte, so wie sie Ihnen mein Bestreben zur Vollkommenheit des Ganzen beweisen werden. So voll meine Ränder geworden sind, so hat doch Hr. M.[agister] Schäfer, dem ich baldigst das Inliegende zuzusenden bitte, beinah nichts übersehen. Ich hoffe, wir beide wollen schon den Weg behaglich mit einander gehen.

Wie mag es zugehen, daß von dem mir neulich communicirten Stück Intelligenz Bl.[att] das Publicum noch nichts gesehen hat, wenigstens nicht das hiesige??

Mit dem herzlichen Wunsche, daß Ihre Zahnschmerzen vorüber, oder doch stumm geworden sind, erwarte ich bald Ihre Aeußerungen über das, was Ihnen an den Schriften noch zu thun scheint, und wiefern Hofnung sey, daß wir nicht lange aufgehalten werden.

Ihr
ganz geh. D.[iener]
Wolf.

P. S. Über die Ordnung in Folgendem laßen Sie uns ein Auge zu thun. Aber nun bin ich gewiß, daß ich nichts Wesentliches vergeßen habe. Der 1ste Bogen ist ja immer der s c h w e r s t e.

282c. An Georg Joachim Göschen

H.[alle] den 23 Jan. 3.

Hiebei wieder das ganze Bündel Actorum, theurster Freund. Ich will mich Ihrer eignen Kürze durch Randschriften u. drgl. bedienen; das Uebrige aber hier nachholen.

1) Von dem χ habe ich auf beiden Blättern die mir best dünkenden durch Hacken bezeichnet. Haben Sie die Güte nun auszuwählen, was am meisten harmonirt. — Wäre übrigens das kleine *x* ganz in der Form, wie das große, so würde es mir wirklich weniger auffallen.

2) Ich kenne, leider, diese Weitläufigkeit. In Absicht der SchulEdition dächte ich, dürfte es nun nicht die Frage seyn, ob wir noch länger damit zögern wollten: selbst, was die große Edit. betrift, überlaße ich diesen Punct gleichfalls Ihnen, solte aber meinen, das heilige Buch der Heiden brauche vor dem der Christen keine Vorzüge zu haben. Kömmt weiterhin Zeit, so wird es uns auch an Rath nicht fehlen: izt wünschte ich sehr, ich hätte eine Stimme in dem frühern Rath gehabt. Die Accente sind warlich eine Hauptsache zur Schönheit, wie Einmal diese unschönen Strichelchen unentbehrlich sind.

3) Dieß nicht zu thun, bitte ich ausdrücklich und recht inständig. Oft hat ein Leser ein Blatt der Ilias und Odyßee z u g l e i c h vor sich, und dann, wißen Sie wohl, verändert sowas selbst den allgemeinen Eindruck für helle Augen gar sehr.

4) Hätten wir nur den Gedanken gehabt, vor 3 Vierteljahren, ebenso wie izt, den 1sten Bogen Ilias abziehen zu laßen: dann wären wir auch dieses Berathschlagens überhoben. — Die Grundsätze über die Accente sind gewis die wahren. Sind Ihnen wol die neuen Zweybrücker Spatzierstöcke noch erinnerlich. Hr. M.[agister] Schäfer muß Proben davon haben.

5) Mit wahrem Vergnügen. Ich bitte blos, mir etliche Tage vorher zu melden, wann von dort Avertissements abgehen sollen in alle Lande. Aber ich wünsche sehr, Sie ließen in den 3 Sprachen einfließen, daß auch auteurs classiques auf solche Art erscheinen würden.

6) Ueberlaße ich Ihnen gänzlich. Wie viele Verse jedes Buch bei mir habe, ist immer aus der letzten Ziffer des Summar sichtbar, so daß doch gleich für den ganzen Gesang der Plan in der Druckerei nach Ihren Grundsätzen gemacht werden kann.

Wie es aber in der großen Edit. zu halten (auch mit den *Rand*ziffern?) werden Sie wol noch besonders rathpflegen. Ich sollte meinen die Randziffern könten obenhin kommen; auch allenfalls die 24 SchmuzTitel weg, da dort keine Summarien stehen dürfen. Noch giebts keinen solchen Prachthomer mit *dergl.* SchmuzTiteln.

7) Ist gewis; aber *niemand* denkt mehr daran, daß ȣ aus ȣ entstanden ist, und die Figur misfallt, mir wenigstens. Außerdem ists eine Abbreviatur; und wäre sonach die einzige, die man duldete, da alle billig wegfallen. In meinem letzten Druck der Ilias ist *nirgend* ein ȣ statt *ου*.

Mit wahrer Hochschätzung

Ihr verbundenster W.

282d. An Georg Joachim Göschen

H.[alle] den 1 Febr. [1803]

Beide Lettern, mein th. Fr., sind gut. Das *χ* wünsche ich zu behalten, *wenn nicht* eins nach der neuern Bestellung in *Ihren* Augen offenbar beßer ausfällt. *φ* hatte ich, wenn Sie sich erinnern wollen, gar selbst nicht so bestimmt gewünscht: aber nicht wahr, dieß ist beßer als das vorige?

Entscheiden Sie nun gütigst *über Alles, ehe* ich die nochmalige Revision von Bog. a erhalte, damit denn *später* nicht Irrungen entstehen. Hr. M.[agister] Sch.[äfer] wird doch diese Revision mit ein paar Zeilen an mich begleiten? Was ich mich freue, diesen Mann zum Gehülfen zu haben, kan ich Ihnen nicht sagen.

Bei *Thiele* bemühen Sie sich ja nicht weiter. Schon vor etlichen Tagen ist das ganze Negoce abgemacht, und Sie von Ihrem gütigen Cavet befreit.

Die garstige Krittelei mit den Accenten war mir wol bekannt. Gleichwohl haben es einige schon in den Dingen weit gebracht, wie selbst die Zweibrücker mit ihren Gehstöcken.

Eil wird nun nöthig seyn — und ich dächte auch, für die schöne Ausgabe damit am Ende beide zusammen *ja* erscheinen. Der Vorrath der hiesigen Edition geht, wie ich höre, *immer stärker zum Ende*; weshalb ich Ihnen wol, wenn ich nähere Nachrichten erhalte, noch Vorschläge über öffentliche Bekanntmachung thun muß. Doch dergl. Vorschläge überlaßen Sie mir gewis, da mein auf eignen Vortheil gerichteter Blick auch für Ihr Intreße zugleich sorgt. Mit einem Nachdruck meines *letztern*

Homer soll wenigstens die Handlung hier gewis nicht aufzutreten wagen. Und sollte sie einen ältern Text durchaus, für sich, drucken wollen; nun so können wir dieß keinem Menschen wehren.

Gut möchte es seyn, wenn recht bald ebenso von der schönen Edition ein a Bogen gemacht würde, da auch da zu Abstellungen von Manchem noch H.[errn] Prillwitz Hülfe vielleicht nöthig ist. Wir wären unendlich weiter, wenn wir den Gedanken mit allen SchriftArten vor Jahr und Tag verfolgt hätten.

Sie haben recht, in der großen Ausgabe müßen die Ziffern o b e n stehen; aber ja auf j e d e r Seite. Wie? werden Sie selbst leicht beurtheilen.

Mit vorzüglicher Ergebenheit
der Ihrige
Wolf.

Es wird um ein sehr Kleines seyn dürfen, daß die neuen Commas größer ausfallen.

282e. An Georg Joachim Göschen

Ich bitte Sie um Alles, Theuerster Fr., laßen Sie uns gleich zu den vorigen Commas zurückkehren, denn diese sind viel zu gros (wie Sie selbst sagen) und haben das gehörige Verhältnis zu den Accenten gar nicht, was nothwendig ist. Der erste Blick macht sie verwerflich, und da doch oft die Accente wie schadhaft aussehen, so mögen auch die Commas die Schuld theilen, wenn wir nicht i n k u r z e m eine Mittelgröße etwa haben können.

Zugleich muß ich bemerken: ich habe nicht von — — statt ( ) im Summar.[ium] gesprochen. Ich wollte es nur ohne ( ) versuchen; aber izt sehe ich, es ist beßer d i e s e Zeichen ganz zu behalten, wie in erster Probe. Diese erste Probe — ich meine die Correcturblätter von mir — muß ich mir, wenn ich den nunmehrigen letzten Revisions-Bogen nebst dem des Hrn Schäfer bekomme, angelegentlich erbitten. Sonst würde ich ganz unnütze stundenlange Recherchen über Kleinigkeiten halten müßen.

Da aller Anfang schwer ist, so müßen wir schon alle uns jezt ein wenig mit Geduld waffnen. Am Ende werden uns die folgenden Schritte dadurch desto leichter.

Ihr
ganz ergeb. D.[iener]
Wolf.

[Halle] Freitag. [11. Februar 1803]

Da ich die Zeilen izt im Summar weiter sehe, so setze ich a l s g e w i s voraus, daß man auch schon das zum 2ten Buche gesetzt hat.

Auch das Mst. woraus gedruckt worden, erbitte mir bei der Sendung der eigentl. letzten Revision.

283a. An das Königl. Oberkuratorium zu Berlin
Abschrift

Spezial-Votum
die historische und cameralistische Professur betreffend.

Die historischen Studien liegen bekanntlich bey unsern Studierenden schon seit mehrern Jahren tief darnieder. Die Professur dieser Wissenschaften ist von der Art, daß erst der Mann die Lehrstelle zu etwas machen kann; nicht, wie es sonst bey manchen Professuren auf Universitäten der Fall ist, die Lehrstelle den Mann. Endlich würde ein allzugroßes Mißverhältniß herrschen, wenn auf unsrer Universität vier Professores ordin. philosophische Disciplinen läsen, und nur ein Ordinarius die verschiedenen Theile der Geschichte umfassen sollte.

Dieser wünsche ich zum Besten des Ganzen, daß auf eine vollständige Besetzung des Geschichtsfaches in seinem ganzen Umfange durch mehrere Personen angetragen werde. Den Herren Voigtel und Voß gönne ich gute Verbesserungen von ganzem Herzen, und glaube auch, daß jeder von ihnen zu den Theilen, die jeder ausfüllen zu können glaubt, empfohlen werden könne; aber die Hauptsache wird doch seyn, daß die Universität zugleich einen Mann erhalte, der mit den gelehrten Grundlagen und Apparaten aller Geschichtsforschung vertraut, durch Gelehrsamkeit und guten Vortrag nutze.

Ich werde mich freuen, auf diese Art ein paar Collegia zu verlieren, die ich bisher zur Ausfüllung des Geschichtsfaches hier übernehmen mußte.

Ueber die Wahl des Personale hier, und eben so bey der cameralistischen Professur, zu urtheilen, maße ich mir nicht an.

Wolf.

den 12ten Febr. 1803.

294a. An das Königl. Oberkuratorium zu Berlin

[Halle, Mitte April 1803]

Die Franziskaner-Bibliothek zu Münster, zumal die des verstorbenen Paters Fabianus Dechering, Commissarius Generalis, enthält für die Reichs- und Kirchengeschichte seltene und kostbare Werke. Auch findet man dort alle beßern Schriften über das Kirchenrecht sowohl der Protestanten als der Katholiken. Von den alten Classikern liegen in mancher Klosterbibliothek noch Codices Manuscripti. Das zweite Fach der Franziskaner-Bibliothek zu Vreden enthält ein Mspt. über Ost- und Westphalen in Royal-Folio.

Einen sehr wichtigen Schatz von Grundsätzen und Begebenheiten, vorzüglich für die Verirrungs- und Entwickelungsgeschichte des menschlichen Herzens und Verstandes findet man in den Regeln und Statuten aller Mönchs- und Nonnen-Orden. Was Paracelsus, Van Helmont, Jacob Böhme und deren gleichen nur immer excentrisches aufstellten (der Idee nach), war bei Ordensstiftern meistentheils practischer Grundsatz, und ging von da über ins gleichzeitige sogenannte Christenthum. (Asceticismus, Mysticismus, Theosophie.)

Wie also die Gesetzbücher der ansehnlichsten Nationen einen Montesquieu in Stand setzten, einen Geist der Gesetze aufzufinden, so auch können die erwähnten Regeln und Statuten einem Forscher, nach Semlers Art, dienen, den Geist des ältern theoretischen und practischen Christenthums pragmatisch darzustellen. Fast die ganze Patristik hat ihren Hauptanstrich daher. Zur Läuterung der symbolischen Bücher, selbst der Protestanten, ist eben so von daher noch manch Entscheidendes zu erwarten.

Vor der Kirchen-Reformation wurden die meisten Staatshandlungen durch die Beichtväter der Fürsten betrieben. Diese Beichtväter waren Mönche und zugleich die geistlichen Räthe, ohne deren Einstimmung weder Krieg noch Frieden entschieden wurde. Sollte etwas über Staats- oder Familien-Verhältniße durch Unterhandlung vermittelt werden: so bediente man sich gegenseitig seines Beichtvaters, als Gesandten. Wer nun diese gewesen sind, wohin und wozu man sie gesandt hat, was sie bewirkt haben u. s. w.: dieß findet man in den Chroniken der Mönchsorden. Die geheime Geschichte der ehemaligen großen Welt kann man also ohne deren Beihülfe nicht vollständig aufstellen; und nur durch deren Belehrung läßt es sich begreiflich machen: warum selbst helle und entschloßene Fürsten so willig einhergingen am Gängelband von Rom aus; warum man zu Rom die genaueste Kunde von allen höfischen Projecten hatte; warum der Machiavellismus mit der Verfeinerung der Mönchsorden gleichen Schritt hielt u. dgl.

294b. An das Königl. Oberkuratorium zu Berlin

[Halle, April 1803]

SpecialVotum über Cursus und Bibliothek.

Ich finde zu den weitern Verhandlungen über die bekannten Gegenstände nichts Neues hinzuzusetzen, da meine Meinungen in der Pluralität der philosophischen Fakultät enthalten sind: nur ein paar nähere Bestimmungen wünschte ich wegen des itzigen Umlaufs beyzufügen.

1) Muß ich bitten, den Cursus für Schulmänner, sofern er von mir completirt ist, ganz zu cassiren; ich würde sonst zugleich bey der öffentlichen Bekanntmachung desselben in einem eigenen Programm dagegen schreiben müßen; was ich überhaupt über alle Cursus in diesem Fach thun würde.

Ich wollte nemlich, da ich jenen Cursus so stark completirte, blos die Unmöglichkeit solcher Cursus-Entwürfe in gewißen Disciplinen zeigen; und glaubte dabey, nur für den Herrn Decanus phil. Fac., nicht für das Ill.[ustre] Conc.[ilium] zu schreiben. Ich sehe indeß, daß ein und andres Collegium, das ich noch als empfehlenswerth bemerkte, ausgelaßen ist, als ein Exegeticum über die LXX, welches doch izt oben in dem theologischen Cursus mit aufgeführt wird, und folglich wol vorzüglich von Liebhabern der eigentlichen Gelehrsamkeit gehört werden müste, da sich schwerlich viele künftige Pfarrer dazu hergeben möchten. Eine andre Betrachtung aber ist, daß viele von den Collegien für den Schulmann hier gar nicht gelesen werden können, da es an Docenten im philologischen Fache fehlt. Noch kömmt hiezu, daß aus mehrern Gründen dem künftigen Schulmanne kein Cursus vorgeschrieben werden darf; hauptsächlich 1) weil es in diesem Fache, seitdem es hier existirt hat, ohne irgend einen Cursus ziemlich gut gegangen ist; 2) weil sehr, gar sehr wenige, so ganz eigentlich auf das Schulamt studiren, wie so Viele aus begreiflichen Ursachen auf Cameralistische, Theologische und a.[ndere] Stellen, sondern lediglich aus Neigung zu dergleichen Kenntnißen sich damit abgeben — daher ich auch nicht glaube, daß in diese Art von Collegien jemand durch Zeugniße und ähnliche Mittel, die höchstens das Melden zu den Vorlesungen erzwingen, getrieben werden dürfe — 3) weil man niemand zumuthen darf, so viele, über 4 Jahre ausfüllende, nothwendige und nutzbare (empfehlenswerthe) Collegien zu hören, um dereinst dafür ein rector oder Conrector à 4—500 rthlr zu werden, und — wie in ganzen Provinzen geschieht, bey Leichen hinter einem oft unwißenden Diaconus herzugehen: gegen welcherley Calamitäten sich izt nur hie und da ein junger Mann in der ersten glücklichen Unbesonnenheit durch die Belohnungen, die ihm die Studien selbst darbieten, schadlos zu halten hofft u. s. w. Denn nur Einzelne sind es, höchstens 5—7, die, meinen Erfahrungen zufolge, jährlich gradezu auf den Schulmann studieren, ohne den einen Blick auf die Pfarre zu halten.

2) Betreffend den Vorschlag der Hochlöbl. theologischen Fakultät, wegen Anwendung des 6 theils der Einkünfte der Bibliothek für die theologische Litteratur muß ich wünschen, wenn er die Mehrheit der Stimmen erhält, daß mir als erstem Bibliothecar die Sorge für die theol. Bücher gänzlich abgenommen, und von besagter Fakultät selbst verwaltet werde. Sollte aber durch mehrere Wißenschaften eine solche Eintheilung, oder Special-Administration gelten, so würde sich dieß in kurzem äußerst nachtheilig zeigen, und ich würde nichts mit der Aufsicht über die Bibliothek zu thun haben. Um nur ein paar Punkte zu erwähnen: ich finde izt in Auktionen die gelehrten theologischen Werke (vermuthlich aus Ursachen, wie sie aus gegenwärtigem Umlauf sich errathen laßen) so wohlfeil, daß man für 250 rthlr so viel erhält, als in Medicin, Botanik, Reisebeschreibungen für 800—1000 rthlr. Da würde ich denn in große Verlegenheit kommen, wo ich endlich jährlich die gelehrten theologischen Werke, die hier noch fehlen, hernehmen sollte, da diese Art Schriften izt von den Meßen in so kleiner Anzahl kommen. Ferner fragt es sich: soll ich nach den Titelblättern, oder nach dem Inhalt gehen? Sehr viele Bücher gehören 2, 3 und mehrern Wißenschaften zu — so müßen in manchen Reisen bedeutende Abschnitte der Geschichte der Religionen zugerechnet werden. In einem Prachtwerke, wie izt Dénons R.[eise] zum Ex. ist, können mehrere Blätter in jener Rücksicht von den Mamelucken handeln; anderes wird zur Geographie, anderes zur Naturgeschichte, andres zur Kunstgeschichte pp gehören s. w.

Wolf.

297a. An König Friedrich Wilhelm III.

Allerdurchlauchtigster,
Grosmächtigster,
Allergnädigster König und Herr,

Seit mehrern Jahren habe ich mir jede größere Reise, selbst in den Ferien, wie jede andere Erholung von einer ununterbrochenen Thätigkeit aus mehrern Ursachen untersagen müßen. Die Folgen hievon empfinde ich aber seit einiger Zeit auf eine so unangenehme und den Geschäften meines Amts nachtheilige Art, daß ich mich zu einer zerstreuenden Reise gegen die Mitte dieses Monats genöthigt sehe; auch habe ich die gehörigen Anstalten dazu getroffen, daß kein Theil meiner öffentlichen Arbeiten darunter leiden könne.

An Ew. Königl. Majestät ergeht daher dieses mein allerunterthänigstes Gesuch, mir die Erlaubnis zu einer Reise auf fünf bis sechs Wochen huldreichst zu ertheilen.

Ich ersterbe in tiefster Devotion,
Ew. Königl. Majestät

allerunterth.[änigster] Diener
Fr. A. Wolf.

Halle, 4 Jun.
1803.

309a. An Ludwig Heinrich v. Jakob

Ew. Magnificenz

haben mir unterm 15ten d. M. ein Convolut Acten über die hiesigen Freytische zugeschickt, damit ich auf Verlangen Eines Ill.[ustris] Concil[ii] gener.[alis] daraus Vorschläge zur Belohnung der ausgezeichnetern Mitglieder des philologischen Seminariums durch einige Freytische thun sollte.

Auf der einen Seite bin ich der hiesigen Verfaßung in Ansehung der Freytische zu wenig kundig, um Vorschläge der Art thun zu können, die von allen Seiten ohne Schwierigkeiten seyn dürften. Auch war bey meinem in dem bekannten Berichte geäußerten allgemeinen Wunsche, keinesweges die Absicht, von den schon längst bestehenden Freystellen einige zum Vortheil meines Seminariums, obgleich dies Institut der Universität Vortheil und Ehre zu bringen scheint, benutzen zu wollen. Da indeßen Ill. Concil. gen., ohne Zweifel mit Beystimmung des Hochlöblichen Ephoraths Collegiums, hiezu mich durch Übersendung der erwähnten Acten ausdrücklich aufzufordern, und keinen andern Weg zu Ausmittelung von der in Anregung gebrachten Auszeichnung entdeckt zu haben scheinen, so bleibt mir nichts übrig, als folgenden Vorschlag der Prüfung des Conc. gen. und demnächst der höchsten Behörde vorzulegen.

Die Königl. Freytische werden verfaßungsmäßig an Studirende ausgetheilt, die aus solchen Provinzen gebürtig sind, wo für dergleichen Tische colligirt wird. Sie werden an Unbemittelte, und durch Fleiß und gutes Betragen Ausgezeichnete ausgetheilt. Alle diese Requisita treffen bey mehrern der philologischen Seminaristen genau zu. Einige sind zwar seit etlichen Jahren auch aus solchen Provinzen, für welche noch keine Freytische angeordnet worden; allein da unsere Universität bereits durch ein Königl. Rescript vom 7ten Juny 1798 den Befehl erhalten, zur Vermehrung der Tische, von Seiten der neuacquirirten Gegenden Vorschläge zu thun, so dürfte auch der in Rücksicht, von ein paar aus solchen Gegenden gebürtigen Seminaristen entstehenden Bedenklichkeit, leicht abgeholfen werden können.

Sonach würd ich für die sechs, oder wenigstens für die vier besten, durch Eifer, Kenntniße und gute Aufführung hervorstechenden Mitglieder des Seminars auf diejenige Art von Freytischen antragen, daß ein jeder diese Belohnung auf e i n oder (wenn er länger hier, und sich im Fleiße gleich bleibt) auf zwey Jahre genöße, wobey seine Würdigkeit dem Hochlöbl. Ephoraths-Collegium durch meine von ihm einzureichende schriftliche Anzeige, so attestirt werden könnte, daß das gewöhnliche Examen bey einem solchen Studiosus überflüßig seyn würde.

Erhielte nun auf diese Weise der Director des philologischen Seminariums 4 oder 6 Freytische, für eigene Disposition, zur Aufmunterung seiner Mitglieder, so wünschte ich auf der andern Seite, daß durch gelegentliche, und b e y m g e g e n w ä r t i g e n A n l a ß vielleicht v o r z ü g l i c h s c h i c k l i c h e Vorstellungen unserer Universität, wegen Errichtung mehrerer Tische für die neuern Provinzen die Anzahl solcher Beneficiaten überhaupt beträchtlich vermehrt werden möchte. Um den Entwurf einer solchen, blos auf diesen Zweck gehenden, Vorstellung würde, meines Bedünkens, Herr Prof. Hoffbauer zu ersuchen seyn, der außer den Hochlöbl. Ephoren mit dieser Materie wohl am meisten bekannt ist, um so mehr, da es bey Hofe größere Aufmerksamkeit erregen muß, wenn nicht blos ein einzelnes Collegium, sondern die ganze Universität sich der Sache anzunehmen scheint.

Halle den 22ten November 1803.

Wolf.

313a. An Heinrich Karl Abraham Eichstädt

H.[alle] den 20 Jan. [1804]

Heute nur 3 Worte, mein Werthester!

Sagen Sie mir doch, ob Sie die Reiz.[ischen] Abhh. de accentus inclinat.[ione] zur Hand haben: dann will ich Ihnen etwas dazu gehöriges schicken.

Ihre neue J.[enaische] A. L. Z. fängt, nach mehrern Urtheilen, die ich höre, unter Wohlwollen vieler guten Köpfe an. Eilen Sie also ja, Antheil, und recht thätigen Antheil daran zu nehmen. Hören Sie dort etwas Interessantes oder Lustiges über das Litteraturwesen, so theilen Sie mir es doch von Zeit zu Zeit mit — Sie wißen, daß ich dem Lachen nicht abhold bin, und zu schweigen verstehe.

Daß Sie meinen Bücherkorb für dortige Bibl.[iothek] gütig besorgt haben, hoffe ich mit Gewisheit. Es drückt mich im Herzen, daß ich den Herren Bibliothecaren, Spilker und Schmidt, nicht einmal ein Ehrenwort habe sagen können, indem ich in der Eil ihre Bibl. expilirte. Hrn. Vulp.[ius] bitte ich indeß meine dankbare Empfehlung zu bestellen, und ihn zu bitten, den Fehler, so weit möglich, gut zu machen.

An die 2 Bas.[ler] Edd. des Homer denken Sie nun wol gelegentlich auch.

Geben Sie mir bald Gelegenheit zu gegen-Gefälligkeiten.

Wegen unsers G.[oethe] Gesundheit habe ich auch jezt keine Frage gethan. Im Grunde zweifelte ich nicht an der augenblicklichen Besserung gleich nach meiner Abreise — das Gegentheil wäre mir so traurig, daß ich so spät als möglich davon hören möchte. Desto schneller wünsche ich Nachrichten von Ihnen.

Ihr ergeb.

Wolf.

314a. An König Friedrich Wilhelm III.

Allerdurchlauchtigster, Grosmächtigster,
Allergnädigster König und Herr,

Ein unterm 16. Febr. ausgefertigtes Allergnäd. Rescript belehrt mich, daß der von mir gethane Vorschlag, zur Unterstützung von 4 bis 6 der vorzüglichsten Mitglieder des philolog. Seminars eben so viele von den hier bestehenden 40 und mehrern Königlichen Freytischen zu bestimmen, nicht realisirt werden könne.

Ich that jenen Vorschlag, von deßen leichter Ausführbarkeit ich überzeugt war, lediglich, um einem als nützlich anerkannten Institute eine längere und festere Dauer, und dem auf der Universität so schwer zu befördernden Fleiße eine den Nacheifer reitzende Aufmunterung zu verschaffen, offenbar also des gemeinen Besten halber; weswegen ich auch noch diese alleruntertthänigste Vorstellung abzufaßen für Pflicht halte.

Selbst die Pluralität, deren Stimmen meiner Aufmerksamkeit entgangen sind, erkläret sich, wie ich izt sehe, für die Nützlichkeit jenes Vorschlags; dasselbige geschieht auch in dem sogenannten Gutachten von den Ephoris der Königl. Freitische. Diese wünschen nur, daß die Universität andre Mittel zu der Erreichung des Zweckes höhern Orts in Vorschlag bringen möchte. Allein eben dieß letztere scheint die Pluralität vergeßen zu haben, also gerade dasjenige, was Ew. Königl Majestät in dem dieserhalb an die Universität erlaßnen Rescripte d. d. 29. Sept. 1803 zu erfordern geruhten.

Mir muß es gegenwärtig genügen, Ewr. Königl. Majestät zu einer Zeit, wo Höchst-Dieselben an Gründung neuer Institute gedenken, die Betrachtung unterthänigst anheimzustellen, wiefern ältere Institute, deren guten Erfolg und Früchte das Land bereits gesehen hat, Allerhöchste Unterstützung vorzüglich verdienen möchten, ohne welche der Eifer älterer Professoren selbst die nöthige Aufmunterung entbehren würde. Was sich aber, wenn HöchstDieselben nicht vielleicht izt geruhen, den 4 oder 6 musterhaftesten Seminaristen aus neuen Fonds eine eben so vielen Freitischen gleiche Remuneration oder Belohnung zu ertheilen, leicht thun ließe, ist etwas, worauf das gedachte Gutachten des Ephoraths selber leitet. Es wird darin gesagt (No. 2) daß außer den Theologen auch den Beflißenen der Philologie die gewöhnlichen Freytische gegeben würden. Wenn dieß ist, so darf ja nur die in Vorschlag gebrachte Zahl von Tischen für die von mir genannten oder vielmehr in der Folge jährlich zu nennenden, Seminaristen auf immer bestimmt und festgesetzt werden. Denn dann wird man gewis wißen, daß die Tische an die Fleißigsten und Ausgezeichnetsten, von deren Progreßen ich mich durch öftere Prüfungen überzeuge, kommen; an Bedürftigkeit geben ferner die Mitglieder des philolog. Seminars selten den Theologen viel nach; endlich sind sie auch aus Provinzen des Landes, aus welchen die Beiträge fließen. Ueberdem könnte leicht die unabänderliche Bedingung gemacht werden, daß lediglich junge Leute, die aus eben denselben Provinzen gebürtig sind, an der berathschlagten Unterstützung Theil haben sollten.

Ich ersterbe in Devotion
Ewr. Königl. Majestät
alleruntertthänigster

Fr. A. Wolf
Director des philolog.
Königl. Seminarii

Halle, d. 2 Merz, 1804.

315a. An das Professorenkollegium der philosophischen Fakultät zu Halle

M[eine] H[och]z[u]E.[hrenden] Herren

haben zum Theil über den letzten, hier beigelegten, Umlauf so votirt, daß ich es für meine Pflicht halte, gleich beim Antrit meines Decanats, wozu ich mir Dero gewöhnlichen Beistand ergebenst ausbitte, die Sache nochmals, und im Detail, zur allgemeinen Umstimmung zu bringen; obgleich ich für meine Person völlig genug halten würde, dergleichen Studienplane, ohne alle Bemerkungen und Zusätze, ihren bekannten Weg gehen zu laßen. Ohnehin steht es ja auch unserer Fakultät, so wie jedem einzelnen Mitgliede derselben, und jedem Schriftsteller überhaupt, zu aller Zeit frei, ähnliche consilia für neue Ankömmlinge drucken zu laßen. Und aus mehrern solchen Consiliis könnte sich dann der Studierende ein eigenes zusammensetzen, das ihn zu eigentlicher gelehrter Ausbildung führte, wenn ihn nicht etwa ein Testimonien-Zwang hindert, mehrere Vorlesungen zu besuchen, als zur Erhaltung des Fakultäts-Zeugnißes nachgewiesen werden müßen. Letztres würde freilich der Fall seyn, wenn 15—16 Collegien in Zukunft von jedem, der Theol. studiert, in seiner Fak. gehört oder doch angenommen werden müsten, um am Ende ein Test.[imonium] theol. Fac. zu erhalten. Bisher scheint es hierin beßer gewesen zu seyn, da man, wie notorisch ist. auch solchen, die nur 4—6 theol. Collegien angenommen hatten, jenes testimonium

nicht versagte. Zwar sollen, wie es heißt, in der Folge, auch die zum Theil sehr armen Theologen 3 Jahre hier bleiben: ob es geschehen könne und werde, mag die Zeit lehren: doch das läßt sich voraussehen, daß ohne durchgreifendere Maasregeln der größere Haufe auch in einem Triennio von Grund- und VorbereitungsWissenschaften nicht mehr als bisher hören werde. Denn unter dem größern Haufen sind izt bekanntlich wenige, die im halben Jahre mehr als 3 Collegien annehmen. Rechnet man nun zu jenen 15—16 Vorlesungen noch ein paar SprachLectionen in den lebenden Sprachen hinzu, welche im Entwurf vergeßen aber doch vermuthlich für den künftigen Hofmeister nothwendig sind, so sehen die Meisten ihre Zeit hinlänglich besetzt, und erreichen ihren Hauptzweck, von der Univers. ein Zeugnis ihrer Fakultät mit weg zu nehmen, welches bisher das einzige war, wonach Examinatoren zu Aemtern und andre höhere Collegia fragten; so daß ein Vorzeigen eines Test. der philosoph. Fakultät bei dem Prorector am Ende der Laufbahn wenig helfen möchte, es müste denn seyn, daß den Test. der Universität in der Folge eine größere Wichtigkeit beigelegt würde.
Indem ich dieß und mehreres andre bei Lesung der beigelegten Blätter überlege, und zugleich, was die ohnezweifel auch bisher schon geschehene Empfehlung unserer Vorlesungen gefruchtet hat, so komme ich zu der obigen Meinung zurück, daß es jedem frei bleibe, seine Consilia, wenn er es gut findet, an die Studierenden gelangen zu laßen.
— —

H.[alle] den 13 Jul. 1804. Wolf.

316a. An die Göschensche Buchhandlung

Halle, 18 Aug. 4.

Ich ersuche Sie um die Güte, mir doch die 2te Lieferung des Griesbachschen Testam.[ents] für hiesige Bibliothek mit der Post unfrankirt zuzusenden. Ich höre, daß solche heraus ist.
Dürfte ich bei der Gelegenheit Hrn. Göschen an den Anfang des Prachtdrucks von Homer erinnern? Ich werde von so vielen Seiten gefragt, wie stark die erste schon fertige Lieferung sey. Andre bedauren, dieß Buch das schon so lange heraus sey, selbst bei mir nicht sehen zu können.
Noch verzeihen Sie mir die Bitte, ersten Tags früh das Inliegende bestellen zu laßen

318a. An das Professorenkollegium der philosophischen Fakultät zu Halle

M.[eine] H.[ochzuehrenden] H.[erren]

Weil wir eilen müßen, die Confirmation von dem ziemlich einhällig hier approbirten Umlaufe wegen der philosoph. Testimonien zu erbitten, so sende ich hiemit die bisherigen Acta herum, wünsche aber angelegentl. daß wir zur Erreichung des Hauptzwecks uns in unsrer Fak. nun ganz vereinigen mögen. Läßt sich dann dieser Hauptzweck in der Folge auf noch sichrere Art erreichen, desto beßer; aber noch sehe ich dazu keinen Weg. — — — — — Aber das erinnere ich mich wohl, daß wir durch

Dissensionen in unserer Fak. schon öfter die Erreichung guter Absichten erschwert haben. Es kann übrigens kaum anders seyn, als daß mann, um zu collegialischen Beschlüßen zu gelangen, diesen und jenen eigenen an sich zweckmäßigen Gedanken aufgeben muß; wobei ich für meine Person ausdrücklich bemerken muß, daß ich alle itzige Vorschläge zu Erregung größeren Fleißes blos für Palliative erklären müste, wenn auch ich meine Stimme separatim zu geben hätte, und daß ich mich lediglich qua Decanus in Rücksicht aufs Ganze entschloß diesen letzten Versuch mit Hülfe Sr. Magnificenz zu machen. Ich habe demselben den, gleichfalls hier beiliegenden, Umlauf unsrer Fak. communicirt, und auch Er bezeigt mir, nichts entscheidenderes weiter gefunden zu haben.

Wolf.

H.[alle] den 13 Sept. 1804

323a. An Johann August Eberhard

Magnifice Prorector,

Nach den neuen von uns gemachten und vom Hofe confirmirten Einrichtungen, soll ich von Zeit zu Zeit der Universität Catalogen der auf der Bibl. vorgefundenen Doubletten, wie auch solcher Bücher vorlegen, die einer Stelle in einer öffentlichen Bibl. ganz unwürdig scheinen.

Hiebei erfolgen dergleichen Verzeichniße von beiderlei Büchern, die dann in einer gelegentlichen Auktion für die Caße der Bibl. verkauft werden sollen, „außer wenn sich für irgend ein einzelnes Stück und deßen Beibehaltung eine einzige Stimme entscheidend erklärt".

Ew. Magnificenz ersuche ich daher, bei Gelegenheit eines andern Umlaufs dieses Schreiben mit circuliren zu laßen, und die Verzeichniße einer Genauen Durchsicht und kurzen aber bestimmten Umstimmung zu empfehlen.

H.[alle] im November. 1804. Wolf.

323b. An Johann August Eberhard

[Halle, 6. November 1804]

M.[agnifice] Prorector,

1) Zu dem Verkauf der ganz unnützen Bücher und der Doubletten sind wir theils durch die Organisations-Acte der Bibliothek, theils durch die Bibliothekar-Instruktionen so autorisirt worden, daß keine Berichte nach Hofe je darüber gehen dürfen. Ob etwas eine wirkliche Doublette sey, wird natürlich immer durch Prüfen und Vergleichen der Exemplare von allen Seiten entschieden, wie dieß durch sehr genaue Personen und mich selber izt geschehen ist. Wenn von den Hochg.[eehrten] HH. Collegen ein Zweifel darüber beiwohnt, wird befugt seyn, von jezt

an 2 mal wöchentlich auf der Bibl. mit nachsehen zu helfen, was ich noch mit Dank erkennen werde. Medicinische und jurist. Bücher müßen nun zunächst auch an die Reihe kommen.

4) Vor allem wünschte ich, wir stellten die Lage der Sache dem Herrn OberCurator so vor, daß er selbst condescendirte die Dame zu besuchen, und sie gütlich auf den rechten Weg zu bringen, da der bisher oder eigentlich im Anfange eingeschlagene Weg Rechtens so übel geführt hat.

Wolf.

323c. An Karl Gottfried Fleckeisen

Halle, 6. Nov. 1804.

Ew. Wohlgebornen

ersuche ich, auf die öffentlich gegebne Erlaubnis, folgendes in der Remerschen Aukt.[ion] auf Rechnung der hiesigen Univers. Bibl. für mich erstehen zu laßen.

Pag.	Nr.		rthlr	gr.
9	12	Passeri	—	15
172	76	Polymetis	17 —	13
174	16. 17	Antiqu.	2 —	7
—	28	Jablonsky	2 —	1
175	33	Abregé	1 —	19
—	39	Antich.	1 —	1
189	26	Lessing	—	15
—	28	Beweis		15
Anhang 32	10	Corsini	1 —	9

Am meisten ist mir an den unterstrichenen gelegen.

Zugleich ersuche ich Sie, meinen Dank für die so schön begonnene Fortsetzung der Lutherischen Schriften anzunehmen. Ich hoffe, Hr. Schwetschke wird meinen Namen als Subscribent zu rechter Zeit eingesandt haben.

Sie haben gar keine Gefahr zu wagen, wenn Sie mir nach Ende der Auktion das Erstandne sogleich schicken, wodurch unnützes Schreiben erspart wird — mit umgehender Post erhalten Sie von mir den Betrag.

Ich bin mit Hochachtung

Ihr ergebenster Diener
F. Aug. Wolf
Oberbibliothekar zu Halle.

Sollte es Ihnen nicht möglich seyn Velthuseni Catena cantilenarum Salomon. Helmst. 786. 8. mir zu verschaffen, vielleicht bei einem Antiquar, wenn es wirklich nicht mehr neu zu haben seyn sollte, wie man mir hier vorsagen will.

324a. An das Professorenkollegium der philosophischen Fakultät zu Halle

M.[eine] Herrn

Laut beiliegender Aufforderung S.[einer] Magnificenz sollen wir, so viel ich einsehe, berichten, wie die philos. Fak. bei Ertheilung ihres Gradus zu Werk gehe. Das beste möchte hiezu seyn, wenn wir von den neuerlich verabredeten strengen Maasregeln Notiz gäben; sollte etwa noch mehr nöthig scheinen, so wünschte ich, daß wir die aller rigueur etwas hinderlichen bellaria bei der Gelegenheit abschafften. Hierüber und über was sonst etwa zweckdienlich wäre, bitte ich ergebenst, hierunter zu votiren; ersuche aber zugleich, wegen dringender Abhaltungen, die ich izt habe, Hrn. Profess. Maas, der schon einen ähnlichen Bericht im Concil.[ium] gen.[erale] zu übernehmen die Güte gehabt, auch das aus dem itzigen Umlauf entstehende Resultat geneigt abzufaßen.

[Halle, 23. November 1804] Wolf.

328a. An Johann August Eberhard

Magnifice Domine Prorector,

In Ansehung der Magister-Promotionen hat sich die philosophische Fakultät ohnlängst vereiniget, über folgende Punkte streng zu halten.

Jeder Candidat soll 1) examinirt werden, und die Mitglieder der Fakultät sind verpflichtet, dieses Examen mit aller möglichen zweckmäßigen Gründlichkeit anzustellen; 2) soll der Candidat eine Inaugural-Dissertation öffentlich vertheidigen, und, wenn er licentiam legendi erlangen will,

3) noch eine öffentliche Disputation, pro loco, als Präses, halten. Nur alsdann, wenn er in allen diesen Prüfungen gut besteht, und auch 4) ein testimonium morum von dem Concilio generali beybringt, was nicht ungünstig für ihn ausfällt, soll ihm die Erlaubnis zu lesen ertheilt werden.

Zu diesen Punkten setzt die Fakultät noch folgende hiezu:

1) bey jedem Examen soll künftig ein Protocoll geführt werden, welches, so oft es befohlen wird, nach Hofe geschickt werden, und der Fakultät zur Rechtfertigung dienen kann, wenn sich ein Candidat über zu große Strenge beklagt.

2) Wenn ein Magister, der auf einer andern Universität bereits promovirt ist, hier lesen will, so muß er sich zuvor einem Colloquium unterwerfen.

Uebrigens trägt die Fakultät darauf an: das Concilium generale wolle sich angelegentlichst dafür verwenden, daß 1) das Recht, licentiam legendi zu ertheilen, und 2) das Recht, den gradum doctoris verdienten Männern auch honoris caussa zu conferiren, den Fakultäten unbenommen bleiben möge; und beziehet sich deshalb auf die Conclusa concilii generalis von 10ten November dieses Jahres, denen sie hiermit nochmals beistimmt.

Halle den 15 Xber 1804

Ew. Magnificenz
ergebenste
die philosophische Fakultät
Wolf
h. t. Decan. fac. philos.

328b. An Georg Simon Klügel

Für meinen Herrn Nachfolger

1) Neben den übrigen gewöhnlichen wandelnden Sachen, schicke ich zugleich ein Fakultäts-Testimonium, das von einem gewißen Studenten für einen gewißen Töpfer bei mir bestellt wurde, aber ungebührlicher Weise nicht abgehohlt ist. Kännte ich den Besteller näher, so würde ich ihn zu mir kommen lassen, und ihm mit einem Verweise das Zeugniß aufdringen, oder aufgedrungen haben: durch H. Prof. Jakob ließe er sich vermuthlich noch jetzt finden, auf dessen Veranstaltung er damals das Testimonium zu fordern versicherte.

2) Auch verdient recht bald die lästigste aller Censur-Affairen, die mit dem Kolbazky, auf einen soliden Fuß eingerichtet zu werden. Wie mich meine Herren Vorgänger berichtet haben, so giebt dieser Mensch am Schluß jedes Decanats bisher immer ungefähr so viel, als er mir zugeschickt hat (3 rthlr 6 gr.), zusammen für Kourier, deßen Zulage, den Erzähler: für so viele Bogen scheint jene Gebühr zu wenig zu sein, man mag es rechnen, auf welche Art man will. Ich möchte auch behaupten, daß über diese Censur-Angelegenheit schon längst etwas festgesetzt worden, wovon sich bei der Universität ein Actenstück finden muß. Uebrigens meldeten mir meine zwei nächsten Vorgänger, daß diese Kolbazkischen Gelder stets dem Decan allein zugefallen wären, weil sie als für fliegende einzelne Blätter angesehen worden.

3) Noch muß ich bemerken, daß ich gleich im Anfange meines Decanats am sichersten hielt, mir jedesmal bei Abhohlung einer neuen Censur vom Courier und Erzähler den abgezognen vorhergehenden Bogen oder Blatt einreichen zu lassen, weil sonst leicht etwas abgedruckt werden kann, was man nicht gebilligt. Es hat mir nicht viel Mühe gekostet, dieß von dem Drucker zu erzwingen, indem ich ihm die Censur des neuen Bogens verweigerte. Ich würde es sehr gut finden, wenn dieß bei der Fakultät Observanz würde.

Schlüßlich wünsche ich Hrn. Prof. Klügel beim Antritt des neuen Decanats das beste Wohlergehen, und ein beßeres Gelingen aller guten Vorsätze bei Fakultäts-Geschäften, als im vorigen h.[alben] Jahre der Fall gewesen. Vix ulli bono consilio eventus constitit.

H.[alle] den 12 Jan. 1805 Wolf.

Ich würde schon heute auch den Kasten geschickt haben, wenn ich nicht durch Unbäßlichkeit am Einlegen der Papiere und Sachen wäre gehindert worden.

328c. An Georg Simon Klügel

[Halle, 1. Februar 1805]

Spectatissime Decane,

Nach dem neulich von Hrn. Prof. Maaß aus den plurimis verfaßten Bericht nach Hofe hat man sich bereits die Hände so gebunden, daß man niemanden, entweder ohne eine Reise hieher, oder doch ohne eine in den Druck gegebne Dissertation, weiterhin promoviren kann. Ich habe zwar jenen Bericht als Decan unterschreiben müßen, konnte ihn aber mit der Würde einer Fakultät durchaus nicht reimen, indem sie sich selbst degradirt, wenn sie nicht in Ertheilung des Gradus von ihrer alleinigen Beurtheilung abhängt. Ich habe dieß schon Hrn. Pr.[ofessor] Maaß mündlich bezeigt, und begebe mich izt gänzlich eines Votums, es müste denn das seyn, daß wir bei Hofe anfragten, wie wir es nun zu machen hätten, einem jungen Manne in Rußland den Gradus Ehrenhalber zu ertheilen, und so ließe sich vielleicht noch etwas redressiren.

Wolf.

344a. An Friedrich Justin Bertuch

Ew. Wohlgebornen

übersende ich hier die H a n d schrift wieder, die Sie mir ohnzweifel blos zum Ansehen geschickt haben; und erbitte mir dagegen den gütigst versprochenen Munoz, den Sie vielleicht vergeßen haben. Im Voraus sage ich Ihnen meinen besten Dank für die Gefälligkeiten, und verspreche Ihnen, schon in ein paar Monaten alles richtig wieder zuzustellen. Darf ich zugleich meine und meiner Tochter große Empfehlungen an die Fr. Gemahlin und Ihre übrigen Lieben bestellen?

Ihr. gehors. Diener
Wolf
[Weimar,] den 8 Juni 1805.

Gratuliere zugleich zum 2ten Frühlingstage, wenn es nicht schon ein Sommertag wird.

360a. An Johann Gebhard Ehrenreich Maaß

Halle, den 30 Aug. 1805.

Magnifice Dom.[ine] Prorector,

Ob des Hrn. Hofr. Dryanders Verlangen bei Hofe werde erfüllt, und die i t z i g e, durch m e h r e r e Rescripte eingeführte, ganz einfache, und wie jene Rescripte beweisen, völlig V e r f a ß u n g s - und s a c h g e m ä ß e Ordnung bei der Bibl. Caße wieder, gegen a l l e g e g e n w ä r t i g b e s t e h e n d e Analogie, verändert werden möchte, kömmt auf einen Versuch eines Berichts an: nur ist vor ein paar Tagen bereits Hr. Min.[ister] von Massow Exc.[ellenz] auf seine größere Reise gegangen, so daß dieser Bericht vielleicht von Ew. Magnificenz noch verschoben werden wird. Sobald er aber abgeht, behalte ich mir vor, mein votum besonders beigehen zu laßen; wiewohl ich gleich hier bemerke, daß ich gegen die Uebernahme der Bibl.-Caße nichts einwenden würde, da gewöhnlich das quartalmäßige Quantum, bei den vielen Anforderungen und Bedürfnißen der Bibl., nicht über 8—14 Tage in meinem Hause liegen darf, wovor ich mich früher scheute.
Uebrigens werden Ew. Magnificenz die Gewogenheit haben, bei rechter Zeit Hrn. Hofr. Dr.[yander] zu bedeuten, daß er bis zur Entscheidung der Sache durch ein Rescript die Zahlungen aus der Bibl. Caße auf die bisherige, den Rescripten gemäße, Art fortzusetzen habe, damit die öffentliche Sache unter Bedenklichkeiten, die izt, soviel ich weiß, gar keine mehr sind, nicht leide.

Was die dem Hrn M.[agister] Lange bereits p.[er] Rescr.[iptum] cl.[ementissimum] zugesagten 100 rthlr zu seinem vorigen Gehalt betrift, so wird der Hr. OberCurator selbst schon sehen, wie und woher er sie nehme. Ich glaube nemlich, daß wir nicht dazu rathen dürfen, solche dem Bücherfonds abzuziehen, theils überhaupt nicht, theils weil jener Fonds von Sr. Maj. Selbst grade so bestimmt worden. Schon früher hat Hr. Min.[ister] v. M.[assow] eigenhändig erklärt, er könne und dürfe nicht von jener CabinetsAnordnung abgehen: wie könnten also wir dazu rathen, da ohnehin dergl. Verschlechterung öffentlicher Institute eine res mali exempli ist?
Sollte es nun aber wirklich vorizt an einer so kleinen jährlichen Summe zur Befriedigung der allgemein als gerecht erkannten Forderung des M.[agister] Lange fehlen, so erbitte ich mir die Freiheit, Ihnen mündlich über den zunächst zu thuenden Schritt mein[e] Gedanken sagen zu dürfen, wenn Sie nicht vielmehr glauben, daß des Hrn O[ber]Curators Rückreise oder hiesiger Besuch abzuwarten sey.

Ew. Magnificenz

gehors. Diener

Wolf.

362a. An Johann Gebhard Ehrenreich Maaß

Ew. Magnificenz

übergebe ich hiermit das von Ihnen und dem Ill.[ustri] Concilio generali erforderte Separat-Votum über das dem Subbibliothecar bereits im April durch ein Allergn.[ädigstes] Rescript zugebilligte neue Gehalt.
Daß der M.[agister] Lange dieß für die bey der Bibliothek so beträchtlich vermehrte Arbeit verdiene und daß er immer noch sehr kärglich durch 200 rthlr Gehalt belohnt werde, darüber war schon längst Eine Stimme; nur woher die neuen 100 rthlr zu nehmen, hat Weitläuftigkeiten verursacht, wodurch ihm der Genuß der Zulage seit dem April bis hierher verzögert worden. Da die Bibliothek unter dem Aufschube der von ihm bisher und auch diesen Sommer hindurch mit verdoppelten Stunden fortgesetzten Schreibarbeit an den Catalogen und der übrigen Arrangements allzusehr leiden, der Aufwand aber, den in der Folge die Nachholung des Versäumten machen würde, weit größer seyn müste, so hat man, wie ich sehe, um nur einen Ausweg zu finden, vorgeschlagen, daß die 100 rthlr auf eine Zeitlang dem Bücherfonds, der von Sr. Majestät in dem ausführlichen Cabinetsschreiben über die Verwendung der neuen Gelder bestimmt worden, entzogen werden möchte, bis sie etwa gelegentlich aus einer andern Caße wieder einlaufen könnten.
Ich schließe aus diesem Gutachten blos, wie nothwendig und dringend man die Sache hält, da man sogar um ihretwillen auf eine Verminderung der für das erste academische Institut bestimmten Caße angetragen; allein die Maasregel selbst kann ich nicht billigen, zumal da, selbst nach dem neuesten Etat der Bibliothek das ganze auf den Ankauf neuer Bücher zu verwendende Geld noch nicht einmal 1400 rthlr beträgt, eine Summe, die in Göttingen, womit man sich doch gegenwärtig hier gern vergleichen möchte, kaum zu den Buchbinderkosten hinreicht.
Sonach weiß ich nicht, wozu ich eigentlich rathen soll, und erwarte alles von der billigen Entscheidung eines Hochpreißl. Obercuratorii, welchem die Mittel gar nicht fehlen können, aus irgend einer andern Caße das Benöthigte auf einige Zeit zu assigniren, so wie

es aus der Bücher-Caße izt genommen werden sollte. Nur ersuche ich Ew. Magnificenz um Beschleunigung der Sache, weil man nicht länger im Stande ist, die erforderliche Thätigkeit auf der Bibliothek zu erhalten. Auch bringe ich beiläufig die so unbedeutende Zulage von 14 rthlr jährlich für den Aufwärter Boelike in Erinnerung, über deren Nothwendigkeit man gleichfalls allgemein einig war, da dieser sehr ordentliche und accurate Mannn jeden Monat versichert, daß die izt überhäuften Bibliothek-Arbeiten ihm gegen das, was er mit seiner Profession verdienen könnte, allzuniedrig mit den 3 monatlichen rthlr belohnt werden, und er daher nicht über Ende des Jahres in seiner Stelle bleiben könne.

Bei Officianten übrigens, die ihre Geschäfte mit so viel Ordnung und Redlichkeit — eine besonders auf der Bibliothek nöthige Eigenschaft — verwalten, wird man alles zu thun haben, um ihre Willigkeit zu vermehren und sie selbst zu conserviren.

Wolf.

Halle, im Sept. 1805.

362b. An Friedrich Wilhelm Riemer

Hr. Riemer würde mich sehr verbinden durch eine b a l d i g e genaue Nachricht, wieviel Geld er d u r c h B e r t u c h von mir erhalten, und in welcher Zeit ungefähr? und ob Einmal, oder 2 mal?

Ferner eben so in Absicht der Hoffmannischen Buchhandlung, wo man nur das Cassa-Buch seit Pfingsten nachschlagen darf?

Endlich, ob und durch wen die Herderschen Bücher bezahlt sind. Es sind mir mehrere Zettel, wovon ich einen Theil zu den Bibliothek-Papieren legen muß, abhanden gekommen, die mir durch Erfüllung jenes Wunsches leicht zu ersetzen sind.

Zugleich muß ich nochmals die v o l l s t ä n d i g e Rechnung über die Herdersche Auktion zugleich mit einem Wort Quitung darunter ausbitten. V o r z ü g l i c h hoffe ich so zu erfahren, w i e v i e l und w a n n etwas auf meine Rechnung von Bert.[uch] bezalt worden.

Wolf.

[Halle] den 19 Sept. 1805.

363a. An?

Halle, den 28 Sept. 1805.

p. p.

In Antwort auf das von Ew. HochEdelgebornen an Hrn v. Madeweis gerichtete Schreiben melde ich Ihnen, daß ich Ihnen noch in Leipzig auf einem Cartenblatte die Frage zusandte, ob Sie, wenn ich Ihnen bei dem Catholnikschen Instr.[umente] nichts von den 170 rthlr sächs. abzöge, geneigt wären, mit der Bezalung bis in den J a n u a r d e s f o l g. J a h r s zu warten, wo Sie die Summe dann auf Einmal erhalten sollten. Der Leipziger Bothe ist, wie es scheint, so wortlos gewesen, Ihnen jenes Billet nicht zu übergeben. Darauf jedoch bezog sich die Anfrage des Fuhrmanns. Ich bedarf nemlich k e i n e r A n t w o r t , wenn Sie zu jener Bedingung nicht geneigt seyn sollten; widrigenfalls hätte ich das Instrument gern b a l d m ö g l i c h s t in gutem Stande hier gehabt. Haben Sie nun die Güte zu beschließen, was Ihnen gefällig ist: der hiesige wöchentlich fahrende Sachse ist dort hinlänglich bekannt, und leicht nochmals zu bestellen. — Viel mache ich mir übrigens aus dem Verzuge des Ankaufs eines Instr.[uments] bis ins nächste Jahr nicht, zumal da ich dieses Ihrige doch sehr theuer finde.

Mit besondrer Hochschätzung

Dero ergebenster

Wolf

Geheim.Rath u. Professor zu H.[alle]

363b. An Johann Gebhard Ehrenreich Maaß

Magnifice Prorector,

Nach vieljährigen Klagen der Bibliotheks-Administration über e i n i g e r B u c h h ä n d l e r unordentliche Ablieferung ihrer Verlags-Artikel ist endlich vor 7—9 Monaten, so viel ich mich erinnere, ein Befehl der Universität an sämtliche Buchhändler erlaßen, an gewißen b e s t i m m t e n Z e i t e n jene Artikel abzuliefern.

Noch hat indeßen der Buch- und Kunsthändler D r e y ß i g nichts eingeschickt, und entschuldigt sich von Zeit zu Zeit immer noch auf die alte Weise mit der notorischen Unbedeutenheit seiner Bücher.

Da gleichwohl nach und nach hiedurch der Bibl. der W e r t h v o n m e h r e r n 100 rthlr entzogen werden kann, (wie wirklich ein Ueberschlag deßen, was seit etwa 40 Jahren nicht geliefert worden, lehrt) so ersuche ich izt Ew. Magnif., den D r e y ß i g , und weiterhin die, welche von der Bibl. aus werden angezeigt werden, dem obenerwähnten Befehle gemäs, mit Festsetzung bestimmter Termine, wo sie abliefern müßen, zu ihrer Pflicht anzuhalten.

Wolf.

H.[alle] im Oktobr. [1805]

363c. An Ludwig Heinrich v. Jakob

[Halle, 14. Oktober 1805]

Ich trete gern den plurimis bei, da es so weit gekommen ist, daß erst Anfragen geschehen sollen, wenn eine Fakultät den berühmtesten oder sonst vorzüglichsten Gelehrten eben so wie einen blos hofnungsvollen jungen Mann mit dem Titelchen belegen will. Mündlich möchte sich hiergegen bei dem nächstens herkommenden Hrn. O.[ber]Curator am wirksamsten reden lassen. Denkt man an Promotionen, wie ehmals Helmstädt dem Grafen Veltheim gab, und neulich Frankfurt dem reisenden Humboldt, so wird das Anfragen erst recht drollig.

Wolf.

364a. An Johann Heinrich Tieftrunk

[Halle, 19. Januar 1806]

An Fleiß hat es diesem Candidaten niemals hier gefehlt; ob er auch Talente und Kenntniße zu einem solchen Zwecke habe, möchte außer seinem Aufsatze, vorläufiges tentamen am besten ausweisen. Doch nähere Nachricht über ihn, und ob die Universität an ihm eine würdige Acquisition mache, könnte am ersten unser Hr. Prof. Vater sagen, der ihn näher kennen muß, da er, wo ich nicht irre, deßen Fiscal ist.

Wolf.

371a. An Heinrich Blümner

In dem ich hiemit Hrn. Senator Dr. Blümner Wohlgebornen von den mir gütigst geliehenen Bänden des Museo Clementino den 1ten, 2ten und 3ten Band mit ergebenstem Danke zurücksende, nehme ich mir die Freiheit, mir auf kurze Zeit von demselben Werke den 4ten und 5ten Vol. gehorsamst auszubitten. Die unversehrte Hersendung an mich mit dem Postwagen wird der Hr. Überbringer hievon besorgen.

Halle, im April 1806. Wolf.

372a. An Christian Gottfried Schütz

Herrn Prof. Schütz

Ich danke ergebenst für Ihre gütige Aufmerksamkeit auf den Vortheil der Bibl.[iothek].

Leider kann ich aber noch nicht an dergl. Werke denken, da ich vor kurzem den Anfang gemacht habe, von den großen folio-Sammlungen für bloße Antike das Nothdürftigste zu kaufen, und andres, wie das Herculanum, zu completiren, so daß auf lange Zeit der Fonds der Bibl.[iothek] sehr beschränkt wird.

[Halle] den 15 Mai [1806] Wolf.

372b. An Johann Gebhard Ehrenreich Maaß

Dem Beschluß Ill.[ustris] Conc.[ilii] Gen.[eralis] kann eben izt auf die schönste Art entsprochen werden.

In vorigen Zeiten war von dem König von Neapel das Herculanum, die erste größere Hälfte, hierher an die Univ. geschenkt worden. Die 2te Hälfte blieb aus, und muß natürlich izt auf immer ausbleiben.

Vor etlichen Wochen erhielt ich von einem auswärtigen Correspondenten Nachricht, daß er mir den Rest um einen ziemlich billigen Preis für die Bibl. ablaßen könne.

Viel mehr als 100 rthlr wird, wie ich merke, die Rechnung nicht betragen. So erhalten wir endlich eine Hauptzierde der Bibl. vollständig, und können gleich in der Antwort dem gütigen Donator die verbindliche Nachricht geben, daß er so an die Stelle Seiner abgesetzten Maj.[estät] von Neapel u. Sicil. in Hinsicht auf unsre Bibl. trete.

Halle, den 21 Mai 1806. Wolf.

Ohne grade von dieser Idee etwas im Publico zu sagen, was wol unschicklich wäre, wünschte ich doch eine baldige dankbare öffentliche Erwähnung aller der neuen Acquisitionen der Bibl.

374a. An König Friedrich Wilhelm III.

Vom Kön. hochpr.[eislichen] OberCuratorium ist mir unterm 28 Mai a. c. aufgegeben worden, in Absicht der Anstellung des D[oktor] Bekker beim Kön. philolog. Seminar „etwas über die Verhältniße zu entwerfen und officiell einzusenden, in welchen jener zu dem Institut stehen, und was ihm für dasselbe, ohne weitere Remuneration als die von Thilo genoßenen 100 rthlr, noch zu thun obliegen solle, und zwar nach vorgängiger Rücksprache mit dem p Bekker, damit dann hiernächst die Universität von jenen Verhältnißen unterrichtet werden könne".

Zu obigem Behuf habe ich mir von hiesiger Universität 1) die Vorschläge geben laßen, die man damals, als Thilo mit 100 rthlr angestellt wurde, allerunterth. einsandte, 2) die Instruction des als Inspector Seminarii theol. angesetzten Prof. Wagnitz, da es billig scheint, daß letztere Instruction bei der izt abzufaßenden zum Grunde gelegt, und bei Stellen, die im Ganzen gleichartig sind, Eine Analogie befolgt werde. Beiläufig muß ich aber hier bemerken, wie ich von dem Prorector erfahren habe, daß ihm über die Anstellung des Pr.[ofessor] Wagnitz und die Verhältniße desselben zum theol. Seminar noch überall nichts, selbst keine Notification, zugekommen seyn soll; daher man die Wagnitzische Instruction durch Nebenquellen izto hat erhalten müßen.
Mit Rücksicht demnach auf die beiden vorhin erwähnten Acta möchte für den Insp. Sem. philol. folgendes festzusetzen seyn; von welcher Instruction es gut seyn möchte, dem Directori eine Copie zukommen zu laßen.

Er muß 1) wöchentlich 2 Stunden öffentlich und unentgeltlich für schwächere Seminaristen und Praeparandos zum Semin. philol. einen diesen angemeßenen Unterricht geben, das Eine halbe Jahr in den Anfangsgründen des Griechischen, das andere im Latein, abwechselnd — 2) vorzüglich in diesen Lectionen Anleitung zu practischen Arbeiten und Uebungen ertheilen, auch die Versuche und Aufsätze der Studierenden durchsehen und beurtheilen — 3) sowohl in Absicht a) der in die Lectionen aufzunehmenden als b) der halbjährigen Materien des Vortrags, allemal vor Eingabe der Zettel zum LectionsCatalog, sich bei dem Director Seminarii befragen, und sich nach den Bestimmungen, die dieser für den Cötus nothwendig und zweckdienlich findet, richten; da hingegen es ihm in andern Collegiis, die er als Dr. Philos. lieset, freisteht, sich die Gegenstände solcher Vorträge selbst zu bestimmen.

Nachdem bereits früher der p Bekker über diese Anforderungen an ihn unterrichtet, und er sich zur Erfüllung derselben erbötig erklärt hatte, ist ihm izt dieser Bogen zu sorgfältiger Ueberlegung vorgelegt worden, damit er sich, falls er mit den Bedingungen der Stelle zufrieden wäre, durch seine Unterschrift erklären möchte.

Halle, den 10 Jul. 1806. Wolf.

Nach Durchlesung der mir vorgelegten obigen Bedingungen glaube ich mich zu Haltung eines solchen Collegiums für die ausgesezten hundert Thaler Gehalt verbinden zu koennen, und verspreche dies mit Unterschrift meines Namens.

Halle 11 Juli 1806. AE Bekker.

374b. An König Friedrich Wilhelm III.

Durch ein Allergn.[ädigstes] Rescript — — — — — erhielten wir den Befehl, jede schickliche Gelegenheit wahrzunehmen und in Anregung zu bringen, wo die dem M.[agister] Lange als Sub-Bibliothecar zugelegten 100 rthlr, die für das eben verfloßene Rechnungsjahr der Bibliothek-Casse auferlegt wurden, von derselben auf einen andern Fonds übertragen werden könnten, um die Bibliothek-Casse von dieser extraordinären Ausgabe baldmöglichst zu befreien.

Wir benutzten demnach unter dem 21 Dec. 1805 die erste Gelegenheit, die das Absterben des Prof. Güte an Hand gab, um nach Ablauf des Gnaden-Jahres durch den vacanten Gehalt des p Güte, welcher grade 100 rthlr betrug, den der Bibliothek in jeder Rücksicht so lästigen Ausfall ihrer Caße zu decken, wurden aber in dem Rescr.[ipto] clem.[entissimo] d. d. 24 Dec. auf eine andere Zeit verwiesen.

Nachdem wir nun unlängst von dem dermaligen Zustande der Universitäts-Caßen Rechenschaft abgelegt haben, woraus erhellt, daß noch disponibler Fonds vorräthig ist, so thun wir hiedurch blos unsere Schuldigkeit, wenn wir bei Ew. K.[önigl.] Maj.[estät] alleruntertänigst ansuchen, von jenem auch disponiblen Fonds 100 rthlr als Zulage für den M. Lange zu bestimmen, und somit in dem neuen Rechnungsjahre die Bibl.-Casse wieder in ihren vorigen von Sr. K. Maj. höchstselbst genehmigten Zustand zu setzen.

Wir erst[erben] pp

[Halle] 16. Jul. 6

375a. An Johann Gebhard Ehrenreich Maaß

[Halle, 18. August 1806]

Um in dem öffentlichen Aufsatz an die Buchhändler a l l e s Nöthige zu faßen, hätte ich noch dieses anmerken sollen:

1) es muß zum Gesetz gemacht werden, daß jeder den Meßzettel s e i n e s Verlags beilegt, wenn er die Bücher einschickt: die letztern werden in der Folge ohne jenen nicht angenommen. (Denn neulich ist der Fall gewesen, daß einer von 7 seines Verlags 3 einschickte, wie Lange versicherte.)

2) abgeliefert muß alles a u f d i e B i b l. s e l b s t werden, Mittw. oder Sonn.[abends] von 1—3, und zwar an Lange. Von d i e s e m oder einer andern bei der Bibl. angestellten Person wird jedesmal quittirt: und nur durch diese Quittung kann sich ein Verleger legitimiren.

3) Da unter dem vorigen Bibliothecariat vieles gar nicht abgeliefert worden, müßen es sich nun die Buchhh. gefallen laßen, dergl. Bücher nachzuliefern, da man, wenn eben nach solchen Sachen gefragt wird, solche unmöglich kaufen kann.

4) Weit entfernt, daß je die für fremde Verleger hier besorgte D r u c k e eingekommen wären, hat man nicht einmal C o m m i s s i o n s -Verlagssachen geschickt. Unlängst hat auf Betrieb mehrerer ein Buch gekauft werden müßen, was das Waisenh.[aus] von Hrn Niemeyr in Commiss.[ion] hat. Wie es mit d e r g l. zu halten, werden Sie selbst bestimmen.

5) Noch bitte ich niemanden der z u w e i l i g e n V e r l e g e r zu vergeßen, wie D i e t l e i n , D r e y ß i g p. Es ist gar zu leicht; wenigstens ich könnte nicht jeden Drucker nennen, der sich zuweilen als Verleger seiner Drucke gerirt.

W.

Nach Entwerfung wäre es gut, wenn ich den Aufsatz vorher überläse.

Was in den Acten hierauf Bezug hat, werde ich, bei morgender Zurücksendung, bezeichnen.

379a. An Johann Gebhard Ehrenreich Maaß

[Halle 12. November 1806]

Auf einige Nachrichten, die ich von Berlin über die Schonung erhielt, womit man gegen die Gehalte der Acad. d. Wißenschaften verfahren ist, und wer dazu vorzüglich gewirkt hat, schrieb ich ehgestern ein paar Briefe, um von meiner Seite nicht müßig zu seyn. Ist aber der Zustand der Sachen noch in 2—3 Wochen der gleiche, so kann ich nicht anders als zu einer Deputation ins Hauptquartier rathen. Wolf.

Ich sehe doch kaum, was die Universität dem M.[inister] von Massow nach jenem Privatschreiben neues sagen kann.

W.

383a. An Johann Gebhard Ehrenreich Maaß

Hiedurch wird zur Vollständigkeit der Acten von mir angezeigt, daß ich am 2ten d. M. dem Herrn Prorektor Maaß, aus ein paar Briefen Berliner Freunde, zwei Nachrichten mitgetheilt habe, die ich der Universität nützlich hielt. Die eine Nachricht betraf die Art, wie man vielleicht insgeheim gewiße Banco-Obligationen realisirt bekommen könnte: die zweite bezog sich auf einen Brief, worin Jemand seine und mehrerer andern Personen Verwunderung bezeigte, daß die hiesige Universität keinen Schritt an die höhern französischen Behörden thue, um ihr Schicksal zu ändern.

Von beiden Nachrichten, glaubte ich, würde die Deputation der Universität Gebrauch machen können, und wünsche, daß es von einigen Nutzen sein mag: die Worte meiner Freunde aber, kann ich, aus wichtigen Ursachen, keinen UniversitätsActen anvertrauen.

Halle d. 16ten Jan. 1807. F. W. Wolf.

390a. An?

[Halle, erstes Viertel 1807]

Vor einer Stunde kommt noch ein Actenstück in der bekannten faulen Sache an mich, das der ProR[ektor] dem armen mystificablen Bölike mehrere Tage nach dem Empfange soll zurückgegeben haben: „es könne nicht wohl in die Acten kommen, und er stürze sich tiefer".
Ich dächte, selbst der fremdeste. Leser müste bei Lesung dieser Sachen, (die mir aber gröstentheils schon ein paar Tage nach Empfang des ersten anonymen Billets durch den B.[ölicke] auf die glaubwürdigste Art bekannt wurden), ins höchste Erstaunen über die elenden Menschen und die erzwungnen Eide gerathen! D i e s e s kapitale Actenstück aber communicire ich vor der Hand durchaus niemand als Ihnen, daher ich auf a l l e maurische und unmaurische Verschwiegenheit v o l l k o m m e n rechne, bis Sie von mir selbst hören, es wißen mehrere darum. — Denn den traurigen Gerichten gebe ich nicht mehr Licht überall, als s c h l e c h t e r d i n g s nothwendig ist, um sie tiefer fallen zu lassen.
Noch lege ich ein paar der bedeutendsten anderen Actenstücke bei; alles nach den Datums zu lesen; auch das selbst, was ich so eben abschicken werde für heute.

W.

401b. An die Göschensche Buchhandlung

Berlin, 23 Aug. 7.

Bei dieser neuen Correctur muß ich für Herrn Göschen oder, wer izt deßen Stelle vertritt, da ich auf meinen vor ein paar Monaten geschriebenen ausführlichen Brief noch keine Antwort erhalten, kürzlich bemerken:
1) Daß ich von dem Bogen, worauf der g r ö s t e T h e i l u n d d a s E n d e des Hymnus *εις Δημητρ.[αν]* steht, noch keine Revision hieher erhalten habe, worohne doch dieser Bogen natürlich nicht abgezogen werden kann. Ich habe dagegen noch eine Anzahl aufzunehmende Aenderungen schon vor mehrern Wochen gleichfalls, zu ebendiesem Bogen, nach Grimma eingeschickt.
2) Den n ä ch s t e n Bogen haben Sie hingegen in meiner förmlichen Revision dort, und haben ihn, wie ich schrieb, abziehen können, auch wenn es mit den vorhergehenden Bogen einigen Anstand haben sollte.
3) Die f ü r i z t überkommende Revision bitte ich mir doch nach gemachten Aenderungen nochmals aus, da Sie dazu noch gute Zeit haben. Aufhalten will ich diese 9 Blätter nicht über E i n e n Posttag hier.
4) Nachdem Hr. Dr. Bekker (Brüderstraße zu Halle) ein vollständig Exempl.[ar] zur genausten Durchsicht bekommen, werden Sie die Güte haben, alles, was bis v o r den letzten Bogen aus der Preße kommt, ebenfalls an ihn zu senden, und es ihm durch 2 Zeilen zu überlaßen, was er zu Cartons bestimmen werde: denn nur auf deßen Genauigkeit kann ich mich g ä n z l i c h verlaßen: über 1 Bogen dürfe es aber nicht seyn. Auch braucht er die letzten 9 Blätter nicht deshalb anzusehen, dafür sollen 6—8 Augen hier sorgen. Hat dann Bekker seine Druckfeler zu den Cartons geschickt, so bitte ich, solche zur Revision (nach Hrn. M.[agister] Schäfers 2 Correcturen) in 1 Exemplar an

Bekker, und in 2en an mich zugleich zu senden. Habe ich die Cartons mit hiesigen Freunden durchgesehen, so schicke ich sie dann an Bekker und von dem letztern erhalten Sie alles zur Preße zugeschickt. (Ich bitte aber, ihm dieß alles zu melden.)

5) Eine Vorrede kommt von mir vor diese Odyssee etc. gar nicht, aus vielen Ursachen; so daß in 4 Wochen also Alles fertig seyn kann. Was, wenn Hr. Göschen die folio-Edition fortsetzen wird, einst vor diese als Vorrede kommen muß, soll in die 2te Auflage der kleinen (itzigen) HandAusgabe kommen, welche — wenn auch noch ein Krieg dazwischen träte — doch trotz der großen Auflage, in vier Jahren wird verkauft seyn. Denn es ist die erste kritische Ausg.[abe] der Odyssee von mir, die man in Deutschl.[and] und im Auslande seit 16 Jahren erwartete. Wie dieß aber auch sey, machen izt die Umstände jede Vorrede von mir unmöglich, und ohnehin wird unsere 2te Hälfte der Homerica nur um 3—4 Bogen schwächer als die erstere. Die meisten Käufer aber werden das ganze Werk doch in 2, nicht in 4, Bände gewöhnlich binden laßen. Und so mache ich Hrn. Göschen lieber 6 Bogen Kosten izt weniger.

6) Wie ich es wegen meiner FreiExx. izt zu halten wünschte, möchte ich in kurzem oder bei nächster Gelegenheit besonders melden.

Wolf.

418a. An Georg Andreas Reimer

[Berlin, Ende[1]) 1807]

Was ich hier für den Umschlag schicke, muß meiner Meinung nach grade gegen dem auf weiß gedruckten HauptTitel des 1sten Stücks über kommen; hingegen wünschte ich nicht auf dem Umschlage selbst den HauptTitel gedruckt; eher zur Noth eine Verkürzung davon. Vielleicht aber räth die Furcht, daß den Lesern die weißen Titelblätter leicht schmutzig werden, dazu, dergl. Titelblätter erst späterhin auszugeben. Ich hätte allenfalls nichts dawider; aber die Stelle des izt geschickten Aufsatzes muß doch jene bleiben. —

Da wir es (in Gedanken) auf eine Quartalschrift angelegt — so eine feste Norm muß auch immer ein Herausgeber haben — so sollte billig zur Ostermeße das 3te Stück kommen, oder ein drittes, nemlich das lateinische, welches besser wäre; dann ginge in Mitte des Sommers das 4te nach. Bei den bei Schl.[eiermacher] und Hirt besprochnen Aufss. des 2ten Stücks läßt sich vermuthen, daß das Honorar nicht höher als bisher seyn möchte: Hirt wünschte ich aber bald durch Hrn. Buttm.[ann] oder mich selbst gefragt, ob er seine Kupferplatten z.[um] Panth.[eon] durchaus bezalt haben wolle: in solchem Falle (von dem er einst etwas mir izt nicht mehr Deutliches fallen lies) könnte das Honorar für diesen Aufs.[atz] beträchtlich höher seyn. Doch Risico wird schwerlich nach dem Anfange eben bei dem Unternehmen seyn. Unsere eigentl. Bedingungen indeß wünschte ich — wenn fortgefahren werden kann, im künftigen Juny genauer verabredet.

Haben Sie, wie ich hoffe, auf dem Umschlage etwas beizufügen oder zu ändern, so bitte ich mir apart geschrieben solches morgen früh vor 10 zuzusenden.

W.

---

[1]) In der Übersicht der Briefe (vgl. S. XX): Dezember, geändert aus Ende. R. S.

421a. An Johann Heinrich Busse
[Fragment]

[Berlin, Januar 1808]

. . . [übergeben Sie dies einem Grie]chisch und zugleich Deutsch lesenden Großen, der etwa wißen mag, was durch mich die sogenannte Philol.[ogie] im Großen unter den Deutschen geworden. Am besten, Sie ließen sich in der Wahl eines solchen Lesers und Beurtheilers nach ein 14 Tagen durch Pardo leiten. Will man mich dorthin ziehen, so ist dieß Stück eine gute Visiten-Charte.

Kann man auch noch nach Stockholm über S. Petersb.[urg] sicher schreiben??

In der Vocat.[ion] nach Ch.[arkow] bietet man 200 *aureos* an — sollten das Ducaten seyn, so müste ich mir doch für meine große Bibl.[iothek] und andere Sachen gewis 200 Louisd. ausbitten. Meynen Sie nicht auch??

Auch das bitte ich zu verschweigen, daß die inlieg.[enden] Briefe durch Sie auf der Post weiter befördert worden sind.

439a. An?

[Bei Berlin, etwa Mai 1808]

Hiebei Ihr Blumenbach mit besten Dank zurück.

Zugleich ersuche ich Sie, dem zu der Eß-Gesellschaft immer am Mittwoch einladenden Bothen zu sagen, er solle mich, da ich nicht mehr in der Stadt bin, eine Zeitlang unbesucht laßen: *könnte ich kommen, so würde ichs von hier aus immer Freitag bei rechter Zeit dem Wirthe sagen lassen; ließe ich nichts sagen, so dürfte man nicht auf mich rechnen.* Hiebei solle *er* indeß von seinem kleinen Trinkgelde nichts verlieren.

Meine Tochter läßt grüßen, und bestätigt, was ich Ihnen schon gesagt, daß wir No. 32 im Thierg.[arten] wohnen, wo wirklich eine ordentlich schöne Natur ist! Veni et vide!

Wolf.

457a. An Bernhard Moriz Snethlage

[Berlin, Anfang Februar 1809]

Ew. Wohlgeboren

erhalten schon heute Alles mitgetheilte zurück. Ich wüste nichts von Bedeutung beizufügen; lieber möchte ich mir erlauben an ein paar Stellen eine Verkürzung zu wünschen. Besonders bitte ich darum bei Erwähnung meiner, wenn Sie solche überhaupt nöthig finden. Und dünkt es Ihnen dann stili causa zu kurz, so habe ich nichts dagegen, wenn es Ihnen gefällig ist ganz bestimmt ein Wort von *Erfahrung* fallen zu lassen, die ich in frühern Jahren Gelegenheit gefunden selbst im gelehrten Schulstande zu sammeln. — Dies könnte bei manchem Beurtheiler zweckmäßig seyn, weil man oft den Litteratoren Einseitigkeit und den bloßen Theoretikern überall nicht viel Ausführbares zutraut.

— —

Hochachtungsvoll
Ew. Wohlgebornen

ganz ergeb. D.[iener]
W.

462a. An Bernhard Moriz Snethlage

des Hrn Direct.
Snethlage Wohlgeb.,

Hoffentlich werden alle Ihre Hauptbedürfnisse und seitherige Lücken des Lehrplans durch folgende Mitarbeiter und die denselben von mir zugedachten Lehrstunden ausgefüllt werden, und ich überlasse Ihnen, wenn die höchste Genehmigung dazu eingegangen und an Sie gelangt ist, das Arrangement dieser Stunden ganz an meiner Stelle selbst vorläufig so zu machen, daß in den Lectionen der übrigen Lehrer möglichst wenige Veränderungen vorgehn, bis daß zu seiner Zeit ein etwas reicherer und vollständigerer Lehrplan eingeführt werden kann.

Der akademische Astronom Jdeler ist erbötig sechs Lehrstunden zu übernehmen und dabei noch ein paar zu der vielleicht nöthigen neuen Einrichtung der Bibliotheken. Hiezu ist er ungemein geschickt, und hat dies schon ehmals durch eine sehr mühsame Anordnung der Büschingschen Bibliothek bezeigt. Von Lehrstunden kann er a) den Unterricht in der englischen Sprache, b) den Litterarischen und Bibliographischen auf dem Bibliothek-Zimmer Mittwoch und Sonnabends, c) eine Stunde über allgemeine Geographie und die dahin gehörenden ersten Gründe der Astronomie übernehmen.

Dr. Schneider wird an 12 bis 14 Stunden lehren können und zwar erstlich griechische Elemente, b) über einen griechischen Dichter in der obersten Klasse, c) Stilübungen, vorzüglich im Deutschen, d) eine einzige wöchentliche Stunde über allgemeine Grammatik in einer der mittlern Klassen, e) Erzählungen aus dem Leben berühmter Staatsmänner und Gelehrten, worauf in universalhistorischen Stunden zu wenig Zeit gewandt werden kann, f) Anleitung und Uebungen im Excerpiren für künftige Geschäftsleute, g) Anleitung zu gutem Lesen und Recitiren deutscher, zum Theil auch lateinischer auswendig gelernter Stücke.

Einige dieser Lectionen haben übrigens nach einem ziemlich allgemeinen Intereße gewählt werden müssen, da eben durch sie die mancherlei künftigen Bestimmungen sich widmenden, von den erwähnten gelehrten Sprachen sich ausschließenden, Schüler vereinigt werden sollen. Es ist nur Schade, daß Schneider nicht selber zertheilt werden kann, da er zugleich ein guter griechischer Lehrer seyn und auch jene neuen Lectionen besorgen kann.

Uebernimmt dann etwa H.[err] Reclam oder sonst jemand noch vier französische Stunden, und Ew. Wohlgeboren selbst ein paar in dieser Sprache, so wird ja auch von dieser Seite vorläufig genug gesorgt seyn.

Dies war bereits vor 14 Tagen geschrieben, und ich finde izt nöthig hiezu blos noch dies Folgende zu bemerken.

1) Wenn es mehr convenirt, so kann die Allgemeine, oder izt zunächst Römische, Litteratur von Ideler auch in einer Classe zu gewöhnlicher Schulzeit gehalten werden; doch müste er zum Verborgen von Büchern wenigstens Eine Stunde Mittw. auf der Bibliothek seyn, die ihm von Buttmann auf gewiße Weise übergeben werden soll.

2) Sollte über Schneiders Lectionen Zweifel entstehen, so bitte ich, deren Wichtigkeit und Nothwendigkeit nach folgender Ordnung zu betrachten.

a) Eine Stunde a l l g e m.[einer] Grammatik.

b) Griech. in der obersten Classe, izt 2 Stunden Oedip. Tyrann. Soph. (oder Ilias lib. I).

c) Ebendaselbst, noch 2 Stunden, einen der habhaftesten Platon. Dialogen.

d) Griechisch in der untersten Classe; wo gut thunlich, als Ein Cötus; sonst nach der Verabredung in der Conferenz.

e) Deutsche und lat. Prosodie und Metrik.
f) eine latein. Cursorische Lectür eines Historikers, als Sueton (von Vorn) oder von Cic. etwas, z. B. die Tusculanae.
g) Biographische Erzählungen.
h) Recitiren und Declamiren im Deutschen und Lat.
i) Etwas von Altdeutscher Litteratur, besonders Poesie —
k) Deutsche Stilübungen.
l) Anleitung zum Excerpiren, bei Lesung (izt) historischer Schriften.

Hierin stecken über 24 Lehrstunden; da Schneider bei weitem so viele nicht nehmen kann, so ist die Wahl und Bestimmung desto leichter.

B.[erlin] den 2 Apr. 9. Wolf.

Vielleicht werden Sie auch Hrn Reclam nun z u n ä c h s t nicht brauchen, und dies wäre auch besser.

463b. An Wilhelm von Humboldt

Eww. Hochwohl- und Wohlgeboren

habe ich die Ehre, über den heute Vormittag zum Gutachten erhaltenen Antrag des Kön. Joachimsthalschen Schul-Direktoriums v. 12. May meine unmaaßgebliche Meinung vorzutragen.

Da notorischer Weise, und nach ausdrücklicher Aeußerung des gedachten Direktoriums, bei der Schule gegenwärtig kein Seminarium theologicum mehr existirt, und da die Wiederherstellung der alten Stiftung Jedem gleich ersten Anblicks als ganz zweckwidrig erscheinen muß; so möchte blos die Frage seyn, ob der jetzige Zustand der Schul-Einkünfte allenfalls ein und anderes der mit dem eingegangenen Institute ehedem verbundenen Beneficien gestatten dürfte. Sollte dies der Fall seyn, und zwar so, daß nicht etwa Einen, sondern wenigstens vier bis sechs jungen Leuten eine gleiche Nachlaßung der 19 rthlr werden könnte, so wäre wohl wünschenswerth, daraus eine Aufmunterung für einige vorzüglichere Schüler zu machen; um so mehr, da in der letztern Zeit sogar die gewöhnlichen Bücher-Prämien durchaus haben cessiren müssen. Bei der Auswahl und Bestimmung solcher Competenten aber würde gewis in Zukunft nicht eben auf den Sitz in der 1sten Klasse, auch nicht auf die häufig noch auf Universitäten schwankende Wahl eines gewissen Fakultäts-Studiums gesehen werden müssen, noch viel weniger auf die Confession, worin jemand geboren, sondern allein auf ausgezeichneten Fleiß und Application zu Entwickelung guter, dem Staate einst nützlicher, Talente und auf sonst lobenswürdiges Betragen.

Es eignet sich der ganze Gegenstand des Antrags daher vielleicht erst dann in Betrachtung zu kommen, wenn nach Uebersicht der dringendsten Geldbedürfnisse des Gymnasiums sich an so manche andere demselben zu besserm Aufblühen nothwendige Einrichtung wird denken lassen.

Schon bei Entwerfung meines ersten Visitations-Berichtes hegte ich den Wunsch nach einer zweckmäßigen Umbildung des sogenannten von jeher untauglichen Seminars, unterdrückte aber den Plan dazu und selbst die Erwähnung des Wunsches, in Hinsicht andringenderer Sorgen. Erfreulich würde es daher seyn, wenn die gegenwärtige Empfehlung eines besonders qualificirten Jünglings Anlaß gäbe, für ihn und etliche ähnliche Scholaren schickliche Belohnungen und zugleich ein in das Ganze der Anstalt eingreifendes Aufmunterungs-Mittel zu veranstalten, wozu die Nachlaßung von etwa jährl. 114 rthlr zu Anfang hinreichen möchte. Sonst bedaure ich von dem Antrag der Professoren des Gymnasiums nicht 14 Tage früher zuerst benachrichtigt worden zu seyn, weil sich so die Sache mit wenig Worten mündlich hätte abmachen lassen, ohne höhern Collegien so viele Mühe zu verursachen. In diesem Betracht, und da sich das Kön. Joachimsthalsche Schul-Direktorium ein blos administrirendes nennt, erlaube ich mir noch den Wunsch, daß von Eww. Hochwohl- und Wohlgeboren erleuchtetem Ermeßen möglichst bald die Objecte bestimmt werden mögen, worüber die Professoren sich an mich oder an andere Behörden zu wenden haben, damit der Geschäftsgang einigermaßen vereinfacht werde.

Verehrungsvoll p

Berlin den 9ten Juni, 1809. Fr. A. Wolf.

468a. An Bernhard Moriz Snethlage

Bei einstweiliger Anstellung von Herrn Ideler war es, wie Ew. Wohlgeborn sich noch erinnern werden, eine Hauptabsicht, daß die vom Herrn Prof. Buttmann verwaltete Bibliothek-Aufsicht von ihm übernommen und zugleich eine litterärische Stunde auf der Bibliothek für einige auserlesene Scholaren gehalten würde. Er hätte sonach auch die Bücher sich von dem abgegangenen H. Buttmann können übergeben lassen. Jezt, da hierauf bei Ideler's Engagement keine Rücksicht genommen worden, ist nichts anders übrig, als daß Ew. Wohlgeborn selbst als Rector die Bibliothek von Herrn Buttmann in Beisein eines andern Lehrers, etwa des Herrn Ideler, in Empfang nehmen, und darüber ein kurzes Protocoll abfaßen, da Buttmann nicht länger die Schlüssel behalten, noch sonst in Verbindung mit dem Gymnasium bleiben kann.

Berlin d. 3ten Julius 1809.

Wolf.

471a. An Bernhard Moriz Snethlage

Wenn, wie Ew. Wohlgebornen melden, das hochlöbl. Directorium zu einer Zeit, wo ich eigentlich noch nicht Mitglied desselben zu seyn befehligt war, Dieselben wegen einer Reise-Permission an mich verwiesen hat, so darf ich um so weniger Bedenken tragen, dieselbe Permission in Ansehung einer so kurzen Reise, zumahl in den Ferien, Namens des Directoriums Ihnen hiedurch zu ertheilen.

Ich beharre mit dem Wunsche, daß Ihnen die Reise recht viele Erholung gewähren möge,

Ew. Wohlgebornen

ganz ergeb.

Wolf.

[Berlin,] 23 Jul. 1809.

475a. An Bernhard Moriz Snethlage

P. S.

Wenn Ew. Wohlgebornen nach Ihrer Herstellung an das Anordnen der Winter-Stunden gehen, so bitte ich Sie, darauf Rücksicht zu nehmen, daß

1) Hrn I.[delers] Terenzische 2 Stunden in 2 englische verwandelt werden sollen. — Die Zahl der Scholaren zu dieser, jezt elementarischen, Lection wünsche ich zwischen 8 und 16; wer noch über 1 Jahr hier bleibt, kann es aufschieben, auch wenn er sonst dazu geeignet wäre. — Um welche Zeit diese 2 engl. Stunden fallen, ist der Scholaren wegen einerlei: es könnte selbst in der Reihe der Hauptstunden seyn, zur Noth wenigstens, und wenn das Uebrige der Anordnung dahin durchaus führt.

2) Wegen Hrn. I.[delers] selbst hingegen muß ich bemerken, daß er a) wenigstens nicht g e r n des Nachmittags eine seiner 4 Stunden hätte, b) und nur Dienstags und Freitags. Ließe sichs thun, daß ihm 2 Stunden jedesmal neben einander gelegt würden, desto beßer.

Noch muß ich bemerken, daß wir nun von Michaelis an schlechterdings gar keine Dispensationen aus den allgemeinen Lectt. accordiren dürfen, dergleichen im Sommer noch 2 aus den rhetorischen Stunden hatten. Wir sind nun mit Stunden hinreichend versehen; und die ganze Forderung muß auf immer wegfallen und unerhört werden.

[Berlin,] den 20sten Sept. [1809] W.

475b. An Buchhändler Fink

Sie haben wol die Güte, mein hochgeehrtester Herr, nach Halle gelegentlich zu melden, daß ich dem Auktionator eines Theils meiner Bibliothek aufgegeben habe, an die W.[aisenhaus]B.[uchhandlung] 60—70 rthlr von derselben in ein paar Monaten auszuzahlen, wozu ich dann noch 30—40 hinzuthun würde; wenigstens sei es mein Wunsch, mich mit der W.[aisenhaus]B.[uchhandlung] sobald a l s m ö g l i c h (dieser Zusatz ist aber freilich i z t nöthig) aus dem lästigen Verhältniße zu setzen, auf jeden Fall g e w i s so, daß es nicht über die Jahre warten soll, die eine jährlich in 100 rthlrn bestehende Zahlung, dergl. ich versprochen habe, hinnehmen wird.

Besuchen Sie mich gelegentlich, so kann ich Ihnen noch mehr über das Alles sagen.

Wolf.

[Berlin] 21. [September 9]

478a. An Johann Daniel Wilhelm Otto v. Uhden

[Berlin, 4. November 1809]

Haben Sie, mein verehrtester Freund, die Güte mir doch mit ein paar Worten v o r M o r g e n M i t t a g bekannt zu machen, ob ich noch wegen des Auditorii sicher bin. Der anlieg.[ende] Zettel sollte zu den Zeitungs-comtoirs wandeln, wiewohl ich freilich fast diese, vielleicht gar unnütze, Geldausgabe ersparen möchte. Aber durch bloßes Zuflüstern käme gewis gar kein Cötus zusammen.

Das Wetter giebt einem nur so eben Genesenden schlimme Aussichten. Wolf.

488a. An Johann Daniel Wilhelm Otto v. Uhden

Ew. Hochwohlgebornen

zeige ich hiedurch ergebenst an, daß ich zunächst noch zur Beendigung der angefangenen Vorlesung und darauf zur Haltung einer ähnlichen für eine kleinere Anzahl gehörig vorbereiteter Zuhörer, wenn sich solche finden, die seither benutzten Tage und Stunden zu behalten wünschte, um die ich auch schon den Hrn. Geh. Staatsrath Freih. v. Humboldt mündlich ersucht habe.

Hindert es nicht der Mangel an Zuhörern, so habe ich auch alle Neigung, bald nach meiner diesen Sommer zu machenden CurReise noch eine Privat Vorlesung Donnerstags und Freitags von 5—6 zu unternehmen; indeß möchte ich nicht gern hierunter einem der ordentlichen Lehrer der künftigen Universität vorgreifen oder irgend jemandes Wahl beschränken, und will sehr gern zufrieden sein, wenn mir an den letztgenannten Tagen auch nur die Stunden von 6—7 übrig bleiben.

Wolf.

Berlin den 20. Apr. 1810.

488b. An die Königl. Preuß. Akademie der Wissenschaften zu Berlin

In diesem Sommer möchte ich es zwar angenehmer finden, lieber später als früher zu lesen; noch muß ich zur Steuer der Wahrheit bemerken, daß ich nicht neuerlich, sondern schon 1799 ordentliches Mitglied geworden bin, wie Hr. Kriegsrath Frenzel der Academie im July von 1808 aus den Acten bewies, weshalb ich denn auch damals nicht als erst ordentlich gewordnes Mitglied im Publicum genannt wurde. Daß ich gleichwohl nicht in der Ferne ganz ordentlich war, kam daher, weil man mir niemals den Antrag that regelmäßig Memoires einzuschicken.

[Berlin] den 26. Apr. 10. Wolf.

502a. An Georg Andreas Reimer

[Berlin, etwa November 1810]

— —

Sollten Sie durch einen Courier über oder nach Memel an jemand dort mit völliger Sicherheit bestellen können, daß wieder ein Courier von da bis Petersburg das Exemplar für Loder (das mir aus einem gewißen Grunde wichtig ist) mitnehme — denn auf Posten dauert mirs zu lange — so bitte ich Sie recht sehr darum; fehlt es Ihnen an einer sichern Gelegenheit, so will ich es durch Sack oder den Banko-Director Hundt besorgen und bitte mirs dann bald zurück.

Wie halten wirs mit Paris? Bitte bald um etwas Antwort. Von uns allen sollte an ein paar Franzosen der Anfang geschickt werden.

— —

W.

503e. An Georg Andreas Reimer

Jetzt ist von meiner Seite der Entschluß gefaßt, und ich bitte mir spätestens morgen Abend den Ihrigen aus.

Zur Completion des 1ten Vol. Latin. Mus. kann Ihnen gleich von nächster Woche anfangs 1) ein über 100 Jahr erwartetes unedirtes grammatisches griechisches Büchlein von Herodianus Dyscolus gegeben werden, das mit den dazu gehörenden kleinen Noten ein Stück formirt — dann gleich darauf 2) das Lexicon Ineditum Orionis, wovon der Text ein etwas stärkeres Stück machen wird.

Grade blos das contractmäßige Honorar würde ich mir bei dem letzten Bogen des Drucks zu erhalten ausbedingen und zugleich machen wir aus, daß jede der Schriften, als einzelne sonst unedirte, mit besonderen Titeln nach 1½ Jahren, d. i. von der Michael Meße a.[nni] 1812 von Ihnen verkauft werden könne, wenns Ihnen so gefällt, wozu denn gleich alles beim Druck, dem gemäs, einzurichten seyn möchte. Blos ein Wort Ja oder Nein soll mir hierunter genügen.

Zur 1sten Correctur aber muß ich Ihnen, noch ehe es Hr Buttmann bekömmt, jemand rathen, von dem wir einen Grund von Correctheit hoffen können.

Die Lettern müsten seyn, wie im Text des Böckhschen Aufsatzes.

Hochachtungsvoll

Wolf.

[Berlin] 6. Febr. 11.

508a. An Georg Andreas Reimer

Ew. Wohlgebornen

danke ich ergebenst für Ihr gütiges Anerbieten wegen der Meße.

— —

Uebrigens so gewis ich mir bei Ihnen Voß und Steffens bestellt und erhalten habe, ebenso gewis ists, daß bei Fichtens Reden keines von beiden der Fall gewesen, so daß hier irgend eine Irrung statt finden muß. Ich soll noch das erste Blatt von Fichte ins Haus bekommen, außer daß ich auf ein paar Stunden jene Reden von Hrn v. Humboldt mit mir nahm. Zur Anhörung hatte er, wie ich meine, 2 Freibillets mir ins Haus geschickt.

Wegen unsrer Berechnung über das bisher fertig gewordene Museum muß ich mir gelegentlich das Nähere auf gewöhnliche Art ausbitten, es müste denn seyn, daß es Hr P.[rofessor] Buttmann schon von Ihnen erhalten.

Wegen des für jeden Fall des Druckfortgangs auf das Ende des April versprochenen an H.[errn] Bekker zu zahlenden Honorars für Apollon.[ius] p wünsche ich vor Ihrer Reise alles in Ordnung gebracht, da er es in 8 Tagen nach Paris erhalten muß Die Bogenzahl ist jezt schon aufs genauste leicht zu bestimmen.

Ihr ganz ergeb.

[Berlin] den 1. May 11.

Wolf.

518a. An Johann Joachim Bellermann

Ew. Hochwürden,

würden mich außerordentlich verbinden, wenn es Ihnen gefiele, dem Bruder des Überbringers, den ich als einen recht braven einst Ihrem Gymnasio Ehre machenden jungen Menschen kenne, sobald es Ihnen möglich, bei seinen sehr elenden Umständen zu einem Beneficium bei Ihrer Anstalt zu helfen: mich selbst würden Sie dadurch zu ausnehmenden Danke verpflichten. Das beikommende *αὐτοσχεδίασμα* aequi bonique consulas.

[Berlin] den 17ten Oct. 11. Wolf.

523a. An Karl Friedrich Heinrich

B.[erlin] den 25 Jan. 12.

Eine kurze Krankheit, die mir aber doch durchaus keine Thätigkeit zuließ, hinderte mich auch Ihnen, höchstgeschätzter Herr Professor, sogleich wieder zu schreiben. Sonst hätte ich Ihnen um so eher geantwortet, da ich es leider nicht anders schon damals als mit De quo scribis, nihil est thun konnte. So scherzhaft mir Ihr Gedanke vorkam, so spaßhaft mag dieser Laconismus Ihnen klingen. Kurz, die Stelle, die man bis unter die Hälfte des Spaldingischen Gehalts herabgesetzt hatte — ich meine etwa bis 600 rthlr — hatte endlich vor 4 Wochen einen Ab- oder Annehmer gefunden, einen gewißen Giesebrecht. Für Sie, wäre sie, wie Ihnen hieraus schon deutlich ist, auf keinen Fall gewesen. Ueberall bin ich — wie gesagt — über den ganzen Gedanken, von dem ich übrigens auf keinen Fall ohne sicher vorausgesehenen Effect einen Gebrauch gemacht hätte — gar sehr erstaunt. So wenig es bei Ihnen sehr viel von dem echten Geist alter deutscher Universitäten geben mag, so hat doch die Freiheit in so mancherlei Thun und Nichtsthun einen zu großen Reiz, als daß nachher so eine Schulsphäre gefallen könnte.

Doch genug von dieser abgethanen Sache, bei der mich nichts dauert, als des Vergnügens Ihres engern Umgangs beraubt zu seyn. Indeß laßen Sie uns durch Briefe thun, was zu einigem Ersatz möglich ist; und haben Sie einmal Zeit und Neigung, so geben Sie mir doch einige Idee über den Zustand Ihrer dortigen Angelegenheiten. Welchen tollen Schulrector müßen Sie z. B. dort haben, nach dem berüchtigten neulichen Programma, deßen Anblick mir indeß noch nicht gegönnt ist? Aber wieder, wie ist Ihr Hollstein zu einem so gelehrten Schulmann gekommen als Königsmann ist? Zumal wenn die Stellen noch so ärmlich sind, als Voß sie mir einst beschrieb? — Hier geht es immer mehr, und über alles Erwarten — der Blüthe zu. Ich bin zwar selbst durch des Kön.[igs] Gunst in die gute Lage gesetzt, ganz frei zu leben und selbst nur ein halber Lehrer, übrigens Zuschauer des Univers-Ganges seyn zu dürfen; allein es sammelt sich doch schon wieder ein gutes Häuflein zu meinen 6—7 wöchentlichen Vorlesungsstunden. Die Eloquenzerei habe ich in Böckhs Hände geschafft, und selbst aus dem Departement der Univv. und Schulen bin ich ausgetreten; so daß ich endlich — wenn es so bleibt — an einige seit 20 Jahren vorbereitete kleine Arbeiten gehen kann. Und bald wird dies freilich nöthig, da 50 Jahre mich zuweilen an die Vitae summa brevis erinnern.

Leben Sie, innigst hochgeschätzter Herr, bis zu einer beßeren Aussicht — als jene war — im Genuß der Musen wohl und glücklich und erhalten Sie mir Ihr Wohlwollen.

Ihr

FA Wolf.

529a. An Wilhelm Körte

[März 1812]

Nochmals mein herzliches Lebewohl. Und dazu 2 Gedanken: 1) sollte Ihnen irgend in dortiger Gegend ein jüngerer Mensch vorkommen, der erträglich schreibt und sonst einige wirkliche Eigenschaften oder auch nur s c h a f f t e n hat — so laßen Sie mich doch ja ein Wort davon wißen. Wie früh diesen der T[eufel] hohlt, kann kein Sterblicher entdecken.

2) Sagen Sie mir doch im nächsten, ob Ihnen ein Journal zu manchem avis au public offensteht, und außer der Eleg. Zeit? Wozu, will ich Ihnen bei geringerer Eil sagen.

Der Ihrige Wf.

Leider fand dieses mit einigem Proviant begleitete Billet Sie nicht um 12 am Thor und nicht in der Postkutsche. Und da es der oberwähnte Ungeeigenschaftete von da gleich zu Himlys getragen, jetzt aber ungenutzt zurückgebracht hat, so erlauben Sie bei dem nächsten Briefe mir dies als Beilage einzuschließen.

572b. An Friedrich Wilhelm Riemer

[Weimar, etwa 8. Juni 1814]

Ich muß wenigstens im Vorbeigehen ans Fenster klopfen. Bei der Gelegenheit die Bitte an Frommann, gleich nach der Beendigung Ihres Lexicons mir mein schönes Exemplar in gleichem Papier zu completiren. Wann wird alles fertig seyn? Werden Sie nicht bald einmal nach Jena kommen?

Ihr

W.

Meine Tochter läßt Sie und das Mitglied grüßen.

573a. An Friedrich Wilhelm Riemer

[Berka, etwa 15. Juni 1814]

Noch Ein Wort, mein lieber Freund,

Ich finde so eben Gelegenheit eine Parthie mir unnützer Bücher über Weimar an mich selbst nach Halberstadt zu addressiren. Möchten Sie doch die Güte haben, solche in den nächsten Wochen durch einen Fuhrmann (oder, wenn Kundige das beßer finden, durch den ord. Postwagen) abzusenden; so daß Sie mit 3 Worten meiner Tochter, Dr.in Körte, den Betrag des erst in H.[alberstadt] auszuzahlenden Frachtgeldes melden, und sagen, daß ich selbst erst den Kasten bei ihr öffnen würde. Den izigen Gelegenheitsüberbringer habe ich bezahlt.

Vale, vale meque ama

Wolf

Donnerst. Abends. —
Ich denke ja, daß Sie einen Kaufmann in der Nähe haben, der Ihnen das Geschäft abmachen hilft.

583a. An?
[Fragment]

[2. Hälfte August 1814]

Mehr erlaubt mir das unselige Dinten und Federwesen hier nicht: Sonst würde ich Ihnen noch sagen müßen, wie vergnügt mir hier die 4 Wochen verfloßen sind, und hoffentlich für meine Gesundheit sehr nützlich. Ein paarmal habe ich indeß auch in Wiesbaden gebadet, wohin Fremde mich an dem Soldatenfeste zogen — dann bin ich am 16ten in Bingen bei dem Rochusfest gewesen p Wie herzlich hätte ich gewünscht, daß Sie und Ihre Frauen an dem Vergnügen hätten Theil nehmen können. — Nun ist ja doch wol Ihr T. und T. fort? Besuche sind sonst von Nah und Fern bei mir manche gewesen; sogleich mein ältester Schüler, der Kirchenrath Schellenberg von Wiesbaden, ein Professor aus Weilburg p Aber — ich muß schließen vor äußerster Unbequemlichkeit der Feder, wie Sie selbst der Schrift ansehen werden und mich gütigst über die Schreiberei entschuldigen.
Leben Sie mit allen den Ihrigen wohl und meiner eingedenk.

W.

586a. An Wilhelmine Körte

B.[erlin] den 11 Oct. 14.

Ists noch möglich, so sende mir doch, liebe Mine, mit einer raschen Fuhrmanns Gelegenheit sogleich den alten Rok und die Beinkleider, die ich dort zum Verschenken ließ. Mein guter Carl Müller ist von Paris so abgerißen, trotz seinem Brustzeichen, heimgekehrt, daß ich ihm damit große Freude mache; und noch ist das Zeug wol so viel porto werth. Auch liegen noch manche andre Sachen dort, einige Papiere z. B. bei Körte, die er copiren wollte, aber von dem Saus und Braus eurer Einsiedelei abgehalten wurde, auch ein Korkzieher, und noch andere leicht dazu zu packende Sachen. Aber frage mir doch ja auch den Packhofsdiener dort, der die Koffersendungen besorgte, wann in aller Welt ich den von ihm vor izt 4 Wochen abgeschickten Koffer erhalten würde??
In großer Eil und tiefem Hausschmuz

Dein *[Ein Stückchen des Blattes abgerissen]*

600a. An Friedrich Creuzer

Berlin, d. 2 Febr. 1816.

Wohlgeborner,
Hochzuehrender Herr Hofrath,

So viele Sünden ich auch schon ehedem durch meine berüchtigte Briefscheu auf mich geladen habe, so reut mich doch vornehmlich die an Ihnen begangene, da sie mir den Genuß mancher angenehmen briefl. Unterhaltung entzogen hat. So fürchte ich auch, daß ich Ihnen damals, als Sie bei mir eine Collation des Cod. Guelf. Cic. de N. D. suchten, die Antwort schuldig geblieben bin, weil ich nicht gern abschlagen mochte, gewähren aber nicht konnte. Jezt dagegen erlauben Sie mir anzufragen, wie es mit Ihrer von Vielen schon fertig geglaubten Edition dieses Buches aussehe, und ob ich Ihnen vielleicht noch mit etwas dienen könne. Sie haben mich ohnehin neuerlich durch das Geschenk Ihres gelehrt und treflich ausgestattenen Plotin zu Ihrem Schuldner gemacht, und wer weiß wann ich Ihnen etwas Ähnliches übersenden kann. Seit meiner Verpflanzung hieher ist mir alles Herausgeben oder eigentlich Druckenlaßen beschwerlicher worden, zumal nun in den letztern Jahren, wo oft die guten Setzer uns fehlten. Ja auch jetzo ist noch lange nicht alles wieder in seinem Gleis, und von so vielem und tüchtigem Schlagen thun die Arme weh. Mit einer litterarischen Untersuchung indeß, die ich seit einiger Zeit vorhabe, erlauben Sie mir (wiewohl sie hier noch niemand bekannt ist und es erst durch die Erscheinung werden soll) Sie vorläufig in etwas bekannt zu machen, um mir einen und andern, wenngleich kurzen Beitrag dazu zu erbitten. Es sollen litterarische Miscellen werden, worin ich und andere, was sie sonst gar nicht oder später erst zu größren Ganzen verarbeiten können, niederlegen wollen. Es ist ein kleiner Cirkel von guter Gesellschaft, in den Sie durch solche Mittheilung kommen würden, und der C.[irkel] noch offen. Möchten Sie doch z. B. zunächst (besonders wenn die neue Ausg. des Herodot noch lange ausbleiben sollte, nach der ich mich unendlich sehne) dies und jenes Bruchstückchen Ihrer Beiträge zu jenem Werke mittheilen. Ähnliche werde ich weiterhin auch manche geben; und schon war ich willens, über die von Buttmann in den nun geschloßenen Deutschen Mus. d. Alt. W. besprochene Stelle Herod.[oti] I. princ. mein Gutachten zu stellen; da mir einfällt es sei möglich, Hr. Schweighäuser oder Sie selbst haben bereits dasselbe gesagt. Sie würden mich daher recht sehr verbinden, wenn Sie mich hierüber belehren wollten; für jeden Fall dürfen Sie auf meine Discretion rechnen. — Noch muß ich Ihnen sagen, daß das Format d[ies]er. heftweise, aber zwanglos (wie die Leute so sagen) herauskommenden Miscellen das kleine Quart seyn soll, das ich einmal durch den biedern Nauk lieb gewonnen habe; auch soll es für jeden, der über einen ½ Bogen beiträgt, nicht an gutem Honorar fehlen; der Umfang des Wählbaren ist so groß, daß ein gewaltiger Wechsel von nahrhafter Leserei entstehen muß, da außer Litteratur, hauptsächl. der alten, oder den 24 Fächern meiner encyklopäd. Übersicht der A. Wiß., auch Didaktik und Zustand höherer Lehr Anstalten berücksichtigt werden soll.

Noch wünschte ich zu erfahren, ob denn das Augenübel, woran Wyttenbach leidet, so arg und unheilbar sei, als es von einigen Reisenden ausgegeben wird. Auch höre ich ja, daß seine Noten-Bände zum Plut. durch den Tod eines der Curatoren d. Th. Sheldon in Stocken gerathen sollen. Über die sachkritische Untersuchung vor des wohlbekannten Ps. Plut. Büchlein *π.[ερι] παιδ.[ων] ἀγ.[ωγης]* bin ich doch fast erschrocken — über Sachen wie über Ton. Verzeihen Sie mein so offnes, ja zudringliches Urtheil, da der

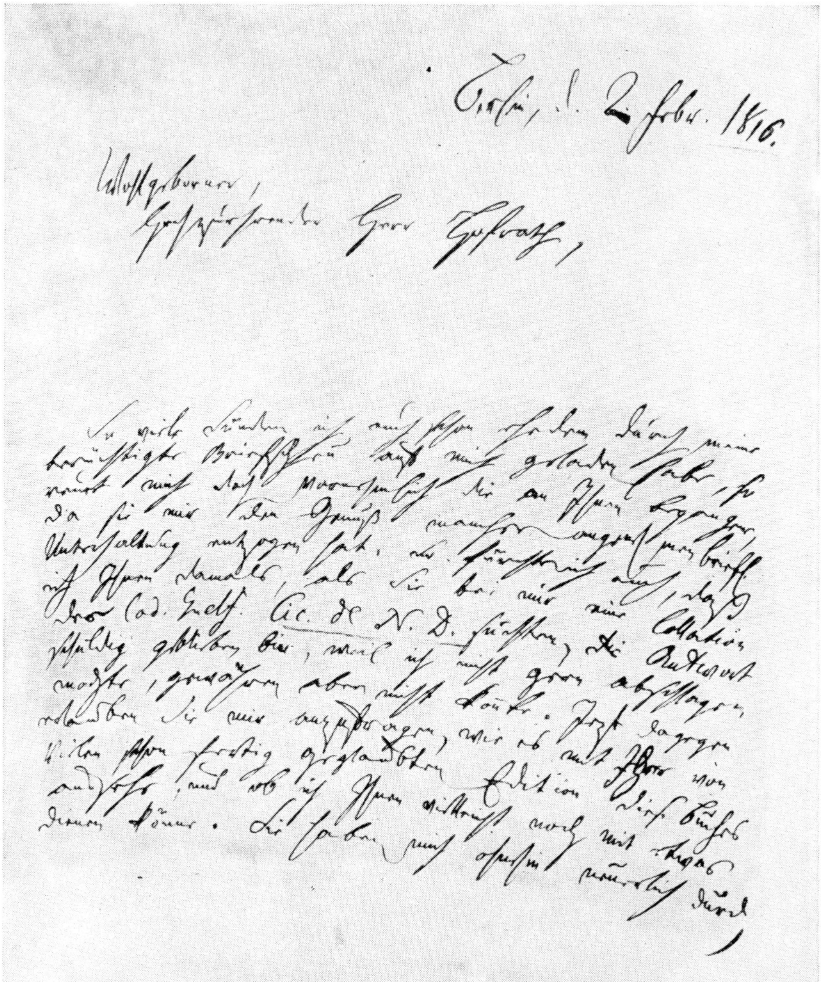
Berlin, d. 2 Febr. 1816.

Wohlgeborner,
Hochzuverehrender Herr Hofrath,

Wolfs an Friedrich Creuzer vom 2. 2. 1816, aufbewahrt unter 364 im Freien Deutschen stift in Frankfurt/Main (Goethemuseum). (Schon unvollständig abgedruckt von Reiter als Nr. 600, II 204). Vgl. hier 600a.

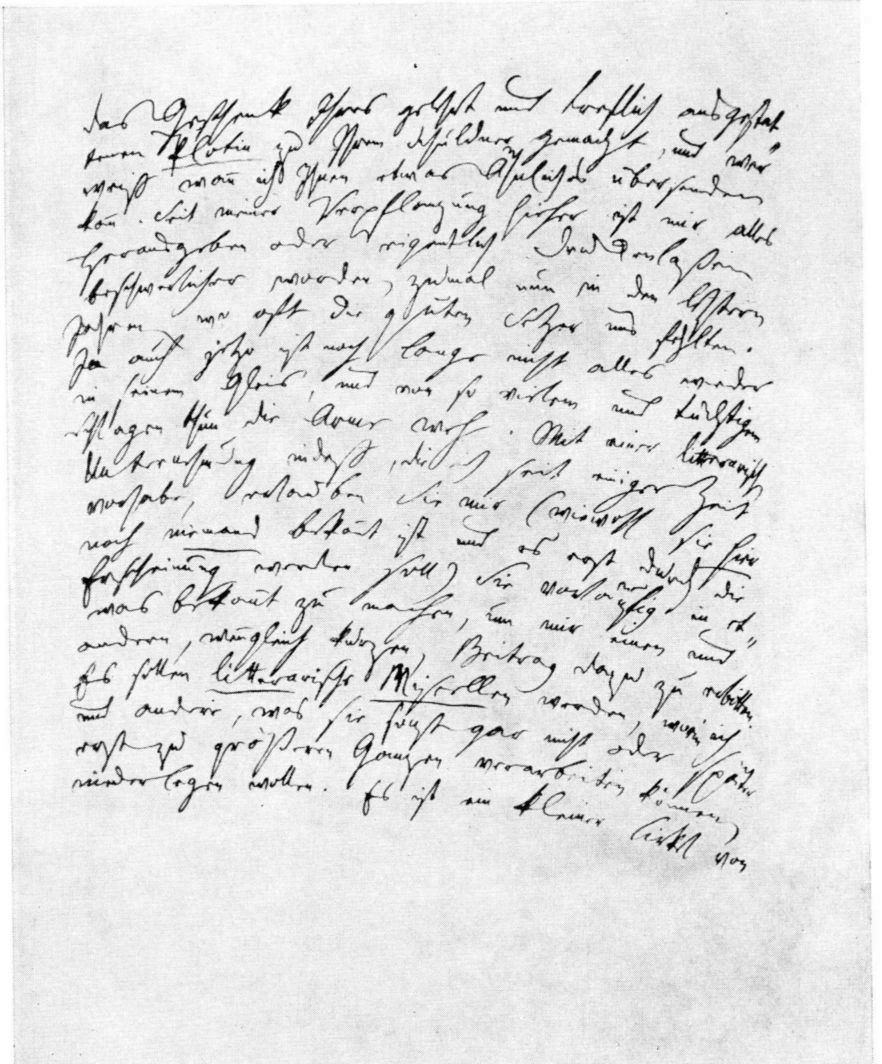
das Geschenk Ihres gütigst und herrlich ausgestat-
teten Plotin zu Ihrem Schuldner gemacht, und [illegible]
weiß nun ich Ihnen etwas Ähnliches übersenden
kön. Seit meiner Verpflanzung hieher ist mir alles
Herausgeben oder eigentlich Drucken lassen
beschwerlicher worden, zumal nun in den letzten
Jahren wo oft die guten Setzer uns fehlten.
Ja auch jetzt ist noch lange nicht alles
in seinem Gleise, und wir so [illegible] und tüchtigen
[illegible] hier die [illegible] noch. Mit einer litterarischen
Unternehmung [illegible] seit einiger Zeit
[illegible], erlauben Sie mir [illegible] Zeit
noch niemand bekannt ist und es erst durch die
Fortsetzung werden soll) Sie vorläufig damit
was bekannt zu machen, um mir [illegible] die
andern, möglichst [illegible] einen und
es sollen litterarische Miscellen [illegible] Beitrag dazu zu erbitten
und andere, was Sie jetzt gar nicht oder
nicht zu größeren Ganzen verarbeiten, wenn ich
niederlegen wollen. Es ist ein kleiner [illegible]
[illegible] von

guten Gesellschaft, in der Sie durch solche Mittheilung
kommen würden, und das L. nach Leipzig. Möchten Sie
doch z. B. zunächst (besonders wenn die neue Ausg. des
Gerardot noch lange ausbleiben sollte, nach der ich
mich neulich sehne) dies und jenes Brauchbare aus Ihren
Beiträgen zu jenem letzten mittheilen. Ähnliches würde
ich vielleicht auch manches geben, und schon war ich
willens, über die von Bachmann in der neu geschaffenen
von Deutsch. Mus. f. Altth. besprochenen Altth. [illegible]
mein Gutachten zu stellen; da mir einfällt Herd. princ.
Gr. Schwiegshäuser (oder Sie selbst haben es schon möglich
gesagt. Sie würden mich daher auch bereits dasselbe
wenn Sie mich hierüber belehren wollten; sonst vielleicht
dürfen Sie doch meine Dissertation ansehen; für jeden
muß ich Ihnen sagen, daß das Format: jeden Fall
aber glaublich (wie die Leute so sagen) Format der Zeitschrift
Mißerfolg das kleine Quart seyn soll, das [illegible]
den beiden Nauck lieb gewesen, daß ich einmal durch
für jeden oder aber einen ½ Bogen habe; auch soll es
guten Honorar setzen; der Umfang des Wissbaren beiträgt, muß an
gross, dass ein gewaltiger Wechsel von [illegible]
nahehafter

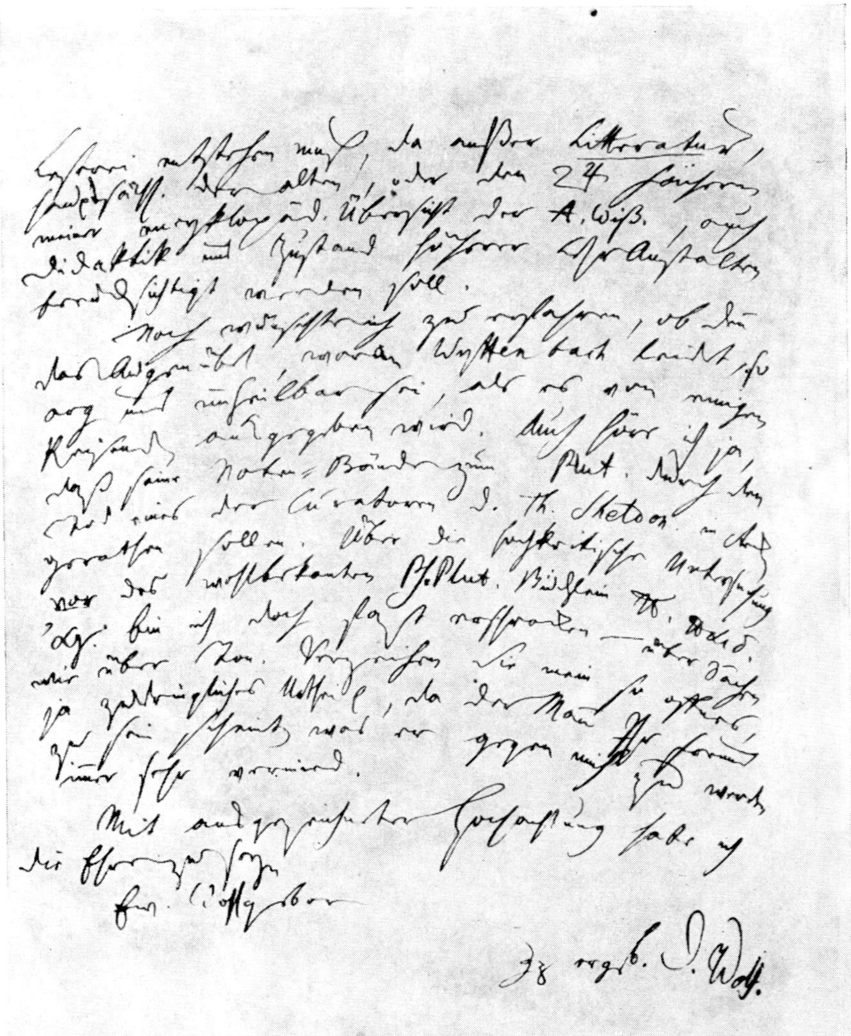

[illegible] entstehen mag, da außer Litteratur, [illegible] 24 Jahren meiner [illegible] Übersicht der A. Wiss. [illegible] Didaktik und Zustand [illegible] Schulanstalten berücksichtigt werden soll.

Noch wünschte ich zu erfahren, ob [illegible] Wyttenbach [illegible] Plut. [illegible] Curatoren d. th. Seidon [illegible] Plut. [illegible]

Mit ausgezeichneter Hochachtung habe ich die Ehre zu seyn

Ew. Wohlgeboren

28 Aug. 6. F. A. Wolf.

Mann Ihr Freund zu sein scheint, was er gegen mich zu werden immer sehr vermied. Mit ausgezeichneter Hochachtung habe ich die Ehre zu seyn

Ew. Wohlgebornen

g[an]z ergeb.[enster] D.[iener]

Wolf.

601a. An Friedrich Jacobs

B.[erlin] den 9 Febr. 16.

Dank voraus, mein Verehrter Fr.[eund] für alle Bereitwilligkeit und Mühe. Noch in 3 Wochen, ja 4, von heut, kommt alles frühzeitig, wenn Sie nicht gleich p. 1. anfangen wollen.

Zu dem von Passow geschickten Stück lese ich so eben in einem Engl. Museo dies — und bloß dies, was Ihnen vielleicht zu wißen angenehm ist, nemlich daß es nicht mehr ist. „1) Die Inschrift, das Epigr.[amm] auf Tyrinna ist nach England geschickt von Geo. Renouard. Schön daß es fast ganz klar ist und ohne Marmorarfehler; [Dabei simpel und elegant. Der Mann merkt nicht, oder scheint nicht zu merken, daß es doch p. Xst. natum her ist.] Nur lin. 8 ist in *ΛΕΙΤΗ* für *ΛΙΤΗ* eine gewöhnliche Irrung." *λειτὴ π.[έτρη]* ist rude stone or rock. cf. Pollux. I. p. 6. Kühn. not. lin. 4. Cf. Odyss. *α*. 243. et Solon. Fragm. *καλλείποιμι* p"

En omnia, et vale faveque mihi. W.

609a. An Wilhelm Körte

Berlin, 14 May 1816.

Dem Herrn D.[oktor] Körte — da Sie es so wollen — übersende ich hier die im Augenblick vor Postschluß fertig gewordene Vollmacht, doch unter folgender Ihnen selbst gewiß höchst billig scheinenden, Bedingung:

Da mir unlängst durch sichere Leute gemeldet wurde, daß der schonitzige Preis des Hauses, wenn es (wie ich sehr wünsche) unter der Hand verkauft wird, doch an 2000 rthlr, also 600 mehr als die hypothecirte Schuld, betragen würde; so bin ich schlechterdings nicht Willens, auch nur Einen gr. — der nicht aus der Vermiethung selbst sich sicherlich aufbringen läßt — an diesen eckeln Gegenstand zu wenden. (Ich kann ohnehin durch Freunde jetzt Summen, selbst größere, auf viel niedrigere Zinsen haben, als wie das Geld seither bei dem Heydrich stand.)

Doch alles wird ja wol fürerst von dem abhangen, was sich Ihnen (da auch die Mietherin bald am Ende ihrer ContractsZeit ist) als einem sachkundigen Beurtheiler, bei der Rückreise durch Halle zeigen wird. — Der kleine Rendant war mir durch den als rechtschaffen sehr empfolenen Heydrich wiederum als solcher empfolen, und es freut mich, daß er Ihnen nach meinem Willen geschrieben hat. —

Die Papiere über den Kauf sind einst, nebst dem meisten Silber etc. nach Cassel mitgenommen; wonach ich ebenso wenig gefragt habe, als ich jezt nach dem Überschuße des Verkaufsgelds (über die 1400 rthlr) fragen möchte; falls ich nur dadurch erreiche, daß ich von der kurzen mir übrigen, durch 1000 Dinge, so eben noch durch ein scheußliches Umziehen in eine viel theurere Wohnung, mir verbitterten Lebensspanne so wenig als möglich für geistige Zwecke verliere. Können und wollen Sie dies bewirken helfen, so werde ich mich Ihnen aufs neue sehr verbunden erachten. — Gegen meine Tochter habe ich nie etwas im Herzen gehabt: auch weiß sie dies, wenngleich es mir seit Monaten unmöglich wird, auch nur so viel auf Papier zu bringen.

Der Ihrige

W.

611a. An Wilhelm Körte

B.[erlin] den 12 Jul. 16.

In größter Eil — wenn nur die Post sogleich nach H.[alle] geht:
D i e s e Umstände können kein Hinderniß machen. 1) Wenn 1600 rthlr Schuld auf das Haus im Hypothekenbuche stehen, jetzt es aber nur 1400 wirklich sind, so kommt dies daher, weil ich dem Heydrich vor einigen Jahren auf sein Betrieb 200 habe in den Hals werfen müßen — wie dies schon aus der Zinsen-Liquidation dieses H.[eydrich] erhellen kann.
2) Hierüber lautende Papiere, Quittungen u. dergl., kurz Schriften aller Art sind entweder nicht bei mir, oder doch, so lange ich in der neuen unglücklichen Wohnung bleiben muß, g ä n z l i c h u n f i n d b a r ; zum Glück aber, so viel ich irgend einsehe, auch uns jetzt und überall gar nicht nöthig. Etliche Zeilen von Heydrich reichen hin: — und Niemeyer kann sich auch unmöglich entziehen — da er mir neulich hier einen Besuch gar freundlich angedeihen ließ — auf die Beilage das Nöthige zu thun.
3) Die Forderung des H.[eydrich] von Zinsen seit 7 O c t. 18 1 5 hat sicher ihre Richtigkeit: denn so weit ist ihm jährlich das Gold auch zugeworfen worden. Des Heidrichs — w e n i g s t e n s 2 l e t z t e — Quitt.[ungen] sind sicher noch hier (frühere sind auch niemand nöthig) — doch gleichfalls unfindbar — weil alles noch auf Einem Haufen liegt, und ich kaum arbeiten kann, wegen jener Unfindbarkeit von Dingen, so wie ich noch seit 14 Wochen keine Nacht ruhig geschlafen habe.
Die Schrift über die Hum.[anitäts]Schule habe ich empfangen und mit Vergnügen und herzlichen Wünschen auf die Zukunft gelesen.

Der Ihrige

W.

614a. An Friedrich Wilhelm Riemer

Weimar, früh d. 24sten Aug. [1816]

Wenn ich, mein liebster Herr Professor, Sie, wie ich fürchte, bei meiner heute allzuschnellen Durchreise nicht sehen kann, so nehmen Sie wenigstens meine herzlichsten Grüße an. — Ein Ihnen in diesen Tagen zukommendes Ex.[emplar] der Litter.[arischen] Analekten kann jetzt — wie ich bei der Abreise erfuhr —, das Ihrige bleiben; daher ich es nur etwa Hrn. Pr.[ofessor] Hand und Meyern, nebst meinen besten Empfehlen, mitzutheilen bitte. — Hoffentlich sehe ich Sie auf dem Rückwege vom Rhein. Vor allen Ihrer herrlichen Gattin bitte ich mein Andenken zu erneuern. —

F. A. W.

624a. An Karl Friedrich Göschen

[Berlin, d. 1. Februar 1817]

Ew. Wohlgebornen

Schreiben v. 27 Jan., das ich so eben, den 1 Febr., erhalte, beweiset mir einen wunderlichen Wirrwarr in den Sendungen. Sie fordern Bogen 5 und 6 der Corr.[ekturen]. Beide haben Sie, gleich nach meinem Empfange, schon v o r m e h r als 8 Tagen, zurückerhalten. Seit 6 Tagen habe ich auf eine neue Corr. gewartet. Fortzudrucken ist Mst. schon dort in der Folio-Edition: die Änderungen bedeuten erst nach deren Beendigung viel: indeß soll auch dazu bald das nöthige kommen.

Hr. M.[agister] Spohn ist ein in wichtigern Dingen viel zu beschäftigter Gelehrter, als daß wir ihm auch nur Einen Bogen über seine Laune aufdringen dürfen. Fehler, Druckfehler nemlich, sind auch hier noch nicht übersehen, und werden auch in der Folge nicht. Was von Ihnen neulich erwähnt wurde, daß Hr. M. Spohn einige Punkte hinzugefunden habe, ist mir undeutlich gewesen; lieb aber wäre mir es, wenn Sie mir bald davon ein Wort genauer schrieben: vielleicht erinnert er sich noch der Sache. Sie ist mir wegen fernerer Corr. wichtig.

Sind *῎Α* und ἔ in der Druckerei nicht zu bessern, nun so müsten sie leider bleiben, wie sie waren. Schon bei der ersten Ausgabe ist genug darob geseufzt worden.

Sollte bisher ein einzigmal von meinen Correcturen abgewichen worden seyn, so fürchte ich, daß damit viel Schaden geschehen sei. Alle meine, seither 6, Correkturbogen muß ich mir daher nebst den Aushängebogen bald her erbitten.

So wie ich selbst hier auf der Post gewesen bin, um mich wegen der Sendungen zu erkundigen, so muß ich Sie ersuchen, dort dasselbe zu thun. Die Bogen scheinen also auf den Posten umherzuliegen.

Ihr ganz ergeb. Wolf.

Jede der herkommenden Correcturen kostet mir an die 12—14 Stunden; desto schrecklicher ist mir der durch Ihren Bief erregte Gedanke, daß davon das Geringste möchte verloren gehen. Gern bald also bitt' ich um gütige Auskunft und Licht. W.

627a. An die Göschensche Buchhandlung

Berlin, 19 Apr. 17.

Dem Herrn Factor

sende ich, da ich seit 7 Tagen keinen Revisionsbogen gesehen, und den 19ten vor 8 Tagen zurückgesandt habe, das anliegende Blatt, wenn es dort noch möglich scheint, für die Messe das 1ste Bändchen fertig zu schaffen, was ich jedoch für nicht möglich halte, da doch kein Bogen ohne meine Correktur abgedruckt werden kann. In sofern wunderte ich mich schon oft, wenn ich in den letzten 10 Wochen zuweilen auf 8, ja über 8 Tage ohne einen Revisionsbogen blieb. Dazu kommt noch etwas viel Leidigeres. — Von den oft verlangten dorthin zurückgekommenen Revisionsbogen habe ich, unerachtet alles Erinnerns, keinen weiter erhalten als die frühern, welche bis Bogen 9 gehen: so kann ich aber nicht sehen, wie vieles umzudrucken ist: und nun muß ich von dem hiesigen, höchst genauen, Vergleicher dieser 9 Bogen mit den eingesandten Aushängebogen so eben erfahren, daß Verschiednes Corrigirte dort nicht gemacht ist; da hingegen von hier aus gar kein Blatt Carton verschuldet ist. Sollte nun etwas schlechteres in Absicht auf Druckkorrektheit izt gegeben werden müßen, als ehmals, so müßte das emendatior auf dem Titel wegfallen und auch mein Name. Doch über dies und ähnliches werde ich mich morgen gegen Herrn Göschen selbst erklären.

Ganz ergeb.

Wolf.

632a. An Karl Friedrich Göschen

[Berlin,] 2ten Jul. 17.

Ew. Wohlgebornen

erhalten hier den gestern empfangenen Bogen 6 zurück; der so eben heute angekommene (7) geht morgen Abend zur Post

Zu 3 Bogen wöchentlich hatte ich mich vor 5 Wochen erboten; bis izt aber kaum 2 Bogen binnen 8 Tagen empfangen: doch darf freilich nicht zum Nachtheil der Correctheit geeilt werden. Meine durchaus unabwendbare Reise drängt nur am Ende des Sommers gewaltig.

Ob es Ihnen gefälliger sei, den 1sten Band nach gemachten Cartons apart fortzusenden, wohin er, wie ich weiß, in Schulen (die selten mehr als den ersten Band lesen) sehr erwartet wird, oder beide Bde zusammen, ist mir gleichgültig.

Der zu machenden Cartons wegen aber muß ich meine Bitte um Hersendung eines vollständigen Exemplars auf feinem Papiere wiederhohlen; auch dabei um diejenigen Blätter, die ich noch zu notwendigen Cartons vor andern sehr mühsam ausgewählt habe. Leider muß zu diesen auch noch Eins kommen in der Vorrede p. 68, wo eine fremde Hand nach mir *eurhythmiam* corrigirt hat, wie schon ehedem gegen mein Mst 2 sehr wackere Correctoren, da ich doch das rechte *euryth* — izt in dem neuen Mst angegeben hatte.

Mit Hochachtung

W.

637a. An Karl Friedrich Göschen

Freienwalde, 19 Spt. 17.

Ew. Wohlgebornen

habe die Ehre hier den Bogen 23 zu übersenden, den mich eine Krankheit (während des Gebrauches einer Cur) früher zu schicken hinderte. Da indeß, wie ich gehört habe, von Titeln und Cartons bis ehgestern nichts an Neue gekommen ist, so wird durch die Zögerung nichts geschadet seyn; zumal da ich schon beim 21 Bogen bemerkte, daß ohne meine eignen Correctionen doch nichts abzuziehen wäre.

Izt nun machen es die Umstände möglich, und meine Sorge für die möglichst gute Vollendung der Ilias nöthig, den Rest noch selbst — in oder um Leipzig — durchzusehen, wo ich Nächsten Sonnabend oder Sonntag, früh, und bei Ihnen, seyn werde. Vielleicht kann ich auch noch auf meiner weitern Reise Grimma berühren; doch dies ist noch ungewiß. Aber in Leipzig, muß ich angelegentlich bitten, damit ich nicht länger aufgehalten werde, alles was noch zur Beendigung nöthig ist, auf die 2 letzten Tage der Woche bereit zu halten. Unterdeß mag immer Neue zu Berlin seine Augen an den Cartons weiden, wenn nur der Herr, deßen Sie in der Beilage gedachten, nicht in den mir noch ungesehenen 15 Bogen mehr neue Versäumniße entdeckt. Denn auf deßen Aufrichtigkeit will ich mich — auch unbekannter Weise — verlassen. Am besten aber, wenn ich dort selbst auch jene Revisions-Bogen zur Ansicht erhalte; wie ich denn alles ja aus Grimma ja zurückbekommen muß, was ich für diese neue Auflage geschickt habe. Außerdem litte ich einen Verlust an Bemerkungen, den ich gar nicht ersetzen könnte. Hierum muß ich also — da für die Cartons dergl. nichts mehr dem Setzer nöthig ist, sehr angelegentlich bitten.

Ich beharre hochachtungsvoll Ew. Wohlgebornen
ergebenster D.[iener]
Wolf.

P. S. Zugleich mit diesem Schreiben ersuche ich das HofPostAmt zu Berlin, alles, was von Leipzig in diesen Tagen für mich ankommt, für Donnerst. und Freitags nächster Woche nach Leipzig zurückzuschicken.

638a. An Johann Diederich Gries

Berlin, d. 27 Oct. 1817.

Ew. Wohlgebornen

sind mit der älteren Spanischen Litteratur so bekannt, daß es Ihnen ohne Zweifel Freude machen wird zu hören, wie neuerlich eine so gut als ungedruckte Novelle von Cervantes mir zugekommen ist, und nächstens einen Platz in den L.[itterarischen] A.[nalekten] erhalten wird. Sie heißt La Tia fingida. Sehr verbinden würden Sie mich, wenn Sie mir, falls Ihnen eine litterarische Notiz davon zugekommen, in einigen Wochen etwas der Art schreiben wollten. Darf ich zugleich an meine neuliche Bitte mit eiliger Feder erinnern?

Unveränderlich Ihr ergeb. F.[reund] und D.[iener]
Wolf.

639a. An Karl Friedrich Göschen

Berlin, 26 Nov. 17.

Um Ew. Wohlgebornen

Geehrtes vom 18 dies., das etwas spät eingegangen ist, möglichst schnell zu beantworten, kann ich Sie bei meiner heutigen Eil vor dem Ausgeben des Werkes nur auf folgendes aufmerksam machen, wie flüchtig:

1) muß ich mir bei der contractmäßigen baldigen Übersendung der bedingten guten und schönen Exemplare (zum Theil nebst den Kupfern) ein paar Zeilen des Hrn Prof. Spohn erbitten, als Bezeugung daß er mit dem zu Versendenden zufrieden sei, an meiner Stelle.

2) muß ich Sie ersuchen um alles, was an Mst, an Zetteln pp in die Buchdruckerei von mir gekommen ist: wie ich dies theils mündlich, theils früher schriftlich schon gethan habe: hierauf kommt viel an.

3) wird es am besten seyn, wegen der nunmehrigen Sendungen sowohl der Exempll. als des Honorars theils den erneuten Contract nachzusehen, theils Ihren Herrn Vater,

der die Unternehmung so schön anfing, und auch mitten in der Franzosenzeit hieher mir Geld für die Odyssee sandte, zu Rath zu ziehen. Früher, als ich mir die Berechnung (in Hinsicht der aus England verschriebenen Bücher) von Ihnen ausbat, hatte ich eine erleichternde Gelegenheit für Übermachung des Honorars, die mir aber jetzt abgeht. Bei diesem Anlaß muß ich aber noch bemerken, daß Sie sich in der mir zu Leipzig zugekommenen Rechnung, vermuthlich wegen Wirrwarrs der Meßzeit, bei jedem Bogen um 5 rthlr in Gold verrechnet hatten.

In Absicht des Geldes fällt mir so eben ein, daß ich sechzig Stück vollwichtige Louisd'or an Hrn OberPostrath zu Frankfurt a/M. in den ersten 3 Tagen des Dec. abzutragen habe, und daß ich also — um nicht dieses Geld von Leipzig her und wieder hin reisen zu lassen — einem Freunde auftragen kann, es von Ihnen in Empfang zu nehmen. Das übrige haben Sie dann die Güte zugleich mit den Exx. mir zuzusenden, wornach ich Ihnen die General-Quitung senden werde.

4) Damit es bei der nothwendigen kurzen Notification der fertigen Ilias in 3—6 Litt.Zeitungen nicht gehe wie im MeßCatalog, so bitte ich folgende Ideen hinein zu setzen:

> daß nun nach verschiedenen dem Werke selbst förderlichen Verzögerungen die neue Ausgabe (nicht Auflage) fertig und käuflich sei — daß sie, wiewohl oft nur für den Kenner merklich, an vielen Stellen verbesserte Lesarten erhalten habe — daß, wenn die Odyssee, die doch durch Inhalt und Leichtigkeit für die Lesung in Gymnasien noch mehr geeignet sei, ganz fehlen würde, die ganzen Opera Homeri einen möglichst gleichmäßigen Text und durchgängig gleiche Correctheit empfangen würden. —

Hievon scheint mir kein Gedanke überflüßig; und dazu wird ja auch noch Zeit seyn, Hrn Pr.[ofessor] Spohn das Inserat vorher ansehn zu lassen.

5) Hrn Hofr. Böttiger zu Dresden, Pr.[ofessor] Hermann und Schäfern zu Leipzig bitte ich gute und vollständige Exx. von den meinigen bald und in meinem Namen zukommen zu lassen. Für Hrn Spohn werden Sie ja schon selbst sorgen, ebenso für Beck, Eichstädt, Schütz (zu Halle) und etwa noch ein paar Recensirstühle, sintemal an dem Buche mancherlei neues zu recensiren seyn wird; was ja denen Herren, auch in meinem Namen, sich schicklich insinuiren läßt.

6) Auf den Gedanken, den ich Ihnen zuletzt von mercantiler Seite mittheilte, haben Sie jezt gar nichts geantwortet. So weit ich von lukrativen Absichten seit je entfernt war, kann ich doch bei meinem gegenwärtigen Alter nicht anders als meine ganzen Homerischen Plane vollständig auszuführen, wenn ich Ihnen auch das ehedem contractmäßige Angebot vergeblich thun sollte. Izt sehe ich — unter andern — daß es kein Jahr dauert, so hat auch Hr. Weigel einen kleinen wohlfeilen Homer, den er in Europa weidlich und weigelisch, wie vorhin H.[err] Tauchnitz, zu vertreiben wissen wird.

Mit beständiger Ergebenheit

Wolf.

639b. An Karl Friedrich Göschen

Berlin, 27 Nov. 17.

Durch ein Versehen ist Ew. Wohlgebornen der Brief von gestern unfrankirt zugekommen. Wollen Sie nur das porto bemerken, da ich bald mehreres zu Leipzig durch einen Freund auszahlen lassen muß.

Auf jeden zweifelhaften Fall ist übrigens mein eingelegter Brief an die Göschen'sche Firma — da möglich wäre, daß der jüngere Hr. G.[öschen] eben abwesend seyn könnte.

Hochachtungsvoll der I.[hrige]

Wolf.

Noch bitte ich ihm diese Beifuge bald nachzuschicken:
Nöthig scheint auch, daß in die Buchhändler-Anzeige von der fertigen Ausgabe (Opp. Hom. Vol. I et II oder Ilias abgesondert) nothwendig gehöre, „daß h i e r die Wolfische Text-Berichtigung des Homer rein und unvermengt mit den Lesarten anderer Ausgaben zu finden sei, nicht in andern Abdrücken, wenn sie auch sollten den Namen eines Gelehrten auf dem Titel selbst führen".

645a. An Karl Friedrich Ludwig Kannegießer

B.[erlin] den 28 Febr. 18.

Werthester Herr und Freund,

Wenigen meiner lieben Zuhörer kann die Inlage, schon der Deutschen Spr.[ache] halber, so viel Vergnügen machen, als Ihnen, dem die Schwierigkeit[en] solcher Arbeiten so bekannt sind.

Darf ich bei der Gelegenheit fragen, was der gute Büttner mache? und ob er nun fest und erträglich situirt bei Ihrer Schule sei? Wollen Sie ihm wol auch meine Entschuldigung machen, daß ich noch nicht wieder geschrieben (ich war diesen Winter oft sehr unwohl) und daß sein Name erst in einem halben Jahre in den L.[iterarischen] Analekten aufblühen kann. Ich war so überhäuft für No. III mit fremden, nicht aufschiebbaren Sachen, daß ich vielleicht sogar eine mir aus Spanien zugekommene Novela inedita von Cervantes nicht (als Anhang) sogleich geben kann.

Leben Sie wohl und meiner eingedenk

des Ihrigen, FAWolf.

656a. An Karl Johann Gottfried Pfund

[Berlin, etwa Oktober 1818]

Hrn Prof. Pfund ersuche ich die so eben nebst uralten eigenen Sachen von der Weilpost einer hiesigen, ich weiß nicht welcher, Buchhandlung empfangenen Bücher, dem Herrn Pr.[ofessor] Wolf Ihrem Collegen vorzulegen, da ich — ungeachtet meines ganzen Namens — doch vermuthen muß, daß er gemeint sei. Erhalte ich sie nicht Morgen Abend zurück, so will ich annehmen, daß sie ihren Herrn gefunden haben.

Zugleich dient Ihnen dies Blättchen als ein Lebenszeichen — und noch als Bitte, mir auf etliche Wochen Meierottos Leben von Brunn von einem Freunde zu verschaffen.

Wf.

683a. An Karoline Kuhn

Schlangenbad 21 Aug. 20.

Hier, liebe Tochter Caroline, das letzte Lebenszeichen von hier, mit mancherlei Bitten:

1) erkundige dich doch sogleich, wie viel baar Geld ich für das bei Deinem lieben Manne niedergelegte Papier von 100 Engl. Pfd. itzo nach dem BörsenCours erhalte — aber noch in einem andern guten Handelshause als bei Bethmanns mußt Du Deine Frage ergehen lassen — und bald mögl. mir genaue Antwort geben, von den 2 Leuten. Wechseln thust Du also nicht gleich.

2) Hat Hannchen das verlangte, überflüßige Papier von Wiesbaden aus erhalten?

3) Hiebei zu den fast zugleich dort ankommenden 8 Stück Büchern, wovon ich die meinigen bestens und apart aufzuheben bitte — noch etwas an Herrn R.[at] Kuhn Bestelltes —, auch ein Bruchstück eines an ihn geschriebnen Briefes, wovon das Erste Blatt wegen Kleckserei cassirt worden ist. Heute brachte mir ein Curgast endlich eine gute Feder aus Liefland.

4) Noch immer nichts von Briefen oder Paketen aus Berlin? Alles dergl. wünsche ich mit Deiner Antwort nach Mannheim, wo ich gewiß die 2 ersten Tage des Sept. bin. Viele kräftige Küße an euch drei oder 4.

Dein W.

690a. An Johann Jakob Ochsner
[Konzept]

[Berlin, Dezember 1820]

At tu, mi carissime, cave ne pro Ochsnero Ὀκνηρὸν te appellem, et, quum Nigidii Figuli memoriam dudum deposuisse videare, quantocyus cura ut in Nitidula tua probum Figulum agas. pp

714a. An Wilhelmine Körte

[Berlin,] den 24 Spt. 22.

Indem ich, l. Tochter, arm wie eine Kirchenmaus, von einer langen Reise nach O.[ber] Salzbrunn zurückkomme, bringt mir ein Judenjunge, angeblich von seiner hallischen Mutter, beikommende Rechnung, und droht den Weg Rechtens, wenn die Frau nicht binnen 2 Posttagen das Geld zu Halle postfrei erhalten — von dir sei der Rechnung Richtigkeit längst in einem Briefe anerkannt worden, aber nichts eingesandt.

Sage mir also ja ersten Posttags: was darauf geschehen.

Dein

liebender V.[ater]

Wf.

714b. An Moses Friedländer

B.[erlin] Sonnab. [etwa November 1822]

Ew. Wohlgebornen

haben einmal die Güte gehabt, mir ein Geschäft mit Hrn Sestim zu Florenz erleichtern zu helfen. In dankbarem Andenken hieran nehme ich mir die Freiheit bei Ihnen anzufragen, da ich eben einige rthlr — vielleicht höchst.[ens] 12—16 — zu Mayland zu zahlen habe, ob Sie mir dahin eine Anweisung an einen dortigen Bankier verschaffen könnten, oder ob ich dort nur Ihren Namen oder sonst ein hiesiges Haus nennen könnte, an welches ich den, überhaupt gar nicht gewißen, Betrag, wiederzahlen dürfte.

Mit vorzügl. Hochachtung

Ihr ergeb. Wolf.

718a. An?
[Konzept]

[Berlin, etwa erste Hälfte Dezember 1822]

Toto hoc mense lectulo affixum ut ex inflammatis pulmonibus laborantem ita me exhilaravit epistolium Tuum, ut ex eo die, quo id acciperem, me multum levatum sentirem. Haec tamen prima littera est, quam manus valuit scribere, qua in re faustissimum omen agnosco. Vehementer autem doleo, quod tam sero in Tuas manus venire potuit hoc responsum, quo lubentissimo animo honorem accipio, abs Te et suavissima coniuge mihi habitum, gaudeboque, si mihi mox narraveris, in casu illo meo ipsam rem et consilium Vestrum non impeditum esse.

725a. An Rahel Varnhagen v. Ense

Obwohl ein früheres Billet (vom 1 April, und in die N.[eue] Friedrichstr. gerichtet) anfangs Zweifel erregte, ob es, Verehrteste, von Ihrer Hand an mich gelten solle, überwand ich doch bald die Zweifel, und fand es kritisch wahrscheinlich. Izt komme ich um 7 Uhr desto vertrauenvoller, und freue mich im voraus der beiden Damen, wovon ich die stärkere schon als eine Lady Milf.[ord] ehgestern mit Vergnügen gesehen habe.

Verehrungsvoll

[Berlin] den 2 Apr. 23. W.

ENTWURF EINER ZWEITEN SELBSTBIOGRAPHIE

De vita et studiis Friderici Augusti Wolfii Philologi,[1])
Commentatio ipsius ad suos olim auditores et amicos, partim in Germania, partim apud exteros, imprimis Helvetios.

Berolini, m. Febr. 1823

Coeptum in ipso ingressu anni 65, diei 15 Febr. 1823 postrema hora, eadem qua natus sum.

Odi Gallorum complimenta, quae quasi complementa sermonum sunt.

Hor. [Epist. I 1, 10—12]
Iam nunc et[2]) versus et caetera ludicra pono;
Quid verum atque decens, curo et rogo, et omnis in hoc sum;
Condo et compono, quae mox depromere possim.

Nemlich Materialien über meinen Lebensgang, die ich schon längsther sammeln wollte, schwerlich aber vollenden werde. Daher ich deren künftigen Gebrauch wahrscheinlich andern Händen werde überlassen müßen; am liebsten eines der Meinigen, doch etwa auch sonst eines Bekannten, der sich im Stande fühlt mich zu verstehen und zu beurtheilen. Ich wünsche nur, daß dies mit möglichster Schonung meiner Eigenheiten geschehe, wo sie nicht zu grell oder auch fehlerhaft erscheinen, was wol bei meiner jezt sehr alternden Hand gar möglich ist. Zwar fühle ich meinen Geist noch lebhaft und kräftig genug; der Körper aber will nicht Schritt halten, und izt eben, da ich halb 12 Uhr eine muntere Gesellschaft entlaßen habe, und mich am Ende des 64sten J.[ahres] niedersetze, um [endlich diesen Anfang zu machen, bin ich so lebensmüde, als der in einem viel zarteren Körper wohnende Heyne am Schlusse seines vierundsiebzigsten Jahrs sein mochte. Aber wie ist auch mein Körper vom vierten Jahre an angestrengt worden, zuerst durch meinen eifrigen Vater, dann zwischen dem fünfzehnten und neunzehnten Jahre durch mich selbst, wo ich gegen meine Gesundheit, als eine unverwüstliche, anstürmte.[3])]

Ich schreibe dies alles so halb schlafend zu Deutsch fort, da ich früher das Nämliche Lat. auf besonderen Blättern sorgfältiger verfaßt habe.

---

[1]) *H.* = 217. — *D.* vgl. Körte II 147 f. (ungenau), überdies I 70 ff. 94 ff. (Dazu Körte II 246 ff., Beilage XIII. R. S.)

[2]) Nunc itaque et *heißt es bei Hor.*

[3]) Das Eingeklammerte aus Körte ergänzt. Darauf folgt einiges bei Körte, was in dem mir vorliegendem Autograph nicht steht. Dagegen alles von den Worten „Die 2te Reise“ bis zum Schluß bei Körte nicht zu finden.

Die 2te Reise nach Ilf.[eld] zur Annahme der Stelle geschah kurz vor Michaelis. Dort ein Cötus von artigen Jünglingen, besonders aus dem Hannövrischen und von den nobilissimis gentibus. Im Ganzen kein Unfleiß und keine Widersetzlichkeit. Indeß meine Jugend fiel auf — trotz meiner Perücke und meine vestis limbo aureo praetexta sah nach nichts ganz Gemeinem aus. Ich nahm gleich einen vertraulichen Fuß des Umgangs mit den sogenannten jungen Leuten an (Schüler war fast ein Schimpfwort, allenfalls hörte man Scholaren, wie Englisch Scolars, nicht gern Classen, wie auch eigentlich Classen nicht waren, eher Ordnungen) — aber einer der ältesten fragte mich bald auf einem Spaziergange, wo seine Schultern 4 Zoll über die meinigen ragten, wie alt ich denn wäre, und so fand sich, daß er 2 Jahre älter war. Dergleichen behandelte ich als unbedeutend. Bald aber erfuhr ich, daß im Pädagog ein roher Studentengeist herrschte, ad modum non studentium seu studiosorum bursariorum (Burschengeist). Diesen fing ich denn früh an mit der Satire auf Spaziergängen und in der Lehrstunde zu verfolgen. Einmal sagte ich in den letzteren: Plato sei der Scholar des Socrates gewesen, wo sie denn alle lachten p — Socratis scholarem — Aber darauf fand ich nöthig, den Umgang seltener zu machen.

Ohnehin war meine Stundenzahl gleich anfangs oft vermehrt, da der 2te Lehrer schnell oft unpäßlich, mir kurz vor der Stunde seine Lection übertragen ließ — und in schwierigern pensis, vorzüglich Virgil Aeneis letzten Büchern — und da ich das nie absagte, die Schüler auch oft die späte Bestellung merkten, gab mir dies mehr Ansehen bei ihnen — aber ein häßliches Geschäft für einen jüngern Lehrer, fast alle Morgen und Abende visitare eorum cubicula, ubi non raro periculum erat ne in lectis aut nudi aut semitecti naturalia ostenderent — dies konnte ich nicht, und verlangte, daß mich jeder wohl angezogen aufnehmen sollte, und da das nicht zu bewirken war, sagte ichs in der SchulConferenz duobus supremis magistris, und zeigte ihnen, daß ihnen als patribus so was eher zustehe, und gleich war der Direktor[1]) selbst geneigt, oft für mich zu visitiren, wenn ich dafür ein paar Stunden übernehmen wollte, was ich denn herzlich gern that: denn stark überhäuft war keiner der Lehrer: freilich hatten sie auch mit der Erziehung ihre Hände voll zu thun.

Aber die Lebensweise unter den Lehrern und deren Familien war gar schön, nicht wie es etwa auf ähnlichen Anstalten — die Weiber, nur ein paar, brachten keine garritus, keine rixas — Anläße zu dergleichen, zumal armes studium lucri, konnte keine Feindschaften bewirken — Abends tranken wir Lehrer auf unsern Zimmern mit und ohne Frauen, genoßen die Gegend p fuhren nach Nordhausen. Jeder Lehrer [hatte] seinen Bedienten, an Wein ein Überfluß, nemlich wohlfeil aus dem Amtshause.

Paucis post mensibus accessit mihi adiutor Köppenius, novus praeceptor, der ebenso, wie später Mitscherlich, als ein notus Heynio ohne specimen angesetzt wurde, der sich ganz an mich anschloß — qui mox amicissime me amplexus est — sive ad amicitiam meam se applicuit — als fast aetate aequalem, und nöthig schiens ihm, da er oft durch kleine Verstöße schon Mühe hatte seine Autorität zu behaupten — zE durch pros.[odisch] falsche Aussprache, sprang deshalb oft kurz vor der Stunde zu mir, das pensum vorzulesen und hie und da auch von einem grammatischen meine Meinung zu hören. Nichts störte unsre Freundschaft mit der lieben Seele, qua animam nunquam nec antea nec post vidi candidiorem — (v. eius praeff.) — brachte schöne neue Editionen mit — war admodum studiosus venationis, so daß ich ihn oft auf die Jagd begleitet mit meiner μυωπιε! nichts eben geschossen! — Bei den gr.[oßen] actibus hübsche Bälle, wo ich zuerst meine nachherige Frau sah.

[1]) Karl Friedrich Meisner.

So waren die ersten paar Monate vergeßen — da war für mich keine Freude: Göttingen lag mir zu sehr im Sinn (desiderio tenebar Göttingae), das enge Thal tristi Iove autumnali premebatur — kein Umgang außer dem coenobio — claustra coenob.[ialia]? endlich im 2ten Jahr fing ich an den Pathen[1]) in Neustadt (vicinum Neostadium — ?) zu besuchen — und da entstand bald die Verliebelei — im J. 81 während Plato gelesen wurde und das Symposion schnell zum Druck vorbereitet [wurde;] alles ging rasch: Cito Plato perlegebatur, primo coniunctis cum Köppenio studiis, mox, temporis impatiens ego solus faciebam: c i t o in amorem incidi et idoneum munus quaerere institui, cito properabatur Symposii ad eundem finem editio — cito nuptiae fiebant, cito Osterodam profectus sum: Alles cito, ja zuletzt citissime. Letztres, nemlich das Melden zu Osterode that ich ganz inscio Heynio, von dem sonst die Reise-Permissionen gesucht wurden — aber es war Eil nöthig, da ich fast zu spät kam. Heyne selbst hatte 2 Sodalen mit den schönsten Empfelen hingeschickt, und die ließ ich denn abtrumpfen.

Dort auf meiner Ilfelder Stube wurde von mir der bestimmte Plan auf Halle gemacht und Zedlitz ging auf die Schlinge ein — Zedlitzii mihi conciliandi causa schrieb ich jene Zeilen, versus paucos[2]) — bei Trapps Weggang erinnerte er sich, lange nachdem ich die editionem illius causa deproperaram, schrieb darauf dem mir damals nicht von Person bekannten Göckingh zu Elrich — dieser zog Erkundigung von meinen vorigen Collegen zu Ilfeld ein, die alle sehr günstig von mir geurtheilt hatten, und eben als ich durch Millern Ruf nach Gera erhalten, bekam ich endlich von Preußen her Briefe.

Von der 1sten Reise nach Osterode redux, schrieb ich dann Heynen, was ich zu thun nöthig gefunden, daß ich von I.[lfeld] weg wolle, je eher je lieber, und daß mich mein Wort an meine Braut bände, die nicht alt werden dürfte — seinen Repetenten möge er nur sagen, daß sie sich andere Stellen aussuchen sollen: mir schiene die Wahl gewiß. Respondit ille perhumaniter — der Umstand mit der Frau ging ihm, wie er merken ließ, vorzüglich zu Herzen — ich w u ß t e damals noch nicht, daß er auch seine Heirat in Dresden beschleunigt hatte, und daß Gesner für ihn zu rechter Zeit starb p v.[ide] Heeren:[3]) kurz, er gratulirte zu den schönen, sichern Aussichten aufs beste. Da die Stelle auch lange offen gewesen, eilte man auch bald mit der Wahl im Senat, und die fiel einstimmig auf mich.

H.[eyne] ließ an die Braut s e h r s c h ö n e Empfele bestellen, und erinnere sich wohl, sie in choreis solemnibus Ilfeldae celebratis gesehen und recht artig gefunden zu haben (satis festivam) und wünschte n u n Glück.

Nun, anno 1782 März?? Hochzeit, und kurz darauf Abzug nach Osterode mit allem Hausgeräth ex dote satis opulenta. Dort gefiel ich mir bald sehr, die Stadt klein, oppidulum ad Hercynii saltus radices situm, das Leben wohlfeil, wenige aber trefliche Familien, max.[ime] magistratus und ecclesiastae. Aber was von mir dort erwartet wurde, war viel: eine Schule, die ganz verfallen war in Ordnung zu bringen, ein rude solum aufzulockern — Es hatte Jahre lang wegen Altersschwäche und gänzlicher Blind-

---

[1]) Justizamtmann Hüpeden, Wolfs späterer Schwiegervater.

[2]) In der Vorrede der Symposionausgabe spricht Wolf von einem „Zeitalter, wo ein Philosoph auf dem Thron und sein erleuchteter Staatsminister auf die selten besuchte Quelle der platonischen Weisheit hinweisen und sie mit der ruhmvollsten Sorge dem Eifer der Gelehrten empfehlen“.

[3]) Christian Gottlob Heyne. Biographisch dargestellt von Arn. Herm. Lud. Heeren. Göttingen 1813.

heit des Vorgängers[1]) die ärgsten Unordnungen gelitten, ein Conr.[ektor][2]) war da, als Theolog geachtet, aber kein Philolog — Unterlehrer sehr schlecht, fürs Predigtamt kaum tauglich befunden: dennoch fand ich in 1ma classe (6 gab es) ad XXX discipulos. (domum cum horto, illam satis amplam et plurium adolescensium convictui sufficientem.) Sub festum Pentacostale kam ich an, nachdem ich einem Examini theologico mich hatte unterwerfen müßen, durum! Schulgesetze fand ich nicht vor, die brauchbar, sondern ganz veraltet: eine lex ex primis, ne quis armatus sub pallio in scholam veniat p Ohne jemand ein Wort zu sagen, warf ich sie weg, und machte neue unter dem Titel Schulregeln, und auf die wurde dann höchst streng gehalten. Das ganze Gymnasium schnell umgebildet, die 4 untern Classen als communes (die Schule communis zugleich für künftige Academiker, als für Handwerker, Kaufleute, Künstler), die 2 obern nur für künftige Academiker, so daß in 2da erst Griechisch angefangen wurde. Ich gab den Lehrern Hülfsbücher in die Hände, woraus sie lehrten. Ich aber mußte mich auch in 1ma zu den ersten Elementen bequemen, und dennoch waren etliche fähige Leute im Stande bei meinem Weggehen gleich zur Universität abzugehen: durch eignen Fleiß hatten sie schon früher gut gelernt.

Ein ganz eigner Ton, Methode, höchste Freiheit für mich in Wahl der Sachen und in Methode des Unterrichts, der mir, obgleich ich an 18 Stunden wöchentlich besorgte, nicht viel eigne Vorbereitung kostete, da ich großentheils dasselbe trieb, was ich sedula opera per biennium Ilfeldense getrieben hatte, aber auch dies trieb ich anders (alio modo). Die Absicht war in allen Stunden Anleitung zu geben zum eignen Studiren — ganze Stunden gingen hin, das rechte Präpariren zu lehren. Erst in der nächsten Stunde wurde zusammengesetzt. Grammatiken gabs für uns nicht: wir ließen sie beim Lesen und Erklären entstehen: jeder mußte sich Regeln abziehen mit 2—3 Exempeln und niederschreiben, aufs genaueste gefaßt: Autorität galt nicht, auch nicht die meinige, wenn einer sagte, ich hätte dann und dann so eine Regel gegeben — ob recht? mußte erst aus etlichen verglichenen Stellen eines Schriftstellers bestimmt werden. Manche, die ehedem in demselben Gymnasium gewesen, begriffen nicht, wie ich meine Autorität oft zerstören könne. Ich las wenige Schriftsteller, aber die wenigen recht genau, doch neben schwerern auch leichtere cursorisch. (ut Ilfeldae a Meisnero Livius.) Fast nichts als Geschichte und Sprachen, 1 Stunde Naturgeschichte, Geographie 1 Stunde wöchentlich, und so daß die Schüler blos in die Charte eingeführt wurden, dann größere Bücher zu Hause vorgenommen, woraus sie ihre Auszüge vorlesen in den folgenden Stunden. Nemlich ich glaubte eilen zu müßen, um bald einen Cötus gut zur Universität präparirter Jünglinge darzustellen: ich ging also, sonderbarer Weise, darauf aus, sie zu Autodidacten zu bilden, fast wie ichs früher hatte angreifen müßen. — Natürlich paßte mein Unterricht wenig mit dem der andern Lehrer zusammen, allein den Schulen schadet das nicht, für mich aber waren die Lehrstunden meist ein Selbstpräpariren, zuweilen das lateinische und griechische Lexikon in den Stunden, auch eigne lexicalische Stunden hielt ich. Öftere Examina hielt ich nicht, und was ich wollte, wurde gutgeheißen.

Mein eigen Studiren wurde mir nun Hauptsache, ein zusammenhangend Lesen nemlich der Griechen und Römer, ohne Rücksicht auf Druckschriften, denn nun hatte ich ein Amt, wobei ich mehrere Jahre ruhig und angenehm hätte leben können. Um rem familiarem bekümmerte ich mich nicht, Kostgänger wurden auch nicht angenommen, was ad laute vivendum nöthig war, schoß gern die Frau zu. So ein sehr ange-

[1]) Magister J. H. Wentzel war Rektor von 1759 bis 1781 gewesen.

[2]) J. J. Tospann.

nehmer Aufenthalt zu Osterode bei Söllig und in deßen Gärtchen mit meinen Syndicus Köpp und Pastor Söllig, der früher in Amelunxborn bei Häseler Lehrer gewesen. In der Schule ex poëtis Graecis prope unus Homerus, immer mir auch privatim schon lange das tägliche Früstück, und pauca breviora Carmina ex Chrestomathiis tum exstantibus, im Latein Virgil, Horaz, Cicero, Livius, und diesen sehr flüchtig. —

Nach Ostern 1782 war ich nach Osterode gezogen, — etwa im Juni kam der erste Knabe — sehnte mich von da nicht weg außer auf eine Universität. Am Ende des Jahres 1782 aber wurden mir an 2 größere Gymnasia Vorschläge gethan. (eine Recension von H.[eyne] über Symposion[1].) Die beste Aussicht kam mir durch Miller in Göttigen nach Gera, Director Gymnasii et Consistorio, quod ibiest, Consiliarius, gleich im Anfang von 1783 Zedlitz' Ruf nach H.[alle], letzter sehr dürftig, daß ich ohne der Frau Unterstützung nicht hätte gehen können. (ein Jahr also in Osterode?) Kam wirklich auch nur nach Halle, um mich da umzusehen, in der Tasche den Ruf nach Gera (von Wehrkamp), gleich bekannt mit Semler und Eberhard und J. R. Forster. Da ich denen vorstellte, ich würde in G.[era] an 700 mehr haben, wurden sie zwar schwankend. Ich sagte Semlern, nach meinen Nachrichten hätte G.[era] ein fett Land — *πιειραν αρουραν*[2]) — die Kühe gingen bis an den Bauch im Grase, da meinte er, das sei für Kühe schön, aber nicht für Gelehrte. Schnell entschloß ich mich, in H.[alle] zu bleiben, schrieb es Zedlitz, mit dem Wunsch, bald das Gehalt zu vermehren: das versprach er, hielt aber nicht Wort, und ich bekam nichts eher, als bis es durch auswärtige Vocationen erpreßt wurde.

SommerCursus von 1783 war mein erster in Halle, wo Horaz Sermones und Epistulae gelesen wurden.[3]) (v. Hallische Lections-Cataloge, ibi Forsteri Commendatio.) Darauf im Winter 83—84 die Mythologie, woneben ich den Abdruck der *Θεογον.* besorgte. Ich fand an wahrer Philologie gar keinen Geschmack. Dazu hatten manche verbreitet, ich würde nur für Gold lesen, das in Halle nicht Mode war, und nur für eigentliche Philo*λογους*. Da ich davon hörte, nahm ich mich zusammen recht schulmäßig zu Werk zu gehen.

Indeß nicht lange vor mir hatte der treffliche Schütz schon etwas in Halle gethan. Er hatte dem Seminarium theologicum Regium Griechische und Lateinische Schriftsteller, sogar Tragödien Aeschyli erklärt — zugleich Niemeyerus (Homer Il.) und Mangelsdorfius und Iani, ein M.[agister] Heumannus, Autor eines verboten Buchs (bei Gebauer, 8[4])) Aber diese vor mir schon verschwunden, und neben Niemeyer las nur Bahrdt drgl.!

---

[1]) Vgl. zu I 9, 12.

[2]) Il. 18, 541. Od. 2, 328. 23, 311.

[3]) Im Lektionskatalog für das S. S. 1783 heißt es: Wolffius lectiones philologicas, philosophicas et paedagogicas e valvis publicis indicabit. — W. S. 1783/4: Privatis lectionibus in Horatii Satyras et Epistolas commentabitur quinis per septenos dies horis Wolff, erit vero a meridie III-IV. Mythologiae veteris enarrationem et explicationem publice instituet, bis per hebdomadem hora I-II. Dazu noch Vorlesungen über Praecepta styli Latini u. Litterarum inter Graecos initia, progressus et vicissitudines etc.

[4]) Über den Wert der humanistischen Wissenschaften zur Bildung der Jugend. Für angehende Schullehrer und Pädagogen. Halle 1779.

MITTEILUNGEN ÜBER WOLFS KRANKHEIT UND TOD

Den bereits über Wolfs Krankheit und Tod angeführten Mitteilungen (III 253 ff.) seien hier noch einige Ergänzungen angefügt.

Für das warme Interesse, das Goethe dem abgeschiedenen Freunde entgegenbrachte, spricht abgesehen davon, daß er den Bericht des Arztes Segaud, der Wolf während dessen Todeskrankheit in Marseille behandelt hatte, ins Deutsche übertrug (III 253 ff.), auch noch die Tatsache, daß er im März 1825 durch seinen Sekretär Christian Schuchardt über Wolfs Reise von Weimar nach Marseille sowie über die „beim Tode vorgekommenen Umstände" von dessen damaligem Diener Knittel Genaueres einholen ließ. Schuchardt entledigte sich seines Auftrags in nachfolgendem im Weimarer Goethearchiv bewahrten Bericht, den er auf Grund der Angaben des Dieners erstattete.

„Am 28ten April vorigen Jahres reiste Herr Geheimrat Wolf von Weimar ab, um nach Marseille zu gehen und daselbst seine Gesundheit durch den Gebrauch des Seebades herzustellen. Ohne daß etwas Bemerkenswertes vorfiel und ohne irgendwo länger als über Nacht zu verweilen, setzte er den Weg über Gotha, Buttlar, Saalmünster nach Frankfurt fort; unterwegs beschäftigte er sich in dem Wagen mit Lesen, schlief jedoch bald darüber ein und blieb in diesem Zustande bis zum Haltmachen. In Frankfurt, wo er am 3. Mai ankam, verweilte er bei seiner Tochter bis zum 11ten desselben Monats, an welchem Tage er nach Wiesbaden abging, den nämlichen Abend noch ein Bad nahm, das sehr wohltätig auf sein Wohlbefinden wirkte, und den Morgen darauf über Johannisberg, wo er den Berg gleichen Namens besuchte und über Geisenheim und von da zurück bis ins Schlangenbad den Weg fortsetzte. Wegen der zu frühen Jahreszeit war daselbst noch wenig Anstalt zum Empfang der Badegäste getroffen; er hielt sich jedoch daselbst 20 Tage auf, empfing während dieser Zeit einige Besuche vom Herrn Präsident Ibell[1]), unternahmen auch eine Lustfahrt in das nicht weit entfernte Stahlbad Schwalbach, wo er auch einmal badete. Den Sonnabend nachmittags 3 Uhr (d. 29. Mai) trat er die Rückreise nach Frankfurt an, hielt sich unterwegs dahin 2 Tage in Schwalbach auf, wo er wiederum 2 Stahlbäder nahm und seinen Freund, den dasigen Pfarrer, besuchte; in Wiesbaden verweilte er 3 Tage, badete an jedem derselben und besuchte den Schulrat Schellenberg einigemal. Dieser fand den Gesundheitszustand des Herrn Geh. Rat Wolf weit besser als bei der ersten Anwesenheit und riet ihm deshalb zu einem längern Verweilen in dieser Stadt und dem Bade, vermochte ihn aber nicht dazu zu bewegen; am Mittwoch, dem Tage der Abreise von Wiesbaden, traf er wieder in Frankfurt ein. Da seine Gesundheit durch den Gebrauch der Bäder, vorzüglich des Schlangenbades, so sichtbar verbessert war, so baten seine Tochter, Ver-

---

[1]) *Schuchardt schreibt* Uebell. — Ibell, Karl Friedrich Justus Emil v., nassauischer Staatsmann (1780—1834).

wandten und auch der Herr Geh. Rat Sömmerring[1]), der ihn zu besuchen kam, er möchte zu Frankfurt bleiben. Niemand konnte ihn aber in seinem Vorsatze wankend machen, da er die Hoffnung seiner völligen Genesung nur auf das Seebad stellte. Ziemlich wohl verließ er Frankfurt (7. Juni), passierte durch Mainz, übernachtete das erste Mal in Speyer und ging den andern Morgen nach Straßburg ab, wo er 8 Tage blieb (bis zum 17. Juni), den Münster und das Theater einigemal besuchte. Zu Lyon, wohin die Reise fortgesetzt wurde, hielt er sich 10 Tage (bis zum 27. Juni) vorzüglich in der Absicht auf, das Fronleichnamsfest begehen zu sehen, besuchte auch während der Zeit oft das nicht weit von seiner Wohnung entfernte Theater. Die nächste Stadt von Lyon war Vienne, wo er während der 2 Tage seines Aufenthalts die Bibliothek und Kathedralkirche besuchte, auch in der Rhone badete. Zu Valence, wohin er jetzt kam, hielt er sich bei einem jenseits der Rhone wohnenden Freund, Auguste Faure[2]), 6 Tage auf und badete während derselben mehrmals in diesem Fluß. Von da aus (5. Juli) wurde die Reise nach Nimes fortgesetzt; den Weg dahin brachte er, wie beinah immer, schlafend zu. Er aß daselbst zu Mittag, besah die Fontaine, das Theater und ging nachmittags nach Cette, um die Meeresküste zu besehen, und nach 2 Tagen nach Montpellier, wo er während seines viertätigen Verweilens 3 Seebäder nahm, die seine Gesundheit sehr erfrischten. Von hier aus wurde nach Nimes zurückgefahren, von da den andern Tag nach Avignon (13. Juli) und nach 2 Tagen nach Marseille. Von 2 Uhr des Morgens bis des andern Tages um Mitternacht wurde gefahren, ohne haltzumachen (17. Juli). Von dieser Zeit an wurde er kränker, schien es jedoch nicht zu achten, meinend, daß es nur von dem ermüdenden Wege erzeugte Schwäche sei. Schon einige Male mußte ihn sein Diener aus dem Wagen heben und zwar in einem Zustande, daß dieser jedesmal fürchtete, er würde ihn einmal totfinden. Um Mitternacht langte er in Marseille an und stieg im Hôtel des ambassadeurs ab. 10 Tage von dieser Zeit an ging er noch aus, besuchte die Kaffeehäuser und das Theater, den Sonntag das letzte Mal (1. August), Montags wurde er bettlägerig. Da wünschte er sich ins Schlangenbad zurück, vorzüglich auch aus dem Grund, weil ihm das Klima nicht zusagte und weil ein berühmter englischer Arzt, auf den er sein Vertrauen gesetzt, nach Nizza abgegangen war, um dort ein Hospital einzurichten. Gern wäre er dahin gefolgt, aber er vermochte es nicht mehr. Sein Arzt verordnete ihm ein Bad, nach dessen Gebrauch er noch einmal ausging; den Freitag badete er abermals, mußte sich aber gleich darauf legen und zwar, um nie wieder aufzustehn (6. August). Den Sonnabend phantasierte er lebhaft, in seiner Fieberhitze meinte er sich bei Sr Excellenz dem Herrn Staatsminister von Goethe zur Tafel, da er oft den Namen desselben dabei aussprach. Zweimal täglich besuchte ihn der Arzt, der Apotheker brachte selbst die Arznei, aber alle, die ihn sahen, verzweifelten an der Möglichkeit seiner Genesung. Daß ihn die Krankheit so schnell und so hart ergriff, daran mochte schuld haben, daß er vor dem völligen Erkranken jeden Abend auf dem Meere fuhr, obwohl es ihm von allen Seiten dringend abgeraten wurde, sowie auch der häufige Genuß von Wein und Gefrornem in der fürchterlichsten Glut. Am Sonnabends Abende (7. August) 10 Uhr klingelte er seinem Diener, fragte ängstlich nach der Uhr, verlangte Wein, war aber schon so schwach, daß er solchen nur in Teelöffeln nehmen konnte. Um 6 Uhr des andern Morgens besuchte ihn schon sein Arzt, der jedoch an aller Rettung des Kranken verzweifelte; um 8 Uhr kam der dänische Konsul, der Kaufmann Sieveking[3]). Mit diesem konnte er nur wenig reden: in abgebrochenen

[1]) Sömmering, Samuel Thomas v., Anatom (1755—1830).

[2]) *Schuchardt schreibt* Four.

[3]) *Schuchardt schreibt* Siebekühn

Sätzen bat er ihn, für die Rückkehr seines Dieners nach Weimar zu sorgen; von diesem nahm er mit den Worten Abschied: Lebwohl, August, ich muß sterben. Von 9 Uhr morgens bis abends 6½ kämpfte er mit dem Tode; dann verschied er (8. August). Einige Tage vorher hatte er schon seinen Diener gebeten, ihn nicht secieren und auf teutsche Weise in einem ordentlichen Sarge begraben zu lassen, da außerdem die Särge dort nur aus einigen mit Latten zusammengenagelten Brettern gefertigt werden. Montag abends den 9. August wurde er beerdigt. Der Präfekt der Stadt, der preußische und dänische Konsul, der Bankier Otier, die ihn während seiner Krankheit oft besucht hatten, sowie viele protestantische Einwohner, ohngefähr 150 an der Zahl, begleiteten seinen Leichnam zur Ruhestatt. Er liegt neben dem Stadtältesten; die Akademie der Wissenschaften daselbst [!?] hat ihm ein Grabmal errichten lassen, dessen Anfang sein Diener Knittel gesehen haben will."

Im Anschluß hieran seien die nachfolgenden Wolfs Ableben betreffenden Schriftstücke mitgeteilt, die in Varnhagens Nachlaß sowie in den Akten des Ministeriums der geistlichen Unterrichts- und Medizinalangelegenheiten zu Berlin aufbewahrt sind. Vorerst zwei Notizen aus dem Journal de la Méditerraneé et du Département des bouches du Rhône (Marseille d. 31. Juli u. 11. August):

Le célèbre philologue allemand, Mr. Wolf, conseiller privé de S. M. le Roi de Prusse, membre de l'Institut de France et de l'Académie des Sciences de Berlin, est ici depuis dix jours. L'excessive chaleur l'oblige de s'y reposer un peu, avant de se rendre à Nice pour le rétablissement de sa santé. —

Le célèbre docteur Wolf, de Berlin, dont nous avons annoncé il y a peu de jours l'arrivée à Marseille, est mort dimanche dernier, à l'âge de 66 ans. Beaucoup de personnes respectables de cette ville ont assisté à son convoi. Le ministre, M. Sautter, a prononcé sur sa tombe des paroles édifiantes dont tous les assistans ont été vivement émus. La grande application que le docteur Wolf a mise pendant toute sa vie à l'étude, paraît avoir été la cause de sa maladie, qui étoit un relâchement total des organes digestifs. Il est connu des savans de tous les pays par ses belles éditions des classiques grecs et latins, qu'il a enrichies de notes d'une profonde érudition. Il n'a rien écrit en langues modernes.

Den Abschluß mögen folgende zwei Briefe bilden:

1. Odier, Aubert et Comp. an das Bankhaus Rothschild

Marseille le 9 août 1824.

Messieurs M. A. Rothschild et fils à Frankfort s/M.

Messieurs

Nous avons la douleur de vous apprendre la mort de Monsieur le Conseiller de Wolf, que vous nous aviez recommandé et accrédité par votre lettre du 4 Mai. Mr de Wolf est arrivé ici le 16 J^l^ déjà tres foible — nous nous sommes empressés de l'en tourer des soins que nécessitoit l'isolement où il se trouvoit. Ne sachant point quels sont ses plus proches parents, nous nous adressons à vous M^rs^, pour que vous ayez l'obligeance de les prévenir. Monsieur le Dr Segaud, très habile médecin, n'a pu que prolonger de peu, de jours son existence — il étoit exténué en arrivant, par une diarhée qui tenoit du Cholera morbus, maladie très commune dans la saison des chaleurs. Son agonie a été longue, mais sans douleur. Il a expiré hier au soir, à six heures. Mrs Sieveking, Faudon, correspondants de Mrs Liechtenstein et Viallar de Montpellier, et nous, assités du Consul de Prusse, nous n'avons rien négligé de ce que reclamoit une situation

aussi douloureuse. Nous aurons l'honneur de vous écrire encore pour vous donner la note des frais de maladie et d'inhumation, que nous prélèverons sur le montant de la lettre de crédit dont vous aviez muni M^{r} le Conseiller de Wolf. Nous accompagnons son convoi, qui sera suivi des personnes qui ont connu la réputation de ce savant distingué. Vous voudrez bien nous excuser, Messieurs, si nous vous adressons ces détails, pour que vous les fassiez parvenir à sa famille.
Nous avons l'honneur M^{rs} de vous saluer très humblement.

Louis Odier Aubert et C.

2. Moses Friedländer an Heinrich Kohlrausch

Es liegt mir die schmerzliche Pflicht auf, Ew. Hochwohlg. die betrübende Nachricht von dem Ableben Ihres verehrten Freundes, des Geh. Rats Herrn F. A. Wolf, mitzuteilen. Er endigte seine irdische Laufbahn am 8ten August zu Marseille, nachdem er seit 16. Juli krank darniedergelegen . . . Sie werden wohl als einer der vertrautesten Freunde des Seligen das traurige Geschäft übernehmen, den Todesfall seinen Kindern und dem Departement der Unterrichtsanstalten anzuzeigen, da letzteres vielleicht amtsmäßig wegen des hiesigen Besitztums des Verstorbenen einige vorläufige Schritte zur Sicherheit veranstalten dürfte.
Wünschen Ew. pp, daß ich durch die Herren Rothschild in Frankfurt a/M. noch einige nähere Nachrichten bei dem Marseiller Hause einziehen soll, so bin ich gern dazu erbötig, denn mit Freuden diente ich dem teuren Verstorbenen und will diese Bereitwilligkeit gern auf seine Hinterbliebenen übertragen. So schmerzhaft es auch ist, daß der Verstorbene in fremdem Lande und von liebenden Freunden entfernt sein Leben beschloß, so muß es diesen doch zur Beruhigung, seinen Kindern zum Trost gereichen, daß er während seiner Krankheit sich der größten Teilnahme und Liebe erfreute und seine irdische Hülle mit Würde und Feierlichkeit dem Schoße der mütterlichen Erde übergeben worden ist.

Ich erneure pp

M. Friedländer
Neue Friedrichs Strasse 47

Berlin den 23. August 1824.

Dem kgl. Geh. Ob. Medic. Rate, Ritter,
H. Dr. Kohlrausch Hochwohlgeb.